LE CERVEAU ADOLESCENT

www.editions-jclattes.fr

Dr Frances E. Jensen
Avec Amy Ellis Nutt

LE CERVEAU ADOLESCENT

Guide de survie à l'usage des parents

Traduit de l'anglais par Isabelle Crouzet

JCLattès

Titre de l'édition originale
THE TEENAGE BRAIN
publiée par HarperCollins Publishers.

Ouvrage publié sous la direction d'Isabelle Filliozat

Ce livre rassemble des informations médicales portant sur diverses maladies, thérapies et interventions médicales pour vous aider à mieux comprendre les problèmes de santé et soins médicaux possibles. Il ne prétend pas être exhaustif et ne vise pas à remplacer les conseils de votre médecin. Vous devez consulter rapidement ce dernier pour tout problème ou maladie dont vous souffrez. À la date de publication de ce livre, tout a été mis en œuvre pour vérifier la fiabilité des informations qu'il contient. Les auteurs et l'éditeur déclinent expressément toute responsabilité pour tout effet indésirable produit par l'utilisation ou l'application de l'information publiée ci-après.

Note de l'éditeur pour la version française : Le chapitre 16 de la présente édition propose une version plus courte que la version américaine originale. Par ailleurs, cette traduction propose, en sus de la version américaine, des intertitres (chapitres 1 à 16). Le glossaire et l'index ont été supprimés pour cette édition. Les figures 9 et 22 de la version originale ont été supprimées pour cette édition.

Maquette de couverture : Atelier Didier Thimonier
Illustration : Hélène Crochemore

ISBN : 978-2-7096-5040-3

Première édition mai 2016.

Ce livre a été publié avec l'accord de HarperCollins Publishers.

Je dédie ce livre à mes deux fils, Andrew et Will. Ils m'ont donné la plus grande joie de ma vie en grandissant sous mes yeux, quittant l'adolescence pour devenir de jeunes hommes. Les guider tout au long de ce passage a probablement été ma tâche la plus importante. Pendant ce voyage, j'ai appris d'eux au moins autant qu'ils ont appris de moi. Ce livre en est le fruit et j'espère qu'il instruira non seulement ceux qui aident les adolescents à grandir, mais aussi les adolescents eux-mêmes.

« Quand j'avais quatorze ans, mon père était si ignorant que je supportais difficilement sa présence. Mais à vingt et un ans, j'étais sidéré par tout ce qu'il avait appris en sept ans. »

Mark Twain

« Je voudrais qu'il n'y eût point d'âge entre dix et vingt-trois ans, ou que la jeunesse dormît tout le reste du temps : car on ne fait autre chose dans l'intervalle que donner des enfants aux filles, insulter les vieillards, piller et se battre. »

William Shakespeare,
Le Conte d'hiver[1]

1. William Shakespeare, *The Winter's Tale*, trad. François Guizot. (*NdT*)

Sommaire

Introduction

Être un ado

Que lui est-il passé par la tête ?

Mon fils aux magnifiques cheveux auburn venait de rentrer de chez un copain avec une tignasse noir de jais. En dépit de ma panique, je n'ai pas pipé mot. L'air de rien, il m'a dit :

– Je veux y ajouter des mèches rouges.

J'en suis restée baba. *Est-ce bien mon gamin ?* Je me posais souvent cette question depuis les quinze ans d'Andrew et son entrée en seconde dans un lycée privé du Massachusetts. En même temps, je m'efforçais d'être à son écoute. Ce n'était pas facile. J'étais une mère divorcée avec deux garçons adolescents[1]. Médecin clinicienne et professeure à l'hôpital des enfants de Boston[2] et à la faculté de médecine de Harvard[3], j'avais des horaires de folie. Je me sentais parfois coupable de passer tout ce temps loin d'eux, mais j'étais également déterminée à être la meilleure mère possible. Après tout, j'enseignais la neurologie pédiatrique et mes recherches portaient sur le développement du cerveau. Le cerveau des enfants, c'était mon rayon.

1. Tout au long du livre, le terme adolescent est à prendre au sens large. L'adolescence est définie comme la période commençant avec la puberté et se terminant lorsque le cerveau est mature, vers vingt-cinq ans environ. L'auteure emploie à la fois le terme adolescent et *teenager*. (*NdT*)

2. Boston Children's Hospital. (*NdT*)

3. Harvard Medical School. (*NdT*)

Mais, tout à coup, mon fils aîné d'habitude si doux était devenu un étranger imprévisible, résolu à marquer sa différence. Il avait quitté un collège hyper conservateur où l'uniforme était de rigueur pour entrer dans un lycée beaucoup plus cool. Depuis la rentrée, profitant pleinement de son nouvel environnement, il s'habillait avec un look pour le moins « alternatif ». Son meilleur ami avait opté pour des cheveux bleus coiffés en brosse. Vous voyez le tableau !

Après l'annonce d'Andrew, j'ai pris une longue inspiration pour me calmer. Je savais que je n'arrangerais rien en me fâchant, ni pour lui ni pour moi. Je risquais juste de me le mettre encore plus à dos. Il était suffisamment à l'aise avec moi pour me parler de son projet avant de passer à l'acte. C'était déjà ça. Il me tendait une perche que j'ai vite saisie :

— Au lieu de t'abîmer les cheveux avec une teinture bon marché, tu ne voudrais pas que je t'emmène chez mon coiffeur, pour tes mèches rouges ?

Puisqu'en plus je payais, Andrew a accepté avec joie. Mon coiffeur, une sorte de rockeur punk, s'est totalement investi dans sa mission. Au final, il a fait un super boulot qui a inspiré la petite amie d'Andrew de l'époque. Elle a voulu se teindre les cheveux toute seule en copiant le motif rouge et noir et, cela va sans dire, a obtenu tout autre chose.

Quand je repense à cette période tumultueuse de la vie de mon fils, je me rappelle à quel point mes certitudes à son sujet s'effondraient. (Ce tas, au milieu de sa chambre, était-ce du compost ou du linge sale ?) Andrew paraissait coincé quelque part entre l'enfance et l'âge adulte, la proie d'émotions troublantes et de comportements impulsifs, mais physiquement et intellectuellement il était plus homme que petit garçon. Il testait son identité et donc un de ses composants les plus élémentaires, son look. En tant que mère et neurologue, j'avais cru que je comprendrais tout ce qui se passerait dans la tête de mon adolescent. Visiblement, ce n'était pas le cas. Je n'y voyais pas plus loin que le bout de mon nez ! J'ai décidé qu'il fallait – et que je *devais* – en savoir plus.

À l'époque, j'étudiais principalement le cerveau des bébés et je dirigeais un laboratoire de recherche fondamentale consacré en grande partie à l'épilepsie et au développement du cerveau. Je menais aussi des projets de recherche appliquée. Tout simplement, je concevais de nouveaux traitements pour les troubles cérébraux. Mais tout à coup, j'avais un autre projet d'expérimentation scientifique : mes fils. Qu'est-ce qui m'attendrait au tournant, quand Will, tout juste deux ans de moins qu'Andrew, aurait le même âge que son grand frère ? J'étais tellement dans le noir. J'avais vu Andrew se métamorphoser quasiment du jour au lendemain et pourtant je savais intimement qu'il était toujours le même gamin sympathique, intelligent, admirable. Que s'était-il passé ? Pour le comprendre, j'ai décidé de me plonger dans les études scientifiques portant sur cette espèce un peu exotique que l'on appelle l'adolescent et dont deux représentants habitaient chez moi. Je voulais utiliser ces connaissances pour nous aider, mes fils et moi, à aplanir les obstacles sur la route les menant vers l'âge adulte.

Domaine d'étude relativement négligé, le cerveau adolescent n'intéresse les chercheurs que depuis une dizaine d'années. Traditionnellement, en neurologie comme en neuropsychologie, les budgets de recherche se consacrent en grande partie aux bébés et au développement des enfants – aux troubles d'apprentissage et jusqu'aux thérapies d'éveil précoce – ou à l'autre bout du spectre, aux maladies du cerveau des personnes âgées, surtout à la maladie d'Alzheimer. Jusqu'à ces dernières années, les neurosciences du cerveau adolescent ne disposaient pas de fonds suffisants pour faire l'objet de recherches approfondies. Conséquence inévitable, c'était un sujet assez méconnu. Les scientifiques croyaient (à tort, finalement) que la croissance du cerveau était quasiment terminée au moment où l'enfant entrait en grande section de maternelle. Cela explique pourquoi, depuis vingt ans, pour prendre une longueur d'avance, les parents d'enfants en bas âge les noient sous les outils et accessoires éducatifs, DVD Baby Einstein ou Baby Mozart. Mais le cerveau adolescent ?

La plupart des gens pensaient qu'il ressemblait plus ou moins à celui des adultes et qu'il avait juste moins de kilomètres au compteur.

Malheureusement, cette hypothèse est fausse. Complètement fausse. D'autres idées fausses, d'autres mythes élaborés sur le cerveau adolescent, désormais profondément enracinés, se sont transformés en croyances socialement acceptées : les ados sont impulsifs et émotionnels à cause de leurs poussées hormonales ; les ados sont rebelles et contestataires parce qu'ils cherchent à être difficiles et différents ; si un ado boit de temps en temps trop d'alcool sans l'accord de ses parents, eh bien son cerveau est solide et adaptable, donc l'ado s'en remettra forcément sans effets secondaires persistants. Autre idée fausse : tout se joue avant sa puberté, et, quels que soient son QI ou ses talents visibles (il est soit un matheux, un scientifique, soit un littéraire ou un artiste) alors il n'en changera plus pour le restant de sa vie.

Faux et archi faux. À l'adolescence, le cerveau franchit une étape très spéciale de son développement. Vous le verrez tout au long de ce livre, j'ai beaucoup appris sur les vulnérabilités propres à cette tranche d'âge, et sur la possibilité d'en exploiter les forces exceptionnelles avant qu'elles ne s'étiolent, à l'entrée dans l'âge adulte.

Plus j'étudiais la littérature scientifique émergente sur les adolescents, plus j'étais convaincue qu'il était erroné de voir leur cerveau à travers le prisme de la neurobiologie adulte. Fonctionnement, câblage, aptitudes : j'ai découvert que chez les adolescents, tout est différent. J'ai aussi pris conscience que les parents passaient à côté des nouvelles découvertes scientifiques dans ce domaine, tout du moins les parents n'ayant pas, contrairement à moi, de connaissances en neurosciences. Parents, tuteurs et enseignants perplexes, frustrés, exaspérés par les ados dont ils ont la charge tout autant que j'ai pu l'être. Les dernières avancées n'atteignaient pas le public qui en avait le plus besoin.

À seize ans, mon plus jeune fils, Will, a passé son permis de conduire. Jusque-là, il ne m'avait pratiquement jamais causé de soucis. Tôt un matin, ma chance a tourné. Permis en poche, depuis quelques semaines, il allait tout seul au lycée, conduisant notre Dodge Intrepid achetée en 1994 : une bonne vieille voiture solide et sûre. Tout allait bien, apparemment. Ce jour-là, Will est monté dans la voiture vers 7 h 30, comme tous les matins. Et il est parti. Au moment où je sortais de chez moi pour aller travailler, vers 7 h 45 environ, j'ai reçu un appel de Will :

– Maman, je vais bien, mais la voiture est en miettes.

Certes, j'étais bien contente qu'il ait eu la présence d'esprit de commencer par me dire qu'il n'avait rien, mais l'image de la voiture pliée contre un arbre ne me quittait pas.

– J'arrive, ai-je annoncé.

À l'approche de son lycée, devant l'entrée, j'ai vu les voitures de police, gyrophares allumés. Qu'est-ce qu'il avait fait ? Pour résumer, il avait décidé qu'il tournerait à gauche juste devant le portail du lycée, se faufilant à travers la file des voitures roulant à vive allure en sens inverse. Cela aurait pu marcher si, en face, il avait coupé la route à une mère de famille, qui, comme moi, aurait secoué la tête en freinant à mort. Mais, ce matin-là, Will avait croisé le chemin d'un jeune de vingt-trois ans, un ouvrier du bâtiment qui se rendait au travail au volant d'une Ford F-150. Ce jeune homme n'était pas plus d'humeur à céder la priorité à mon fils que Will ne l'était à attendre avant de traverser. D'où l'accident. Il est bon de savoir que des airbags installés en 1994 fonctionnent encore en 2006.

Pile devant l'entrée de son lycée, Will se tenait aux côtés de la voiture, bonne pour la casse. Tandis que tous les élèves et les professeurs défilaient devant lui pour se rendre en cours, il avait l'air un peu penaud. Quelle leçon pour lui ! Je l'ai tout de suite compris. En même temps, j'étais réellement soulagée que Will et ce jeune ouvrier sortent indemnes de leur bras de fer « j'ai la priorité, pas toi ».

Que lui est-il passé par la tête ? La question m'a traversé l'esprit, presque comme un automatisme.

Suivie de : *Oh non ! C'est reparti pour un tour !*

Mais, cette fois, je me suis calmée rapidement. Désormais, j'en savais davantage. Je savais que le cerveau de Will, comme celui d'Andrew et de tous les adolescents, était en cours de construction. De toute évidence, il n'était plus un enfant, et pourtant son cerveau évoluait, changeait et grandissait même. Je n'en avais pas pris conscience jusqu'à ce qu'Andrew me force à me secouer, à faire un bilan de mes connaissances sur le cerveau infantile et à prendre du recul : ce n'est pas tant ce qui se passe dans la tête d'un adolescent qui importe, mais ce qui ne s'y passe pas.

Le cerveau adolescent est un organe extraordinaire, capable d'atteindre des états de stimulation extrêmes et d'accomplir des prouesses d'apprentissage étonnantes, comme vous le découvrirez dans ce livre. Granville Stanley Hall, fondateur du mouvement de l'observation de l'enfance, a décrit cette vigueur adolescente en 1904 :

> Ces années [adolescentes] forment la meilleure décennie de la vie. Aucun autre âge ne réagit aussi bien aux meilleures et aux plus sages intentions des adultes. Dans aucun autre terreau psychique, la graine, qu'elle soit bonne ou mauvaise, ne s'enracine aussi profondément, ne pousse aussi dru, ni ne donne fruit aussi rapidement, aussi assurément[1].

Hall disait avec optimisme que « l'imagination naît à l'adolescence[2] ». Il expliquait aussi que l'euphorie propre à cet âge s'accompagne de conduites à risque, de sautes d'humeur, de manque de discernement, d'erreurs de jugement, d'impulsivité. Mais à son époque, jamais il n'aurait pu imaginer l'effarante variété des dangers auxquels les réseaux sociaux et Internet exposent les adolescents. Mes amis et collègues, également des personnes réagissant à l'une ou l'autre de mes conférences, m'ont raconté un nombre incalculable de trucs

1. Granville Stanley Hall, fondateur du mouvement de l'observation de l'enfance, le « child study movement », *Adolescence : Its Psychology and Its Relations to Physiology, Anthropology, Sociology, Sex, Crime, Religion and Education* (New York : D. Appleton, 1904).
2. *Ibid.*

insensés à faire que les enfants découvrent en ligne. Tels ces gamins qui font « la planche » – ils s'allongent face vers le sol, comme une planche, sur toutes les surfaces possibles, y compris les rambardes des balcons – puis se prennent en photo les uns les autres. Ou pire : ceux qui boivent de la vodka par les yeux, se la versant directement sur la pupille pour un effet « je plane » immédiat. Et ceux qui, ayant peur de passer un test de dépistage urinaire pour un petit boulot le week-end, avalent de l'eau de javel diluée, pensant « nettoyer » l'urine de la marijuana qu'ils ont fumée la veille. Bien sûr, pas besoin d'Internet pour prendre des risques, comme cette jeune fille qui vole la moto de son père pour la fracasser contre un trottoir quelques mètres plus loin.

Bien après la vingt-cinquième année, l'environnement continue de façonner physiologiquement le cerveau de nos enfants. Comme je vous le montrerai, les scientifiques apprennent tous les jours un peu plus à quel point le cerveau adolescent diffère du cerveau infantile et du cerveau adulte dans son fonctionnement et ses réactions à l'environnement. Or ces réactions cérébrales si particulières expliquent en grande partie les décisions impulsives, irrationnelles et aberrantes si souvent prises par nos ados.

Alors même que nous, les adultes, voulons vraiment comprendre nos ados, nous participons au problème. Trop souvent, nous leur envoyons des messages contradictoires. Nos filles ont les seins qui poussent ? Nos fils ont des poils au menton ? Puisqu'ils commencent à ressembler physiquement à des adultes, nous supposons qu'ils doivent se comporter comme des adultes et être traités comme tels, avec toutes les responsabilités associées. Les adolescents peuvent, sans le consentement de leurs parents, s'engager dans l'armée, faire la guerre, se marier. Dans certains endroits, ils ont le droit de briguer des fonctions politiques. Ces dernières années, au moins sept jeunes de dix-huit ans ont été élus maires de petites villes à New York, en Pennsylvanie, dans l'Iowa, le Michigan et l'Oregon. Souvent, la justice américaine voit les adolescents comme des adultes, surtout les ados accusés de crimes violents ; elle les juge en cours d'assises comme les adultes. Mais de bien des façons, nous traitons aussi nos ados comme des enfants, au minimum comme des adultes pas tout à fait compétents.

Comment expliquons-nous nos messages contradictoires ? Peut-on être cohérents ?

Ces dernières années, en m'appuyant sur les avancées scientifiques les plus récentes, j'ai donné des conférences partout aux États-Unis auprès de parents, d'ados, de médecins, de chercheurs et de psychothérapeutes pour expliquer les risques et les opportunités offertes par le cerveau adolescent. J'ai eu envie d'écrire ce livre suite aux énormes, extraordinaires et écrasantes réactions du public, des parents et des enseignants (parfois même des ados). Tous voulaient partager leurs propres histoires, me poser des questions et comprendre comment aider leurs enfants et eux-mêmes, par la même occasion, à traverser sans encombre cette étape palpitante et déroutante de la vie.

Grâce à mes propres fils, j'ai appris qu'au final les adolescents ne forment pas une espèce extraterrestre, mais plutôt une espèce incomprise. Oui, les ados sont différents, pour des raisons fondamentales, physiologiques et neurologiques. Dans ce livre, j'explique d'un côté les grands avantages souvent inaperçus offerts par le cerveau adolescent, et de l'autre, ses vulnérabilités non reconnues. J'espère que vous vous en servirez comme manuel ou guide de l'utilisateur, voire comme guide de survie, et découvrirez comment prendre soin du cerveau adolescent et comment le nourrir. Mais au bout du compte, vous aider à mieux comprendre les adolescents ne me suffit pas. Je souhaite vous proposer des idées pratiques pour que vous les aidiez. Les enfants ne s'engagent pas seuls sur cette route à la fois excitante et périlleuse qu'est l'adolescence. Leurs parents, tuteurs et éducateurs y sont bien obligés, eux aussi. J'ai parcouru cette route deux fois. Leçon d'humilité, expérience tonifiante, plongeon dans la perplexité, c'est un peu tout ça à la fois. Nous, les parents, nous préparons à monter dans le wagon d'un grand huit pour une traversée tumultueuse avec des hauts et des bas, mais dans une vaste majorité des cas, le chemin s'aplanit, le wagon ralentit, et il nous reste des tas d'histoires à raconter !

Voici près de dix ans, j'ai compris que je ne pouvais pas prendre soin de mes ados comme s'ils étaient juste de grands enfants. Je leur ai dit : « D'accord, on va travailler ça ensemble. » Et j'ai tenu bon. Quand Andrew était en seconde, je me souviens notamment du moment inévitable où, la veille d'un examen, il a passé davantage de temps à faire du sport et à s'amuser qu'à lire et à bosser ses cours. Comme je suis scientifique, je sais que le savoir est cumulatif : les connaissances nouvelles s'appuient sur les anciennes. C'est pourquoi il ne faut pas lâcher la barre et tenir le cap. Alors j'ai lu toutes les leçons au programme de l'examen d'Andrew. Pour chacune, j'ai choisi un exercice à résoudre que j'ai recopié sur une feuille. J'ai plié la feuille et de l'autre côté, j'ai noté la solution. J'ai ainsi offert à Andrew une méthode, un modèle, une structure. Pour lui comme pour moi, ce moment a été une étape charnière. Il a compris que pour apprendre, il fallait vraiment travailler. Il a aussi compris qu'il n'arriverait à rien en s'affalant sur son lit, ses affaires éparpillées autour de lui, et qu'il gagnerait en efficacité assis à son bureau. À ce stade, je savais m'organiser et lui non. Mon cadre de travail structuré l'a aidé à apprendre et il a fini par le faire plutôt bien, les fesses vissées à sa chaise pendant de longues heures. Je le sais parce que c'est là que je le trouvais quand j'entrais dans sa chambre.

Les scientifiques ont prouvé que la meilleure façon de se souvenir d'un apprentissage est de retourner à l'endroit où on l'a appris : j'avais chez moi un magnifique exemple d'apprentissage dépendant du contexte. Pour Andrew, le meilleur endroit se trouvait dans sa chambre, assis à son bureau. Nous le verrons, les adolescents sont « boostés » par la connaissance. Leur cerveau est prédisposé pour apprendre. Comme le lieu et le mode d'apprentissage sont importants, vous pouvez aider votre ado en installant avec lui un endroit dédié à ses devoirs. Quand il est à la maison, une de ses principales activités est d'étudier. Inutile d'avoir un bac plus quatre ou plus dix dans les matières qu'il néglige depuis des mois pour l'accompagner : vous pouvez vous impliquer en lui proposant de le relire, de corriger les fautes d'orthographe dans ses dissertations, ou tout simplement en vous assurant que sa chaise est confortable. Votre coiffeur n'est peut-être pas à la hauteur pour lui faire des mèches rouges, mais, au moment où votre ado veut changer de look, vous pouvez foncer lui acheter une coloration à appliquer soi-même. Je trouve plus pertinent de laisser faire ces expériences plutôt inoffensives que de pousser les enfants à se rebeller et provoquer des problèmes plus graves. L'objectif est de gagner la guerre, pas toutes les batailles. Le but du jeu est d'accompagner nos adolescents dans les expériences vitales pour eux sans qu'ils en gardent de séquelle. C'est aussi l'occasion d'identifier leurs forces et de combler leurs faiblesses les plus criantes.

Mieux vaut éviter de ridiculiser, critiquer, désapprouver ou minimiser leurs problèmes. En revanche, on peut tenter de se mettre à leur place et de voir les choses avec leurs yeux. Parmi toutes leurs difficultés, nous en trouverons toujours une pour laquelle notre accompagnement fera la différence. Il leur arrive de s'éparpiller : ils oublient de rapporter leurs leçons à la maison, ils laissent des messages importants moisir au fond de leur sac, ils interprètent mal les consignes de leurs devoirs. Parfois, si ce n'est la plupart du temps, ils manquent d'organisation et ne font pas attention aux détails de ce qui se passe autour d'eux. Voilà pourquoi on ne peut pas s'attendre à ce qu'ils sachent par quel bout prendre leurs devoirs. C'est trop leur en demander. Ils n'accepteront pas toujours nos idées, mais nous ne pouvons pas leur en proposer si nous ne sommes pas à leurs côtés, si nous ne cherchons pas à comprendre comment ils apprennent. Sachez juste que leur imprévisibilité et le manque de fiabilité de la trousse à outils qui leur sert de cerveau les rendent tout aussi perplexes que vous. Ils ne pourront jamais l'admettre, parce que leur fierté et leur image seraient en jeu. Ils ne sont pas capables de regarder en eux et de s'autocritiquer.

C'est le cœur du sujet de ce livre : comprendre leur zone de confiance et ce que vous pouvez faire pour les accompagner au-delà. Pour qu'ils ne vous mettent plus en colère, qu'ils ne vous plongent plus dans des abîmes de perplexité, ou tout simplement pour que vous cessiez de leur céder d'un haussement d'épaules désabusé, je voudrais vous aider à comprendre ce qui les rend aussi énervants. La majeure partie de ce que vous lirez vous surprendra, parce que vous pensiez certainement que les ados pouvaient contrôler leur comportement rebelle, ou du moins qu'ils devraient pouvoir le discipliner ; parce que vous supposiez que leur insensibilité, leur colère ou leur distraction étaient complètement conscientes ; et que leur refus d'entendre vos suggestions, vos questions ou vos exigences à leur égard était une manifestation de leur volonté. Encore une fois, tout cela est faux.

Sur la route que je vous propose de suivre avec moi, je vous choquerai parfois, mais, à la fin du voyage, je vous promets que vous comprendrez ce qui fait avancer vos ados parce que vous en saurez davantage sur le fonctionnement de leur cerveau. Dans ce livre, je m'efforce de mettre en avant les données tirées directement d'articles parus dans des revues scientifiques. La plupart des données existantes n'ont pas encore été vulgarisées. Or, et c'est le plus important, la génération ado tient l'information en très haute estime. Quand on s'adresse à des ados, on leur doit de vraies données. J'en ai repris autant que je pouvais dans ce livre. Dès que je présente des résultats d'études, j'explique comment les appliquer à notre connaissance des forces et des faiblesses propres à l'adolescence. Il est temps de déboulonner un paquet de mythes portant sur l'adolescence : ce livre y participe en se penchant sur les dernières découvertes scientifiques à notre disposition.

Et, afin que ce livre soit réellement efficace, je vous propose de mémoriser une règle toute simple : d'abord, compter jusqu'à dix. C'était mon mantra quand je m'occupais de mes fils. Attention, prendre une seule profonde inspiration ne suffit pas. Je vous explique. Dans tous les cours de management que j'ai suivis dans ma carrière, on a toujours mis l'accent sur un thème que la devise des scouts résume bien : « Toujours prêts. » Dans ces séminaires de management, j'ai appris que les femmes et les hommes d'affaires américains prennent en moyenne environ deux minutes pour préparer leurs rendez-vous. Ils passent probablement davantage de temps à définir la date et l'heure de la réunion qu'à penser à ce qu'ils feront et à ce qu'ils diront pendant ces rendez-vous. Je ne parle pas ici des grandes présentations. Je parle des réunions en face à face, commencées trop souvent de manière un peu cavalière, sans réflexion préalable. Quand j'ai découvert cette statistique, j'ai d'abord été choquée, puis j'ai pensé à mon propre univers professionnel universitaire, dans lequel je suis en charge d'un gros service de neurologie et où j'ai mon propre laboratoire, avec de nombreux étudiants en master ou en doctorat. Et là, j'ai dû me rendre à l'évidence : nos équipes n'étaient pas épargnées par le problème. Peu de temps y est consacré à la réflexion et à la préparation des réunions en tête à tête, entre collègues, ou avec le personnel. Pourtant, ces interactions plus directes jouent souvent un rôle pivot dans le succès des organisations. A contrario, l'impression que l'on donne de soi pendant ces rendez-vous peut influer sur la direction que prendra sa carrière. Il est donc très important de se préparer pendant plus de quelques minutes et de réfléchir aux réactions possibles de la personne que l'on rencontrera. Pensez à l'un de vos prochains rendez-vous et listez ce que vous voulez transmettre, point par point, à votre interlocuteur. Imaginez l'éventail de ses réactions possibles. Maintenant, imaginez que la personne en face de vous est votre fille ou votre fils adolescent. Si vous vous préparez à la fois à ses réactions enthousiastes et à ses réactions hostiles, alors vous disposez d'un guide pour lui répondre et pour agir. Si vous vous emportez ou laissez paraître votre tumulte intérieur, vous perdez votre crédibilité auprès de votre adolescent comme auprès de votre collègue ou employé.

Que vous soyez parent ou enseignant d'ados, ou que vous vous occupiez d'eux de tout autre manière, lire ce livre vous armera de faits et vous donnera du courage. Le changement de comportement de votre ado est en partie de votre ressort. Il vous revient de définir un plan d'action ainsi qu'un style pour cette action, adaptés à votre famille et à vos enfants autant qu'à vos besoins et désirs. Souvenez-vous : l'adulte, c'est vous. De plus, vous êtes légalement garant de votre « enfant » s'il a moins de dix-huit ans. Les tribunaux vous tiendront pour responsable de ses actes, et par extension, de l'environnement que vous lui avez fourni. Alors, prenez les devants, prenez les commandes, tentez de penser pour vos filles et vos fils adolescents jusqu'à ce que leur propre cerveau soit prêt à prendre la relève. Juste derrière le front, dans les lobes frontaux, se trouve la zone la plus importante du cerveau humain. Là, les actions sont pesées, les situations jaugées, les décisions prises. Or cette zone cérébrale est la dernière à se développer. Voilà pourquoi vous devez jouer le rôle des lobes frontaux de vos adolescents jusqu'à ce que le câblage de leur cerveau soit achevé et qu'ils soient autonomes.

Mais je suis convaincue que notre rôle se joue d'abord dans le maintien de notre implication. Quand mes deux garçons sont devenus ados, je ne pouvais plus m'imposer physiquement pour qu'ils fassent ce que je voulais, là et où je le voulais. C'était plus facile quand ils étaient petits. Ils sont juste devenus trop grands, trop lourds pour que je les place et déplace selon mon bon vouloir. Quand ils quittent l'enfance, nous ne contrôlons plus physiquement nos enfants. Nos meilleurs outils pendant leur adolescence sont notre capacité à être de bons modèles, notre habileté à les conseiller et à expliquer. S'il y a bien une chose que j'ai apprise avec mes garçons, c'est qu'au plus fort de leur distraction et de leur désorganisation apparente, alors même qu'ils oubliaient de ramener leurs devoirs à la maison, ils m'observaient, étudiaient leur mère et tous les adultes autour d'eux.

J'en dirai davantage plus loin dans ce livre, mais sachez que tout a bien fini pour moi et pour mes fils. En résumé, mes deux ados sont devenus grands : en mai 2011, Andrew est sorti de l'université Wesleyan avec un diplôme de Bachelor puis de Master en physique quantique. Il suit en ce moment un double programme d'études de médecine et de recherche. En 2013, Will est sorti diplômé de Harvard et a obtenu une place dans un cabinet de consulting à New York. Donc, oui, c'est possible : on peut survivre à l'adolescence de ses enfants. Eux aussi. Après, quand c'est fini, on a plein d'histoires à raconter.

1

L'entrée dans l'âge adolescent

En juillet 2010, j'ai reçu un mail d'une mère très énervée. Avec d'autres parents et enseignants, elle venait d'assister à l'une de mes conférences sur le cerveau adolescent à Concord, dans le Massachusetts. Son mail débordait de toutes sortes d'émotions, à commencer par la tristesse et jusqu'à la colère, en passant par l'ahurissement. Son fils de dix-neuf ans venait de terminer sa première année universitaire et elle trouvait son comportement carrément bizarre.

« Il se met en rogne pour un rien. Il s'enferme dans sa bulle et refuse de parler. Il veille la nuit et dort le jour. Il a arrêté toutes les activités qu'il adorait… Avant, il était souriant, intelligent, ouvert. Désormais, il est rarement de bonne humeur. J'ai travaillé dur pour lui donner une bonne éducation, pour qu'il étudie dans une fac très réputée, et tout part en eau de boudin. »

Cette mère terminait son mail par une question très simple : « Comment puis-je l'aider ? »

Neuf mois après ce mail, j'en ai reçu un autre, écrit cette fois par la mère d'une jeune fille de dix-huit ans qui avait décroché au lycée. « Autrefois, ma fille était équilibrée, m'explique cette femme. Puis elle s'est opposée à tout, elle a fugué et a fini hospitalisée pour dépression. Nous sortons d'une année difficile. Son comportement et ses propos nous laissent parfois croire qu'une extraterrestre l'a remplacée. C'est une personne complètement différente. »

Je comprends ces femmes. Leurs mails et bien d'autres du même type m'ont poussée à écrire ce livre. Moi aussi, je me suis sentie dépassée, surtout au début de l'adolescence de mon fils aîné. Je venais de divorcer et j'avais douloureusement conscience que l'avenir de mes enfants, tout comme leur bien-être au quotidien, reposait largement sur mes épaules. Je m'arrachais les cheveux, mais je n'avais pas le loisir de les envoyer « voir avec leur père ». Quand on élève ses enfants seule, on les assume seule. Comme tous les parents, je voulais juste leur ouvrir quelques portes, les pousser gentiment vers leur propre épanouissement.

En général, pendant la petite enfance, tout se déroule à peu près comme nous le souhaitons. Nos enfants apprennent à différencier les comportements acceptables des inacceptables, ils savent à quelle heure aller au lit, à quelle heure se lever, ce à quoi ils ne doivent pas toucher, les endroits qu'il leur faut éviter. Ils apprennent l'importance de l'école et de la politesse envers leurs aînés. S'ils se font mal physiquement ou souffrent émotionnellement, ils recherchent notre réconfort.

Alors que leur arrive-t-il à quatorze, quinze ou seize ans ? Comment ces adorables bambins que l'on connaît depuis toujours, mignons, heureux, bien élevés et doux se métamorphosent-ils subitement en parfaits étrangers ?

Voici ce que je réponds à tous les parents d'ados que je rencontre : vous avez le sentiment d'essuyer un revers et c'est naturel. Vos enfants changent tout en s'efforçant de se comprendre. Leur cerveau et leur corps se réorganisent complètement. Enfin, ce n'est pas complètement leur faute s'ils sont imprudents, insolents et inconscients ! Pratiquement toutes leurs aberrations s'expliquent sur le plan neurologique, psychologique et physiologique. Parent ou enseignant, il est bon de se le répéter tous les jours, si ce n'est chaque heure de la journée !

La « découverte » de l'adolescence

L'adolescence est un terrain miné, personne ne le nie. C'est aussi une « découverte » relativement récente. L'idée de l'adolescence en tant qu'étape standard dans le développement humain est dans l'air du temps depuis une éternité, mais elle n'est associée à la période entre l'enfance et l'âge adulte que depuis le milieu du XXe siècle. Dans la langue anglaise, le terme *teenager*[1], qui décrit ce stade particulier entre treize et dix-neuf ans, est apparu pour la première fois en avril 1941, glissé dans un article de magazine[2].

Jusqu'à la fin du XIXe siècle, les enfants étaient considérés comme des adultes miniatures pour des raisons essentiellement économiques. On avait besoin d'eux pour ensemencer les champs, traire les vaches et fendre le bois de chauffe. En 1765, quand la Révolution américaine éclate, la moitié de la population des nouvelles colonies a moins de seize ans. À l'époque, si une fille n'est toujours pas mariée à dix-huit ans, elle est considérée comme « incasable ». Jusqu'au début du XXe siècle, les enfants de plus de dix ans, et parfois de plus jeunes, pouvaient avoir toutes sortes d'emplois à la ferme puis, plus tardivement, à l'usine – même s'ils devaient monter sur des caisses pour travailler. En 1900, en pleine Révolution industrielle, plus de deux millions d'enfants américains ont un emploi.

Au milieu du XXe siècle, deux événements font évoluer le rapport des Américains à l'enfance, ouvrant la porte à l'ère de l'adolescent : la Grande Dépression et l'essor des « high schools », les lycées. Les enfants sont les premiers à payer les frais du krach de 1929 et de l'entrée en dépression[3]. Ils perdent

---

1. En anglais, *teen* n'est utilisé que pour les nombres de 13 à 19 : *thirteen* (13), *fourteen* (14), *fifteen* (15), *sixteen* (16), *seventeen* (17), *eighteen* (18), *nineteen* (19). En l'absence d'un terme français équivalent à *teen-ager*, c'est-à-dire à « celui qui est âgé de treize à dix-neuf ans », dans ce livre *teenager* est traduit par adolescent ou laissé tel quel. (*NdT*)

2. *Popular Science*, avril 1941.

3. Sharron Solomon-McCarthy, « The History of Child Labor in the United States : Hammer v. Dagenhart », in *The Supreme Court in American Political History* (New Haven : Yale – New Haven Teachers Institute, 2004).

leur travail et il ne leur reste plus qu'à aller à l'école. Pour la première fois de l'histoire américaine, à la fin des années 1930, la majorité des enfants de quatorze à dix-sept ans étudient au lycée.

D'après un sondage de 2003 réalisé par le Centre national de recherches sur l'opinion, aujourd'hui encore, les Américains considèrent qu'obtenir son diplôme de fin de secondaire marque l'entrée dans l'âge adulte[1]. Dans les années 1940 et 1950, la plupart des adolescents américains n'ont pas à assumer la survie économique de leur famille, vivent chez leurs parents et dépendent financièrement d'eux. Plus ils sont nombreux à poursuivre leurs études après la quatrième, plus ils forment une sorte de groupe social cohérent en lui-même. Tant qu'ils n'ont pas obtenu leur diplôme de fin de secondaire, rien ne permet de les confondre avec des adultes, car ils s'habillent différemment, ont des intérêts propres et même un vocabulaire à eux. En résumé, ils représentent une culture différente. Comme le dit un auteur anonyme de l'époque : « Les jeunes sont devenus des teenagers parce que nous ne leur avons rien proposé de mieux à faire[2]. »

En 1904, un homme avait déjà tout compris. Premier Américain à obtenir un doctorat en psychologie, à l'université Harvard, premier président de la Société américaine de psychologie[3], le psychologue américain Granville Stanley Hall n'utilise pas le mot teenager dans son livre révolutionnaire sur la culture des jeunes, mais le titre de son ouvrage de mille quatre cents pages, *Adolescence : psychologie relative à la physiologie, l'anthropologie, la sociologie, la sexualité, la*

---

1. Tom W. Smith, « Coming of Age in 21st Century America : Public Attitudes Towards the Importance and Timing of Transitions to Adulthood », National Opinion Research Center, University of Chicago, *GSS Topical Report N° 35*, mars 2003. Au Royaume-Uni, le teenager de dix-huit ou dix-neuf ans est traité comme un adulte même s'il n'a pas terminé son secondaire ; en Angleterre, en Écosse, au Pays de Galle, dès seize ans, les jeunes peuvent arrêter leurs études et quitter le domicile parental pour vivre de manière autonome.

2. Thomas Hine, *The Rise and Fall of the American Teenager* (New York : William Morrow, 1999).

3. L'American Psychological Association. (*NdT*)

criminalité, la religion et l'éducation[1], reflète sa thèse principale. Hall considère l'étape entre l'enfance et l'âge adulte comme un stade développemental bien distinct, un moment spécial de la vie qualitativement différent à la fois de l'enfance et de l'âge adulte. L'âge adulte, dit-il, est celui de l'homme complètement évolué, disposant de toutes ses facultés de raisonnement. L'enfance est l'âge de la barbarie, de l'anarchie absolue. L'adolescence, qu'il qualifie de primitive ou « néo-atavistique », est une période de fougue débridée, une étape où l'on exerce juste un petit peu davantage de contrôle que pendant l'enfance.

Voici ce que Hall suggère aux parents et éducateurs : plutôt que de dorloter les adolescents, on devrait les parquer quelque part puis les endoctriner avec les notions de service public, discipline, altruisme, patriotisme et respect pour l'autorité. Certes, voilà une vision bien étroite de la façon de contenir le déferlement des tensions adolescentes. Mais Hall n'en reste pas moins un pionnier parce qu'il souligne avant les autres la connexion biologique entre l'adolescence et la puberté. Il utilise même un langage présageant la compréhension ultérieure des neuroscientifiques de la malléabilité du cerveau, de sa « plasticité » : « Le caractère et la personnalité prennent forme, mais tout est plastique[2] », écrit-il, non pas en référence au matériel fabriqué par l'homme, mais à l'idée de flexibilité. « La conscience de soi et l'ambition augmentent, poursuit-il. Chaque caractéristique, chaque aptitude, est passible d'exagération et d'excès. »

Une démarcation encore floue

Conscience de soi, ambition, exagération et excès : au milieu du XXe siècle, ces mots ont aidé les Américains à fixer le sens du néologisme « teenager » et à définir « l'adolescent ». Le

1. Granville Stanley Hall, *Adolescence.*
2. *Ibid.*

phénomène culturel adolescent décolle dans l'après-Seconde Guerre mondiale, notamment avec les « teenyboppers » et les « bobbysoxers[1] », avec James Dean dans *La Fureur de vivre* et Holden Caulfield dans *L'Attrape-cœurs.*

Ainsi le phénomène s'installe et se fait accepter, mais il n'aide pas pour autant à tracer une frontière claire entre l'enfance et l'âge adulte. Encore aujourd'hui, la démarcation reste floue. Notre société porte la trace de cette immémoriale difficulté à dater le moment précis où une personne doit être considérée comme adulte. Dans la majeure partie du territoire des États-Unis, il faut avoir entre quinze et dix-sept ans pour conduire ; dix-huit ans pour voter, acheter des cigarettes, s'engager dans l'armée ; vingt et un ans pour boire de l'alcool ; vingt-cinq ans pour louer une voiture ou devenir membre de la Chambre des représentants des États-Unis ; trente-cinq ans pour devenir président ; l'âge minimum pour être gouverneur varie en fonction des États : d'aucun âge minimum (dans six États) à l'âge de trente et un ans (en Oklahoma). En général, il n'y a aucun âge minimum pour témoigner dans la plupart des tribunaux, signer un contrat ou intenter un procès, demander d'être émancipé de ses parents ou bénéficier d'un programme de désintoxication de la drogue ou de l'alcool. En revanche, il faut avoir dix-huit ans pour décider de ses propres soins médicaux ou écrire un testament juridiquement recevable. Dans au moins trente-cinq des cinquante États américains, les jeunes de dix-huit ans ou moins doivent impliquer leurs parents d'une manière ou d'une autre avant toute interruption volontaire de grossesse. Que de messages contradictoires pour ces adolescents ! Comment voulez-vous qu'ils y trouvent une logique ? Y en a-t-il une ? Quelle embrouille !

Alors, que signifie être un adolescent ? Un homme-enfant, une femme-enfant, un quasi-adulte ? La question dépasse la sémantique, la philosophie et même la psychologie, parce que

1. Noms attribués aux jeunes Américaines adoptant un certain style vestimentaire et se regroupant en fonction de leurs goûts musicaux. (*NdT*)

ses répercussions sont à la fois importantes et concrètes pour les parents, les enseignants et les médecins, la justice pénale – et les ados eux-mêmes, cela va de soi.

L'adolescence commence avec la puberté

Hall est vu comme le fondateur de l'étude scientifique de l'adolescence. Il pensait qu'elle commençait avec la puberté. Il n'avait aucune preuve empirique de cette connexion, mais il était convaincu que la compréhension des changements mentaux, émotionnels et physiques du passage de l'enfance à l'âge adulte ne pouvait venir que de l'identification des mécanismes biologiques de la puberté.

Les recherches sur la puberté se sont longtemps concentrées sur les « hormones », mais ces hormones ont désormais mauvaise presse auprès des parents et enseignants, qui tendent à les pointer du doigt pour tout ce qui va de travers chez les adolescents. J'ai toujours pensé que l'expression « déferlement hormonal » poussait à considérer ces gamins comme sous l'emprise d'une mixture empoisonnée les rendant suprêmement indifférents à leur entourage. Quand une petite de trois ans pique une crise de rage, accuse-t-on son « déferlement hormonal » ? Bien sûr que non. Tout simplement, on sait bien qu'à trois ans, les enfants ne savent pas encore s'autoréguler.

Par certains côtés, c'est pareil avec les adolescents. Pour en revenir aux hormones, n'oublions pas le plus important : le cerveau adolescent « voit » ces hormones pour la première fois. Face à ce nouvel afflux de substances chimiques, le cerveau ne sait pas encore comment moduler la réaction du corps. Il se produit à peu près la même chose quand vous tirez votre première bouffée de cigarette. Quand on inhale pour la première fois, on ressent une bouffée de chaleur au visage, on a la tête qui tournicote, parfois on a un peu la nausée.

Aujourd'hui, les scientifiques savent que testostérone, œstrogènes et progestérone, les principales hormones sexuelles, déclenchent des modifications physiques : chez les garçons, la voix mue et la barbe pousse, chez les filles, la poitrine se développe et le cycle des règles s'installe. Ces hormones sexuelles sont déjà présentes tout au long de l'enfance, chez les deux sexes, mais au début de la puberté, leur concentration augmente de façon spectaculaire. Progestérone et œstrogènes sont reliés à des substances chimiques cérébrales qui contrôlent l'humeur, or chez les filles, leur production varie en fonction du cycle. C'est pourquoi une jeune fille épanouie de quatorze ans peut passer d'une explosion de joie à une crise de nerfs en moins de temps qu'il n'en faut pour fermer la porte de sa chambre. Chez les garçons, la testostérone trouve des récepteurs particulièrement accueillants dans l'amygdale, la structure du cerveau qui pilote la réaction de lutte ou de fuite, c'est-à-dire d'agression ou de peur. Un garçon adolescent peut avoir jusqu'à trente fois plus de testostérone dans le corps qu'avant la puberté.

Les hormones sexuelles sont particulièrement actives dans le système limbique, le centre émotionnel du cerveau. C'est en partie pour cette raison que les adolescents se montrent émotionnellement instables tout en recherchant des expériences émotionnellement chargées : un livre pour sangloter ou un grand huit pour hurler. De plein fouet, ils subissent la double épreuve d'un cerveau remonté à bloc, en quête de stimulus, mais qui n'est pas encore complètement capable de mûrir ses décisions. Pour eux et pour leurs familles, les conséquences de cette mise à l'épreuve s'avèrent parfois catastrophiques.

Les scientifiques comprennent le fonctionnement des hormones depuis un moment, mais ils ne comprennent le pourquoi de leur fonctionnement que depuis cinq ans. Les hormones sexuelles sont présentes dès la naissance, mais elles ne font en quelque sorte qu'hiberner pendant un peu plus de dix ans. Voici quelques années, les chercheurs ont découvert que la puberté est initiée par une sorte de jeu de domino hormonal[1]. Tout commence dans l'hypothalamus, une struc-

1. B. B. Van Bockstaele, « Genes Have Been Discovered for the Brain Pathway that Triggers Puberty », *Digital Journal*, 12 décembre 2008.

ture du cerveau qui régule le métabolisme. Là, un gène produit une protéine appelée kisspeptine. Quand cette protéine se connecte avec, ou « embrasse », les récepteurs d'un autre gène, elle provoque le largage des hormones stockées dans l'hypophyse. Ce déferlement de testostérone, d'œstrogènes et de progestérone stimule à son tour les testicules et les ovaires.

Depuis leur découverte, et pendant tout le reste du XXe siècle, les hormones sexuelles se sont trouvées au centre de la pensée dominante expliquant le comportement adolescent. Or les adolescents n'ont pas un niveau hormonal supérieur à celui des adultes. Ils réagissent juste différemment à ces hormones. Par exemple, ils sont davantage réactifs au stress[1], ce qui expliquerait pourquoi les troubles de l'anxiété, y compris le trouble panique, surgissent généralement à la puberté. Les ados ne tolèrent tout simplement pas aussi bien le stress que les adultes. Ils sont beaucoup plus enclins à déclencher des maladies et des problèmes physiques, qu'il s'agisse de rhumes, maux de tête ou de maux de ventre. On constate chez eux un florilège de symptômes allant des ongles rongés aux troubles alimentaires.

Aujourd'hui, un tsunami d'informations d'une ampleur sans précédent dans l'histoire de l'humanité inonde les adolescents. Il s'abat sur eux à leur domicile, au lycée, entre pairs, et aussi, dernière source d'information, et non des moindres, via Internet. Depuis 2007, nous savons grâce aux chercheurs du Centre médical Downstate de l'université d'État de New York[2] qu'une hormone libérée en réponse au stress pour réguler l'anxiété, la tétrahydroprégnanolone (THP), augmente l'anxiété chez les adolescents au lieu de la calmer. Chez l'adulte, cette hormone agit dans le cerveau comme un tranquillisant et génère un effet calmant environ trente minutes après l'événement déclencheur de l'anxiété. Chez les souris

1. Hui Shen, Qi Hva Gong *et al.*, « Reversal of Neurosteroid Effects at α4β2δ $GABA_A$ Receptors Triggers Anxiety at Puberty », *Nature Neuroscience 10*, N° 4 (avril 2007).

2. State University of New York (SUNY) Downstate Medical Center. (*NdT*)

adolescentes, la THP n'a aucun effet inhibiteur de l'anxiété. Voilà pourquoi, chez les adolescents, l'anxiété provoque toujours davantage d'anxiété. C'est biologique !

Mais si l'augmentation de la sécrétion d'hormones sexuelles est le marqueur biologique de la puberté, de la transformation physiologique d'un enfant en être humain sexuellement mature, elle ne fait pas de lui un « adulte ». Pour bien comprendre les sautes d'humeur des adolescents, leur impulsivité, leur ennui chronique ; leur mauvaise conduite, leur manque d'attention ; le danger accru que représentent drogue et alcool pour eux ; et leurs si mauvaises décisions quand ils boivent, prennent le volant, ont des rapports sexuels (pour ne nommer que quelques situations), nous devons nous pencher sur leur cerveau. Là, nous trouverons des réponses.

Certes, les hormones expliquent une partie de ce qui se passe à l'adolescence, mais le cerveau est le théâtre de davantage d'action : de nouvelles connexions se créent entre différentes zones cérébrales et de nombreuses substances chimiques se modifient constamment, notamment les neurotransmetteurs, ces « messagers » du cerveau. C'est pourquoi l'adolescence est une période réellement magique. À cause de la flexibilité et du développement de leur cerveau, les adolescents ont la formidable opportunité d'exploiter des capacités supérieures pour accomplir des prouesses. Mais malléabilité, croissance et fougue forment une épée à double tranchant : un cerveau « ouvert » et prompt à s'exciter est davantage vulnérable au stress, aux drogues, aux substances chimiques et à toutes sortes de changements dans l'environnement. Comme le cerveau d'un adolescent est souvent hyperactif, ces influences peuvent générer des problèmes bien plus graves que chez les adultes.

2

La construction du cerveau

Je suis émerveillée de voir dans le corps humain autant d'organes complexes impeccablement rangés et interconnectés dans un espace si limité. De nombreux scientifiques s'accordent à dire que le cerveau de M. ou Mme Tout le monde est l'objet le plus complexe de l'univers. Le cerveau d'un bébé n'est pas juste un cerveau adulte miniature : sa croissance, contrairement à celle de la plupart des autres organes du corps, ne se réduit pas à augmenter de taille. Le cerveau change en se développant. Après l'enfance où le petit humain bénéficie de la protection de la famille, il conquiert son autonomie à la fin de l'adolescence. De la même façon qu'un poussin porte « l'empreinte » de sa mère poule, les enfants et les ados humains « s'imprègnent » de leurs expériences. Ces traces pourront influencer leurs choix d'adultes. Le cerveau est « impressionnable ».

Comment je suis devenue neuroscientifique

Mon cerveau n'échappe pas à cette règle. Les neurosciences et la médecine ont apposé leur empreinte sur moi alors que j'étais assez jeune. Ma curiosité m'a portée pendant mes années de lycéenne, mes études de médecine, mes recherches et elle me porte encore aujourd'hui. Je n'ai jamais pu lui résister. Je suis la plus âgée de trois enfants d'une famille aisée du

Connecticut. J'ai la chance d'avoir grandi à Greenwich, à quarante minutes de Manhattan. Quand j'étais petite, Greenwich accueillait déjà de nombreux acteurs, écrivains, musiciens, politiciens, banquiers et autres personnalités fortunées. L'actrice Glenn Close y est née, le président George H. W. Bush y a grandi et le chef d'orchestre de jazz Tommy Dorsey y est mort.

Mes parents britanniques avaient émigré aux États-Unis après la Seconde Guerre mondiale. Une fois les études de médecine de mon père terminées à Londres, il avait choisi l'université de Columbia pour faire son internat en chirurgie urologique. Pour lui comme pour ma mère, Greenwich semblait idéal pour s'installer à distance raisonnable de New York. Leur pragmatisme l'avait emporté sans qu'ils n'aient jamais eu conscience de l'aura de célébrité entourant cette petite ville. Sans doute grâce à mon père, j'avais l'esprit ouvert aux maths et aux sciences. Une de mes plus fortes « empreintes », une de celles qui m'ont propulsée vers la médecine, est survenue alors que j'étais en troisième à la Greenwich Academy, pendant un cours de biologie. Je me souviendrai toujours de l'instant précis où on nous a distribué, à chacune, un fœtus de porc à disséquer. Tandis que de nombreuses camarades de classe se renfrognaient sur leur chaise à l'idée de débiter en rondelles ces petits mammifères ou se précipitaient aux toilettes avec une terrible envie de vomir, avec quelques autres, je me suis immédiatement mise au travail. Ce fut un moment décisif. Les scientifiques s'étaient dissociées de celles appelées par d'autres vocations.

Si on injecte du latex dans les veines et les artères du porc, on les voit à l'œil nu, avec de jolies nuances de bleu et de rouge. Je suis très visuelle, j'aime penser en trois dimensions, j'adore les puzzles, absolument tous les puzzles. Cela me sert beaucoup dans mon domaine, la neurologie et les neurosciences, car le cerveau est une structure en trois dimensions aux différentes zones interconnectées en tout sens. On est avantagé, en tant que neurologue, si on peut cartographier mentalement ces connexions tout en cherchant à déterminer l'endroit précis d'une attaque ou d'une lésion cérébrales chez un patient présentant un mélange de problèmes neurologiques. D'ailleurs, c'est même comme cela que la plupart des neurologues et neuroscientifiques fonctionnent. Les gens de notre espèce adorent identifier des formes, des schémas, dans toute chose.

Les neurosciences m'intéressent depuis le lycée. À l'époque, le médecin ne disposait ni de scanner, ni d'IRM et devait imaginer où se trouvait le problème dans le cerveau d'un patient en se figurant l'organe en trois dimensions. C'est quelque chose que je fais bien. J'aime me transformer en détective neurologique. En ce qui me concerne, les neurosciences et la neurologie se sont avérées la profession idéale pour déployer mes aptitudes visuo-spatiales.

Si on compare le cerveau humain à un puzzle, alors le cerveau adolescent en est un en cours d'achèvement. Une partie de mon travail de neurologue consiste à savoir où vont les morceaux de cerveaux dans le puzzle, compétence que j'ai décidé d'appliquer au cerveau adolescent. Avec ce livre vous comprendrez non pas juste ce qu'est le cerveau adolescent, mais aussi ce qu'il n'est pas et ce qu'il est en train de devenir.

La structure du cerveau

Matière grise et matière blanche

Je dois admettre que regarder un cerveau n'est pas vraiment captivant. Posé au-dessus de la moelle épinière, de couleur gris clair (d'où le terme de « matière grise »), sa consistance se situe entre le plat de pâtes trop cuites et la gelée. À environ 1,3 kilogramme, le poids d'une courge de taille moyenne, cette masse de tissu mouillé et plissé fait environ la taille de deux poings placés côte à côte. La « matière grise » contient la majorité des neurones : ces cellules permettent de penser, percevoir, se mouvoir, s'émouvoir et piloter les fonctions corporelles. Pour cela, les neurones doivent se connecter les uns aux autres ainsi qu'à la moelle épinière et se transmettre des messages. La plupart de leurs messages transitent à travers la « matière blanche » du cerveau, qui contient le câblage permettant à l'information de circuler efficacement d'une zone du cerveau à l'autre. Outil standard d'imagerie cérébrale, l'imagerie par résonance magnétique ou IRM montre magnifiquement la différence entre la matière grise et la matière blanche.

Des replis sinueux parcourent la surface extérieure du cerveau. Des « sillons » séparent ces replis, qu'on appelle gyri. La figure 1 présente un scan par IRM d'un cerveau, exactement comme ceux que l'on fait passer aux malades. Le cerveau est partagé en deux parties, appelées hémisphères. (Quand une IRM expose des coupes du cerveau dans un sens ou dans l'autre, cf. coupe A et coupe B sur la figure 1, les hémisphères sont plus faciles à voir.) La partie la plus superficielle du cerveau, appelée cortex, contient la matière grise au plus proche de la surface du cerveau. La matière blanche se situe juste en dessous de la matière grise. Dans la matière grise, les neurones se connectent directement à leurs proches voisins. Mais ils sont aussi pourvus d'une expansion fibreuse, l'axone, qui leur permet de traverser la matière blanche pour se brancher aux neurones présents dans d'autres zones du cerveau, dans l'autre hémisphère ou dans la moelle épinière afin d'activer les muscles et les nerfs du visage et du corps. La matière blanche est décrite comme « blanche » parce qu'elle l'est, à la vue comme à l'image sur une IRM. Cette couleur blanche vient des expansions des neurones qui la traversent : les axones sont enveloppés d'une substance isolante grasse appelée myéline, dont la couleur est vraiment blanche.

Taille et poids

Pris isolément, la taille et le poids du cerveau n'expliquent pas grand-chose. Le cerveau d'une baleine pèse environ dix kilogrammes ; celui d'un éléphant, environ cinq. Si l'intelligence était déterminée par le ratio du poids du cerveau par rapport au poids total du corps, alors les humains seraient perdants. Les ouistitis nains ont un gramme de matière cérébrale pour chaque vingt-sept grammes du poids de leur corps. Chez les humains, ce même ratio est de un pour quarante-quatre grammes. Nous avons donc moins de matière cérébrale, rapportée au poids de notre corps, que certains de nos cousins primates. Heureusement pour nous, c'est la complexité du maillage des neurones qui compte. Le poids du cerveau a peu à voir avec son fonctionnement, du moins avec l'intelligence. Autre preuve : le cerveau des femmes est plus petit, en taille, que le cerveau des hommes, or on obtient les mêmes fourchettes de valeurs de QI pour les deux sexes. Avec un cerveau de 1,23 kilogramme, Albert Einstein, sans discuter le scientifique le plus génial du XXe siècle, avait un cerveau légèrement moins lourd que la moyenne. Mais comme l'expliquent des recherches récentes, Einstein avait aussi davantage de connexions par gramme de matière cérébrale que la moyenne[1].

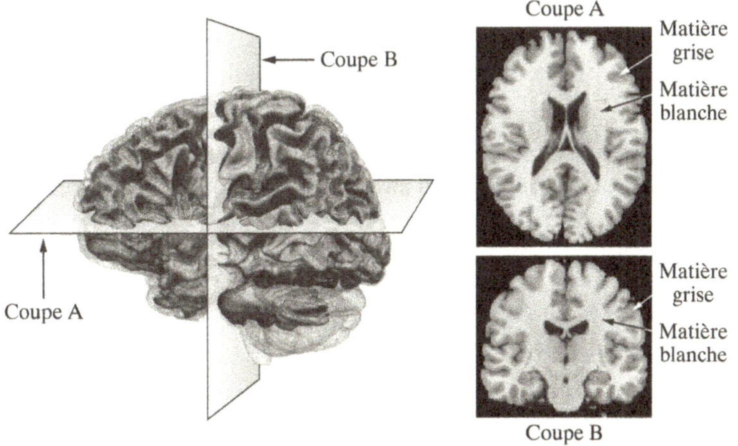

Fig. 1. La structure du cerveau : notions de base.
Une imagerie par résonance magnétique (IRM) du cerveau.
Les coupes, horizontale et verticale (coupe A et coupe B), montrent le cortex (la matière grise) à la surface et la matière blanche en dessous.

1. Sandra F. Witelson, Debra L. Kigar et Thomas Harvey, « The Exceptional Brain of Albert Einstein », *Lancet 353,* N° 9170 (19 juin 1999).

En revanche, la taille du cerveau humain est effectivement liée à la taille de nos crânes. Très prosaïquement, le cerveau doit tenir à l'intérieur de la boîte crânienne. Les neurologues mesurent la taille de la tête des enfants au fur et à mesure qu'ils grandissent ; cela fait partie de leur travail. Je dois avouer avoir fait ça avec mes fils, de la même manière que d'autres parents mesurent régulièrement la taille de leurs enfants – pour m'assurer que tout allait bien et que la taille de leur crâne évoluait dans la fourchette normale. Une fois grands, ils m'ont prise pour une cinglée, bien sûr, mais tant qu'ils étaient bébés et jusqu'à l'âge de la marche, je n'arrivais pas à résister. Je sortais mon mètre de ma trousse de couture et je m'efforçais de contenir leurs gigotements pour prendre encore une mesure de plus.

En vérité, la taille du crâne ne nous donne pas vraiment d'informations. C'est une mesure un peu grossière. Le crâne peut être plus ou moins gros pour toutes sortes de raisons. Il existe des troubles pour lesquels la tête est trop grande et d'autres troubles pour lesquels elle est trop petite. La caractéristique la plus intéressante du crâne est qu'il limite la taille du cerveau tout en le protégeant de ses huit os (au total, la tête humaine est composée de vingt-deux os). Lors d'une naissance par voie basse, les os du crâne du bébé se compressent un petit peu, car ils sont espacés les uns des autres, reliés par un tissu souple, notamment au niveau de la fontanelle. Pendant la première année du bébé, les os du crâne fusionnent les uns avec les autres et ces espaces souples se referment, fontanelle comprise. La plus grande partie de la croissance de la tête se déroule entre la naissance et les sept ans de l'enfant. L'augmentation en taille la plus forte a lieu pendant sa première année, du fait de l'énorme développement du cerveau.

Comme la taille du crâne est fixe, l'évolution a fait au mieux pour l'homme, en tassant dedans autant de matière cérébrale que possible. L'*Homo erectus*, l'ancêtre dont est issue l'espèce humaine moderne, est apparu voici deux millions d'années. La taille de son cerveau n'était alors que de huit cents à neuf cents centimètres cubes, comparée aux mille cinq cents centimètres cubes du cerveau de l'*Homo sapiens* d'aujourd'hui. Le cerveau humain moderne a pratiquement doublé de taille par rapport à celui de ses ancêtres et son crâne lui aussi a dû grandir. En même temps, le bassin des femmes s'est élargi pour s'adapter aux têtes plus grandes des bébés. L'évolution a produit ces changements en moins de deux millions d'années. C'est sans doute pour cette raison que la structure du cerveau, même si elle est extraordinairement ingénieuse, donne un peu l'impression d'avoir été modifiée au fil de l'eau. Comment expliquer sinon que le cerveau soit si à l'étroit ? Il a été sculpté par l'évolution tel un ruban replié plusieurs fois sur lui-même et compressé, un peu comme quand on entasse trop d'habits dans un placard trop petit. Ces plis du ruban forment des collines (les gyri) entrecoupées de vallées (les sillons), tels qu'illustrés par la figure 1. Ils donnent au cerveau humain l'apparence d'une surface irrégulière, résultat de son empaquetage serré sous la boîte crânienne. Ce n'est pas une surprise : le cerveau humain a les plis les plus compliqués de toutes les espèces. Plus on descend la lignée phylogénique vers des mammifères plus ordinaires, plus les plis s'effacent. Les chats et les chiens en ont quelques-uns, mais beaucoup moins que les humains. Les rats et les souris n'en ont presque pas. Plus sa surface est lisse, plus le cerveau est simple.

L'homoncule

Vu de l'extérieur, le cerveau semble plutôt symétrique. Mais à l'intérieur, les deux hémisphères diffèrent de manière importante. Personne ne sait vraiment pourquoi, mais le côté droit du cerveau contrôle le côté gauche du corps, et vice-versa ; cela signifie que le cortex droit pilote les mouvements de l'œil gauche, du bras gauche et de la jambe gauche, tandis que le cortex gauche pilote les mouvements de l'œil droit, du bras droit et de la jambe droite. Pour la vue, les données du champ visuel gauche traversent le thalamus droit vers le cortex occipital droit et l'information du champ visuel droit va à gauche. En général, la perception visuelle et spatiale est censée se passer plutôt du côté droit du cerveau.

Il est possible de cartographier une image du corps à la surface du cerveau. Cette carte est appelée « l'homoncule » (de « petit homme » en latin). Dans le cortex moteur et le cortex sensitif, chaque zone du corps est associée selon son importance fonctionnelle à plus ou moins de territoire.

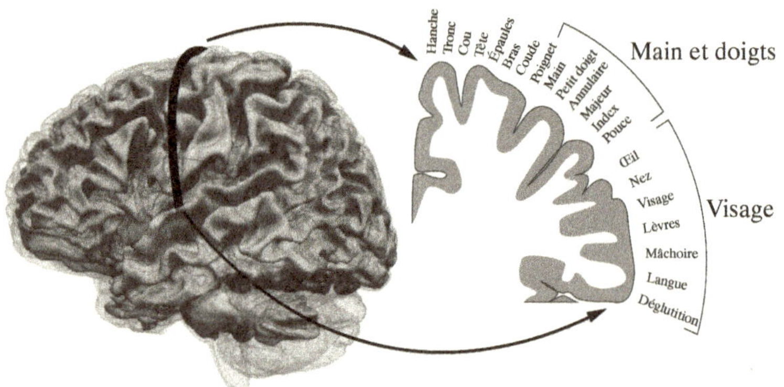

Fig. 2. L'« homoncule » : une « carte » du cerveau illustrant les zones qui contrôlent différentes parties du corps.

Au début du XXe siècle, le neuroscientifique canadien Wilder Penfield a décrit le premier cette carte corticale, cet homoncule, grâce à ses opérations chirurgicales sur des patients atteints d'épilepsie, dont il ôtait les parties du cerveau déclenchant les crises[1]. Pour savoir à quel endroit il pouvait procéder à l'ablation en toute sécurité, il stimulait différentes zones de la surface. Il excitait une zone, puis constatait la contraction d'un membre ou d'une partie du visage. Après avoir procédé de la sorte sur de nombreux patients, il a pu créer une carte standard.

1. Wilder Penfield et Edwin Boldrey, « Somatic Motor and Sensory Representation in the Cerebral Cortex of Man as Studied by Electrical Stimulation », *Brain 60*, N° 4 (décembre 1937).

La taille de la surface cérébrale consacrée à une partie spécifique du corps dépend du degré de sophistication de la fonction de cette partie du corps. Par exemple, l'aire attribuée aux mains, aux doigts, aux lèvres et à la bouche, est environ dix fois plus grande que la totalité de l'aire dédiée à la surface du dos. (Il faut dire aussi que l'on ne fait pas grand-chose avec son dos, à part le courber.) Toutes les zones cérébrales associées à la même partie du corps se retrouvent proches les unes des autres.

Les lobes cérébraux

Nous venons de voir que les aires cérébrales dédiées à la vue et aux différents membres du corps sont compartimentées et réparties en différents endroits. Nous verrons plus tard dans ce chapitre qu'elles peuvent s'étaler ou se contracter les unes par rapport aux autres, pendant le développement, en fonction de l'utilisation des différents sens et différents membres.

Structurellement, chaque hémisphère du cerveau humain se divise en quatre lobes. Chacune abrite un lobe frontal (devant et en haut), un lobe pariétal (en haut et derrière), un lobe temporal (sur les côtés) et un lobe occipital (derrière). Ces lobes sont positionnés au-dessus du tronc cérébral qui se connecte à la moelle épinière. À l'arrière du cerveau, en dessous des lobes occipitaux, le cervelet régule la coordination motrice et les schémas moteurs. Les lobes occipitaux hébergent le cortex visuel. Les lobes pariétaux abritent les aires d'association ainsi que le cortex moteur et le cortex sensitif (qui inclut l'homoncule de la figure 2). Les lobes temporaux accueillent notamment les aires impliquées dans la régulation des émotions et de la sexualité, ainsi que le langage, plus spécifiquement dans l'hémisphère dominant (c'est-à-dire le lobe temporal gauche pour les droitiers et pour 85 % des gauchers, et le lobe temporal droit pour le petit groupe de gauchers vraiment très gauchers). Les lobes frontaux, positionnés le plus en avant du cerveau, logent la fonction exécutive, le jugement, la compréhension et le contrôle des impulsions. Nous y reviendrons fréquemment au cours de ce livre : comme le cerveau se développe de l'arrière vers l'avant, pendant l'adolescence les lobes frontaux sont les moins matures et les moins connectés comparés aux autres lobes.

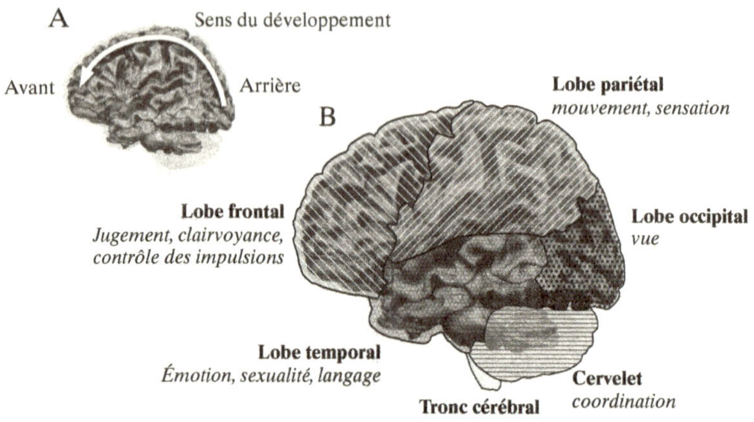

Fig. 3. Les lobes du cerveau : A. Le cerveau mûri de l'arrière vers l'avant. B. Le cortex du cerveau se divise en plusieurs grandes zones fonctionnelles.

Dans le cerveau, chaque sens a sa zone spécialisée. L'aire réservée à l'ouïe, appelée cortex auditif, est située dans les lobes temporaux, le cortex visuel dans les lobes occipitaux, le mouvement dans le cortex moteur hébergé par les lobes pariétaux, et le toucher dans le cortex sensitif, lui aussi placé dans les lobes pariétaux. Les autres zones du cerveau n'ont rien à voir avec les sens. C'est le cas des lobes frontaux, qui représentent plus de 40 % du volume total du cerveau humain (soit la proportion la plus importante de toutes les espèces animales), et où siègent notre capacité à comprendre, à juger, à planifier et notre sens de l'abstraction, ainsi que la conscience de soi et la capacité à évaluer les dangers et le risque. Nous utilisons donc cette zone de notre cerveau pour prendre des décisions judicieuses.

C'est pourquoi on dit souvent que les lobes frontaux hébergent la « fonction exécutive » du cerveau humain. Les lobes frontaux d'un chimpanzé sont ceux qui ressemblent le plus à ceux des humains en terme de taille, mais ils ne comptent que pour 17 % du volume total de son cerveau. Les lobes frontaux d'un chien ne représentent que 7 % de son cerveau. Chez les autres espèces, d'autres structures cérébrales priment. Comparés aux humains, les singes et les chimpanzés ont un cervelet beaucoup plus grand, ce qui leur permet d'avoir un contrôle de leur coordination physique nettement plus affiné. Le cortex auditif d'un dauphin est plus développé que celui de l'humain : le dauphin bénéficie d'une plage auditive sept fois plus grande que celle d'un jeune adulte humain. Un chien dispose d'un milliard de cellules olfactives, comparé à nos misérables douze millions. Le requin, lui, est équipé de cellules cérébrales spéciales qui lui permettent de détecter des champs électriques. Ces cellules l'aident non pas à naviguer, mais à détecter les signaux électriques produits par les moindres mouvements musculaires des poissons cherchant à lui échapper.

Nous, humains, n'avons pas grand-chose pour nous sauver la mise, à part notre ruse et nos stratagèmes. Notre avantage tient essentiellement à notre ingéniosité, à notre cervelle plus qu'à nos muscles. Or il se trouve que cet avantage requiert plus de temps à se développer : le câblage des lobes frontaux est le plus complexe et le dernier à atteindre la maturité. Notre « fonction exécutive » se déploie lentement : nous ne naissons certainement pas avec !

Le système limbique

Nous n'avons pas que nos huit lobes sous le capot. Retournons à la figure 3 et intéressons-nous à l'arrière du cerveau, tout en bas, là où le tronc cérébral se rattache à la moelle épinière. Le tronc cérébral contrôle de nombreuses fonctions biologiques parmi les plus critiques : notre respiration, rythme cardiaque, pression sanguine et l'évacuation de nos selles et de notre urine. Il est en « pilote automatique » : on n'est même pas conscient de ce qu'il fait et en général, on ne le dirige pas par volonté expresse. La moelle épinière le connecte aux zones plus hautes du cerveau au travers d'aires relais, tel le thalamus situé juste sous le cortex. L'information en provenance de tous nos sens circule à travers le thalamus à destination du cortex. En dessous du cortex, des structures appelées les ganglions de la base jouent un rôle important lors de mouvements coordonnés et stéréotypés. Directement touchés par la maladie de Parkinson, ces ganglions provoquent les symptômes caractéristiques des patients atteints par cette maladie, tremblements et apparence figée, comme s'ils étaient incapables de bouger.

Si on se rapproche du cortex, on trouve des structures qui, ensemble, forment ce que l'on appelle le système limbique. Le système limbique est impliqué dans la mémoire et les émotions. Globalement, on peut le voir comme une sorte de carrefour du cerveau qui assimile les émotions et les expériences. Nous parlerons abondamment dans ce livre de l'hippocampe, qui fait partie de ce système limbique. Petite structure en forme d'hippocampe, elle loge sous le lobe temporal. Son nom vient du latin *hippocampus*, qui signifie cheval marin. L'hippocampe est vraiment la « bête de somme » du cerveau pour tout ce qui touche aux mécanismes de la mémoire. Il sert à encoder et à récupérer les faits mémorisés.

Que savons-nous sur lui ? Il bénéficie du taux le plus dense de connexions « excitatrices » entre neurones (les synapses excitatrices) de tout le cerveau. On peut l'imaginer comme une ruche bourdonnante d'activité, que chaque expérience stimule. Comme je l'expliquerai plus loin, l'hippocampe d'un cerveau adolescent est « survolté », par rapport à celui d'un cerveau adulte.

Il y a environ soixante ans, suite à une opération chirurgicale radicale sur le cerveau d'un patient, les scientifiques ont découvert par hasard le lien entre hippocampe et mémoire[1].

1. Luke Dittrich, « The Brain That Changed Everything », *Esquire*, 25 octobre 2010.

Cette opération expérimentale, réalisée en 1953 par le neurochirurgien de Yale William Beecher Scoville, visait à guérir un homme de vingt-sept ans habitant le Connecticut et souffrant de crises d'épilepsie sérieuses et fréquentes. Jusqu'à sa mort, voici quelques années, cet homme n'était connu que par ses initiales, H. M. Avant l'opération, son épilepsie se manifestait de manière si sévère qu'il ne parvenait pas à garder ses emplois, y compris en tant qu'ouvrier. L'opération, pendant laquelle Scoville lui a sectionné une grande partie du lobe temporal médian qui provoquait ses crises, a d'abord été vue comme réussie. Suite à l'ablation des tissus cérébraux dans la zone des attaques, les crises ont nettement chuté à la fois en fréquence et en sévérité. Mais lors de cette opération, Scoville avait aussi supprimé une grande partie de l'hippocampe d'H. M. Personne ne savait à l'époque que l'hippocampe jouait un rôle critique dans la formation de la mémoire. Quand H. M. s'est réveillé, il était pratiquement débarrassé de ses crises d'épilepsie, mais aussi de sa capacité à faire passer toute nouvelle information de sa mémoire à court terme vers sa mémoire à long terme. En résumé, H. M. se rappelait son passé, tout ce qui lui était arrivé jusqu'à son opération, mais pour le reste de sa vie, il n'a plus eu aucune mémoire à court terme. Il ne se souvenait pas de ce qui lui arrivait, de ce qu'il disait, faisait, pensait, ressentait, qui il rencontrait. Dans les décennies qui ont suivi son opération, comme souvent dans l'histoire de la science, ce qu'H. M. a perdu a été mis à profit par les neuroscientifiques. Pour la première fois, les chercheurs pouvaient définir une zone spécifique du cerveau (le lobe temporal) et une structure spécifique (l'hippocampe) comme siège de la mémoire humaine.

À côté de l'hippocampe, dans une autre partie du système limbique sous le lobe temporal, se trouve une autre structure cérébrale clé, l'amygdale, impliquée dans les comportements sexuels et émotionnels. Foyer de la colère, elle réagit énormément aux hormones, notamment aux hormones sexuelles et à l'adrénaline. Si on stimule l'amygdale d'un animal, on provoque des comportements de rage.

Les scientifiques attribuent le caractère explosif des adolescents à leur amygdale immature, légèrement trop déchaînée, impétueuse. Cela expliquerait partiellement l'hystérie qui accueille les parents quand ces derniers refusent d'accéder à ce que leur ado considère comme une requête totalement raisonnable.

La maturation du cerveau

De tous les organes du corps humain, le cerveau est la structure la moins achevée à notre naissance. Il ne fait alors que 40 % de sa taille adulte. La taille n'est pas la seule chose qui change ; tout le câblage interne se modifie au fil des ans. Le développement du cerveau prend du temps. En gros, la nature a construit le cerveau en commençant par sa base, de la cave au grenier. Le câblage du cerveau s'amorce aussi à l'arrière, puis progresse vers l'avant. Avant tout, le cerveau est façonné par le vécu de chaque individu.

La plasticité

Au Smith College, à Northampton, Massachusetts, pour ma thèse de quatrième année, j'ai étudié plusieurs zones cérébrales dédiées à des parties spécifiques du corps. Je cherchais à savoir si une surstimulation d'un membre du corps mènerait à davantage de surface cérébrale attribuée à ce membre. Il s'agissait en fait d'une expérience sur la plasticité du cerveau, permettant de comprendre si ce dernier changeait en réaction à une stimulation extérieure.

Depuis la fin des années 1970, de nombreuses recherches aux résultats impressionnants étayent la notion d'empreinte et de plasticité cérébrale. Pour ma petite thèse d'étudiante de fin de premier cycle universitaire, je m'étais inspirée d'une des études les plus célèbres de David Hubel et Torsten Wiesel, chercheurs à Harvard. À l'époque, le terme de « plasticité » commençait à être utilisé pour signifier que l'expérience vécue pouvait modifier le cerveau, le modeler comme du plastique. Hubel et Wiesel avaient prouvé que si des chatons étaient élevés avec un cache sur un œil pendant l'équivalent de leur « enfance » (ils ressemblaient à des chatons pirates !), alors ils demeuraient incapables de voir avec cet œil pendant le reste de leur vie. Ces deux scientifiques ont aussi découvert que les connexions de l'autre œil, l'œil ouvert, occupaient partiellement l'aire du cerveau dédiée à l'œil caché. Dans une autre série d'expériences, ils ont élevé des chats dans un monde visuel ne comprenant que des lignes verticales. Ils ont constaté qu'à l'âge adulte, le cerveau de ces chats ne réagissait qu'aux lignes verticales. En résumé, les signaux et stimuli auxquels le cerveau est exposé pendant son développement ont réellement un impact sur son fonctionnement, plus tard dans la vie.

Mon expérience d'étudiante visait à démontrer la même chose, mais pour le toucher au lieu de la vue.

Une fois maman, j'avoue que je me suis bien amusée à montrer à mes enfants le super effet de l'empreinte dans notre quotidien. Quand notre vieux chat adoré est mort à l'âge vénérable de dix-neuf ans, il nous a tellement manqué que j'ai emmené Andrew et Will au refuge pour animaux pour y chercher un chaton. Nous sommes tombés sous le charme de la plus minuscule et la plus accaparante petite chatte tigrée. Les garçons l'ont baptisée Jill. Jill passait son temps sur nos genoux ; elle aimait les gens. Je me suis souvenue de mes expériences sur la plasticité du cerveau et j'ai proposé à Andrew et à Will, quand ils la câlineraient, de lui masser les pattes, pour voir si elle devenait un chat plus adroit. Chaque fois que nous la prenions, nous lui massions les pattes avec nos mains, lui étalant les « petits doigts » qui forment les pattes des chats. Sans surprise, Jill a commencé à utiliser ses pattes beaucoup plus que tous les chats que j'aie jamais eus (et j'ai toujours eu un chat depuis l'âge de huit ans). Elle utilisait ses pattes là où la plupart des chats ne s'en servent pas. Très « orientée pattes », elle se baladait dans la maison d'objet en objet qu'elle s'amusait à faire tomber des tables d'un coup de patte.

De toute évidence, elle avait un malin plaisir à les voir se fracasser au sol, pour notre plus grande consternation, parce que tous n'étaient pas incassables. Elle mangeait souvent avec sa patte gauche, ramassant délicatement un peu de son pâté pour chat qu'elle enfournait ensuite. À force de l'observer, nous avons pu constater qu'elle utilisait pratiquement toujours sa patte gauche. Nous avions une chatte gauchère ! Et un jour, nous avons subitement compris que quand nous la prenions pour la masser, elle nous faisait face, et comme nous sommes tous droitiers, nous avions davantage stimulé sa patte gauche que sa patte droite ! Comment prouver la plasticité neuronale à domicile : facile !

Si nous avions pu observer son cerveau, nous aurions noté une plus grande aire cérébrale allouée à ses pattes et surtout à sa patte gauche que chez un chat « normal ». Dans le cours d'une vie humaine, ce même phénomène de réallocation de l'espace dans le cerveau se produit aussi, en fonction du vécu. La période de la vie pendant laquelle l'environnement peut modifier la « nature » est appelée par les scientifiques la période critique. Nous y reviendrons.

Un câblage progressif

Pendant l'enfance et l'adolescence, dans quel ordre les différentes zones du cerveau se connectent-elles les unes aux autres ? Personne ne le savait avant l'avènement de l'imagerie cérébrale moderne. De nouvelles façons de scanner le cerveau, appelées imagerie par résonance magnétique (IRM), nous offrent non seulement de nouvelles représentations fidèles du cerveau, mais nous montrent aussi les connexions entre les différentes zones. Mieux encore, une nouvelle forme d'IRM, l'IRM fonctionnelle (IRMf), indique quelles zones déclenchent l'activation des unes ou des autres. Nous pouvons désormais voir quelles aires du cerveau s'activent de concert et sont câblées les unes aux autres. Pendant les dix dernières années, les chercheurs des

Instituts américains de la santé ont réalisé une vaste étude visant à comprendre comment, de la naissance à l'âge de vingt et un ans, les différentes zones du cerveau s'activent les unes les autres[1].

Ils ont fait une découverte remarquable : la connectivité du cerveau progresse lentement de l'arrière du cerveau vers l'avant. En bas, derrière, le câblage débute avec les zones cérébrales qui gèrent l'interaction avec l'environnement et régulent les processus sensoriels – la vue, l'ouïe, l'équilibre, le toucher et la perception de l'espace. Ces zones incluent le cervelet, important pour le sens de l'équilibre et la coordination ; le thalamus, station-relais des messages sensoriels ; et l'hypothalamus, centre de contrôle des fonctions corporelles, dont la faim, la soif, la reproduction, l'agression.

Les toutes dernières zones qui se « branchent » sont les lobes frontaux (figure 4). En fait, le cerveau adolescent n'a parcouru que 80 % de son chemin vers la maturité. Les 20 % de zone restante, où le câblage est le plus léger, sont critiques. Ces 20 % expliquent en grande partie pourquoi les adolescents se comportent aussi bizarrement – leurs sautes d'humeur, leur caractère irritable, impulsif et explosif ; leur incapacité à se concentrer, à aller au bout des choses, à communiquer avec les adultes ; leurs difficultés à résister à la tentation de la drogue et de l'alcool, leurs conduites à risque. Quand un adulte se targue d'être civilisé et intelligent, il peut remercier son cortex frontal et préfrontal.

Parce que les adolescents ne fonctionnent pas encore à plein tube, du moins pour ce qui concerne leurs lobes frontaux, nous ne devrions pas être surpris par les histoires que nous entendons chaque jour sur leurs erreurs et accidents tragiques. Quand ils approchent de leur vingtième année, le câblage de leurs lobes

---

1. National Institute of Mental Health (NIMH), « Teenage Brain : A Work in Progress », *NIMH Fact Sheet*, 2001. Voir aussi, R. K. Lenroot et J. N. Giedd, « Brain Development in Children and Adolescents : Insights from Anatomical Magnetic Resonance Imaging », *Neuroscience and Biobehavioral Reviews 30*, N° 6 (2006).

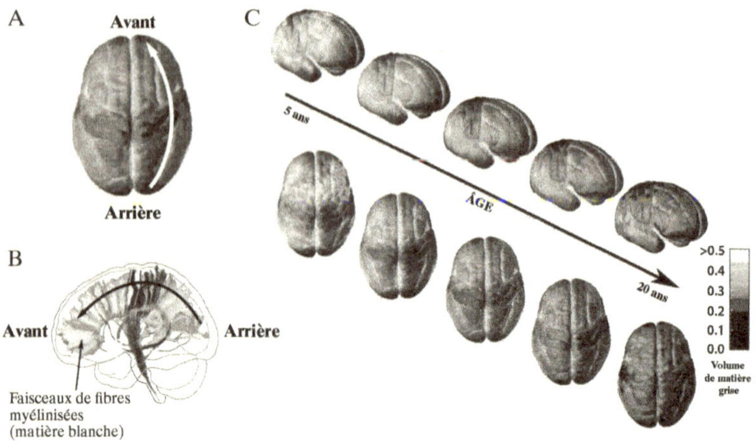

Fig. 4. La maturation du cerveau : le cerveau se « câble » de l'arrière vers l'avant. A. Une IRMf peut cartographier la connectivité dans le cerveau. Les aires plus sombres indiquent une connectivité plus forte. B. La myélinisation de la matière blanche permet de suivre la maturation du cortex de l'arrière vers l'avant ; c'est la raison pour laquelle les lobes frontaux sont les derniers à se connecter. C. Les séries de scans illustrant la connectivité révèlent que le câblage du lobe frontal est repoussé à l'âge de vingt ans ou plus.

frontaux n'est pas encore terminé, ce qui explique pourquoi ils restent vulnérables après leur bac. Récemment, un de mes amis m'a raconté l'histoire d'un copain de son fils à l'université, Dan, un super gamin qui n'avait pratiquement jamais posé de problèmes à ses parents. Ancienne star du hockey sur glace au lycée, c'était un gars apprécié de tous. À l'université, il avait choisi la finance comme matière principale. Pendant l'été, le fils de mon ami a reçu un coup de fil de la mère de Dan. Dan s'était noyé la veille, lui a-t-elle annoncé. Il était sorti avec des copains et avait bu. Entre 3 et 4 heures du matin, alors qu'ils rentraient ensemble, tous les huit, ils avaient décidé de se rafraîchir au club de tennis du coin. Le club était fermé, bien sûr, mais le portail verrouillé ne les a pas arrêtés. Ils l'ont escaladé et ont sauté dans la piscine. Puis ils ont regagné leurs chambres sur le campus. Une fois à bon port, l'un d'eux s'est posé la question : « Mais, il est où, Dan ? » Ils ont foncé au club où ils ont trouvé leur copain le visage dans l'eau. Le médecin légiste a identifié la cause de la mort : noyade accidentelle due à une « intoxication alcoolique aiguë ». Dans la presse, l'un des articles relatant sa mort m'a consternée : « La police rappelle aux enfants et aux adultes qu'il faut réfléchir à deux fois aux dangers potentiels avant de prendre des risques qui peuvent s'avérer mortels. »

« Réfléchis plutôt deux fois qu'une. »

Combien de fois l'avons-nous dit à nos ados, fils et filles ? Trop souvent. Mais dès que j'ai appris la nouvelle pour Dan, j'ai appelé mes fils pour leur en parler. « Souvenez-vous-en, ai-je conclu. Voilà ce qui se passe. L'alcool et la baignade, ça ne va pas ensemble. Ça n'arrange rien d'escalader, au milieu de la nuit, un portail verrouillé, ou de sauter dans une piscine avec sept potes ivres. »

Les réactions des parents à ces destins tragiques, leur façon d'en parler avec leurs propres enfants, sont primordiales. Proscrire « Ouf ! Je suis bien contente que ce ne soit pas mon fils. » Ou « Mon ado n'aurait jamais fait ça. » En vérité, on n'en sait rien. Enclencher plutôt le mode proactif. Les matraquer d'histoires vraies, de conséquences réelles, et recommencer – pendant le dîner, après l'entraînement de foot, avant la leçon de guitare, encore et encore, même s'ils se plaignent de connaître la musique. Leur rappeler : ces choses peuvent arriver à tout moment et elles se produisent lors de multiples circonstances, chacune différente de l'autre. Toutes sortes de situations peuvent les mettre en difficulté et finir mal.

La répétition est particulièrement importante, notamment à cause du stade de développement du cerveau de votre adolescent. Dans l'un des lobes frontaux, la fonction exécutive gère ce que l'on nomme la mémoire prospective, c'est-à-dire la capacité de garder à l'esprit une intention d'agir d'une certaine façon dans le futur : par exemple, se souvenir de rappeler quelqu'un quand on rentrera du travail. Les chercheurs ont découvert que la mémoire prospective est non seulement totalement associée avec les lobes frontaux, mais aussi qu'elle se développe et augmente son efficacité spécifiquement entre six et dix ans, puis de nouveau entre vingt et trente ans. En revanche, les études ne révèlent aucun progrès entre dix et quatorze ans, comme si cette zone spécifique du cerveau, où loge notre capacité à se souvenir de faire quelque chose, n'arrivait pas à suivre à la même allure que les autres le développement et la croissance de l'adolescent.

Immaturité des lobes pariétaux : l'illusion du multitâche

Les lobes pariétaux, situés juste derrière les lobes frontaux, hébergent les aires d'associations. Ils jouent un rôle crucial dans notre façon de passer d'une tâche à une autre. Chez l'adolescent, cette compétence aussi arrive à maturité tardivement. Aujourd'hui, alors que nous croulons sous l'information, nous devons commuter d'une tâche à une autre pratiquement tout le temps. Or on sait désormais que le « multitâche », la possibilité d'accomplir deux tâches cognitives complexes en même temps, relève en fait du mythe. Mâcher un chewing-gum et faire n'importe quoi d'autre en même temps n'est pas vraiment considéré comme du multitâche parce que mâcher un chewing-gum ne demande aucune attention cognitive. En revanche, parler au téléphone et conduire sont deux tâches réclamant chacune de la concentration. Malheureusement, le cerveau humain est limité dans le nombre d'activités qu'il peut gérer simultanément. Si on se plonge concomitamment dans plusieurs tâches cognitives assez ardues, comme téléphoner tout en conduisant, le cerveau doit constamment passer de l'une à l'autre des tâches. Ce faisant, ni l'une ni l'autre de ces activités n'est vraiment bien menée.

Les lobes pariétaux aident les lobes frontaux à se concentrer, jusqu'à un certain point[1]. En étouffant toute activité extérieure, ils permettent au cerveau de se concentrer d'abord sur une tâche puis sur une autre. Il nous semble que nous accomplissons deux tâches en même temps, parce que le cerveau humain excelle dans cette jonglerie, mais ce n'est pas le cas. En

1. Frederik Edin, Torkel Klingberg *et al.*, « Mechanism for Top-Down Control of Working Memory », *Proceedings of the National Academy of Sciences 106*, N° 16 (3 avril 2009).

2009, les scientifiques de la faculté de médecine suédoise Karolinska Institutet ont mesuré nos capacités limites en se basant sur des IRMf de gens en situation de multitâche pendant les scans. L'objectif de leur étude : modéliser ce qui se passe dans le cerveau quand nous voulons faire plusieurs choses en même temps. Ils ont découvert que notre mémoire de travail ne peut conserver que deux à sept images différentes simultanément ; il est donc virtuellement impossible de se concentrer sur plus d'une tâche complexe à un moment donné.

En mai 2008, sur la chaîne de télévision ABC, l'émission *Good Morning America* a bien illustré l'immaturité des lobes pariétaux adolescents en montrant l'impact de la distraction au volant chez une ado, Devan, fille du correspondant de la chaîne, David Kerley. Devan, qui conduit depuis un an, est au volant, son père installé à ses côtés, en passager. Ils suivent un cours de conduite proposé par une compagnie d'assurance, Allstate Insurance. On leur explique les limitations de vitesse du circuit qu'ils doivent emprunter, les endroits où il faut freiner, les tournants à prendre, et on les laisse partir pour un tour de chauffe. Puis on donne à Devan trois types de « distractions » à gérer pendant qu'elle est au volant. D'abord, on lui prête un BlackBerry et on lui demande de lire le texte à l'écran tout en conduisant. Elle renverse plusieurs cônes balisant son parcours. Ensuite, trois de ses amis montent à l'arrière et entament une discussion animée. Devan abat d'autres cônes. Enfin, on lui tend un paquet de cookies et une bouteille d'eau. Il lui suffit de les faire passer pour faucher d'autres cônes. Le multitâche est bien un mythe, un mythe dangereux qui plus est, surtout quand il s'applique à un cerveau adolescent.

Le multitâche est sur toutes les lèvres. Les recherches suédoises montrent à quel point il est restreint. Les teenagers et jeunes adultes se vantent de le manier avec aisance. Se sont-ils imprégnés d'un monde où tout le monde est multitâche ? Peut-être. À l'université du Minnesota, d'autres chercheurs ont montré que la capacité de basculer son attention avec succès parmi de multiples tâches se développe encore pendant l'adolescence. Il n'est donc pas surprenant d'apprendre que sur les six mille ados américains qui meurent en voiture chaque année, une faute d'inattention en est responsable dans 87 % des cas[1].

En 2006, à l'université du Missouri, les chercheurs ont formellement évalué la compétence des adolescents et des jeunes adultes d'aujourd'hui à apprendre tout en étant distraits. Ils ont sélectionné vingt-huit étudiants de premier cycle universitaire, parmi lesquels se trouvaient des gamins de dix-huit à vingt ans, et leur ont demandé de mémoriser des listes de mots, mots dont ils devaient se souvenir plus tard. Pour savoir si les distractions modifiaient leur habileté à mémoriser, les chercheurs ont demandé aux jeunes de réaliser une tâche en parallèle – placer une série de lettres dans l'ordre de leur couleur en appuyant sur les touches du clavier d'un ordinateur – soit pendant qu'ils mémorisaient la liste de mots, soit tandis qu'ils s'en souvenaient pour les répéter aux chercheurs. Ces chercheurs du Missouri ont alors découvert que les tâches simultanées influaient à la fois sur l'encodage (la mémorisation) et la récupération (le rappel) de l'information[2]. Quand ils ont demandé aux étudiants d'effectuer la tâche de tri des lettres selon leurs couleurs tout en se souvenant des mots appris auparavant (situation semblable à celle d'un examen), le nombre de mots correctement mémorisés a chuté de 9 à 26 %. La baisse de résultat s'accentuait quand la distraction avait lieu pendant la mémorisation des mots. Dans ce cas, leur performance dégringolait d'un écrasant pourcentage, de 46 à 59 %.

Ces résultats ont forcément des répercussions sur ce qui se passe dans la chambre d'un ado s'il a des devoirs à faire pour le lendemain ! Je me souviens sans grand plaisir de ces veilles d'examens où j'entrais dans la chambre de mes fils sans les prévenir et les surprenais avec la télévision allumée, le casque sur la tête, branchés à leur iPod, échangeant des messages

1. Étude réalisée par le cabinet Sperling pour le compte de l'assureur Allstate, « America's Teen Driving Hotspots Study » (mai 2008).

2. Moshe Naveh-Benjamin, Angela Kilb et Tyler Fisher, « Concurrent Task Effects on Memory Encoding and Retrieval : Further Support for Asymmetry », *Memory and Cognition* 34, N° 1 (janvier 2006).

avec quelqu'un depuis leur ordinateur, tout en envoyant des textos à quelqu'un d'autre sur leur iPhone. Quand je leur suggérais de se concentrer sur leur travail, ils protestaient – « Y a pas d'problème ! » – m'assurant que leurs révisions pour les contrôles du lendemain n'étaient absolument pas influencées par les trente-six autres choses qu'ils faisaient en même temps. Je n'ai pas avalé cette couleuvre et j'ai étayé mes arguments avec les données du Missouri. J'insère la figure 5 dans ce livre au cas où vous souhaiteriez vous aussi vous en servir pour les mêmes raisons.

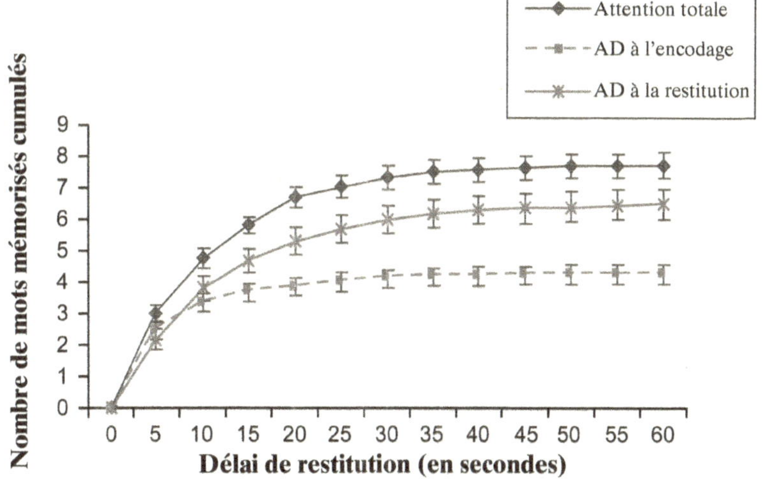

Fig. 5. Le multitâche n'est pas au point chez l'adolescent. Les étudiants de premier cycle universitaire ont été testés dans trois situations différentes : Aucune distraction (attention totale), Attention distraite (AD) au moment de la mémorisation (AD à l'encodage), et Attention distraite au rappel (AD à la restitution). Les performances des étudiants ont été médiocres lorsqu'ils étaient en multitâche pendant le rappel, et encore pires quand ils étaient en multitâche pendant la mémorisation.

Le cerveau d'un adolescent nous place devant un paradoxe. D'un côté, il dispose de matière grise à profusion. De l'autre, il manque de substance blanche. En résumé, le cerveau d'un adolescent ressemble à une Ferrari flambant neuve, contrôles effectués, réservoir plein, que personne n'a encore jamais conduite sur route. En d'autres termes, le cerveau adolescent est gonflé à bloc, mais ne sait pas encore où aller. Culturellement, ce paradoxe a abouti à l'incohérence suivante : si quelqu'un ressemble à un adulte, alors nous supposons qu'il ou elle doit aussi être adulte dans sa tête. Les garçons adolescents se rasent et les filles adolescentes peuvent tomber enceintes, et pourtant ni les uns ni les autres n'ont un cerveau prêt pour le grand saut dans le monde des adultes.

Désormais, vous en savez davantage sur le cerveau adolescent : à une amygdale immature, ajoutez des lobes frontaux vaguement connectés au reste du cerveau, une difficulté à fonctionner en mode multitâche, et vous comprenez mieux pourquoi l'adolescent court potentiellement au désastre.

Voici l'exemple parmi d'autres du patient de seize ans d'un de mes collègues. Quand ses parents ont annoncé à cet ado que conduire était un « privilège » qu'ils n'étaient pas encore prêts à lui concéder, et non un « droit », il a volé les clés de la voiture et est parti au volant. Il n'est pas allé bien loin. Il avait oublié que le portail du garage était fermé et il l'a complètement défoncé.

Un autre de mes collègues m'a dit un jour que, parce qu'il n'avait eu que des filles (trois) et pas de fils, il n'avait aucune histoire horrible à raconter. Puis sa mémoire lui est revenue : « Ah, mais non. Il y a eu cette fameuse fois où ma femme et moi sommes partis en week-end. La soirée "avec quelques copines" de nos filles s'est transformée en boum qui a complètement dégénéré, avec raid sur notre cave à vin, voiture plantée dans un ravin avec nos bouteilles d'alcool volées dans le coffre, et peut-être aussi un piercing au nombril, dont je n'ai appris l'existence que bien des années plus tard, après que notre aînée l'a retiré. Mais tout est bien qui finit bien. »

3

Sous le microscope

Si on choisit au hasard n'importe quelle zone du cerveau pour l'observer au microscope, on la trouve pleine à craquer de cellules. Pratiquement aucun espace ne sépare les milliards de cellules qu'il contient. L'évolution s'en est assurée, tirant parti de chaque micromètre cube disponible.

Dans le corps, les cellules sont les briques de construction élémentaires. Chacune dispose de son propre poste de commande, appelé noyau, un gros élément ovale au centre de la cellule. Un corps humain contient plus de deux cents types de cellules dans ses différents organes, tissus, muscles... Le neurone est un cas particulier de cellule du cerveau. Il fera de fréquentes apparitions dans ce livre. Les pensées, les sensations, les mouvements, les humeurs ne sont rien d'autre que des communications, sous forme de signaux électriques, que s'adressent les neurones entre eux.

Le neurone

Au milieu des années 1970, je me rappelle la première fois que j'ai observé des cellules de cerveau au microscope. À l'époque, pour étudier les changements dans les neurones, par exemple les modifications pendant un apprentissage, on plaçait des cellules sous microscope et on les observait une à une pendant un temps donné. Aujourd'hui, nous disposons d'outils fantastiques, scanners et microscopes spécialisés, qui nous permettent de regarder ce qui se passe dans le cerveau et d'observer en temps réel les cellules et les synapses se modifier. Si vous êtes en train d'apprendre quelque chose en lisant ces lignes, vos neurones se modifieront dans environ quinze minutes, créant de nouvelles synapses et de nouveaux récepteurs. Les changements s'amorcent quelques millisecondes après l'acquisition d'une nouvelle connaissance, et peuvent s'opérer sur une période de quelques minutes ou de quelques heures.

Quand j'observe des cellules de cerveau au microscope, je pense aux milliards de neurones interconnectés, dont nous ne comprenons pas encore le câblage. Aujourd'hui, nous savons juste que deux cerveaux humains ne sont jamais connectés exactement de la même manière, car l'expérience façonne chacun d'entre nous différemment. La dernière frontière à conquérir est là, à l'intérieur de nous et nous ne faisons que commencer à en identifier les contours.

Le cerveau humain contient plus de cent milliards de neurones. On pourrait en placer trente mille dans la tête d'une épingle. Mais si on les alignait bout à bout, les neurones du cortex d'un seul individu s'étendraient sur cent soixante mille kilomètres, quatre fois le tour de la terre. À la naissance, nous disposons de davantage de neurones qu'à aucun autre moment de notre vie. Nous en avons encore plus avant notre naissance, entre le troisième et le sixième mois de la gestation. Pendant le dernier trimestre de la grossesse et la première année de la vie, la majeure partie de cette matière grise est spectaculairement élaguée. Pourquoi le cerveau du bébé foisonne-t-il de neurones à la naissance ? Parce que le bébé en a besoin pour répondre au déluge de stimuli qui l'accueille quand il entre dans ce monde. Les nouveaux sons, images, odeurs et sensations déclenchent l'expansion des neurones qui s'étirent les uns vers les autres et créent une forêt de connexions neuronales très dense. Pourquoi tous les bébés ne sont-ils pas des petits Mozart ou des Einstein miniatures ? Parce qu'à la naissance, un très petit pourcentage de neurones sont reliés les uns aux autres. L'information est absorbée par les neurones, mais ensuite elle ne sait pas où aller. Comme quelqu'un qui serait brutalement balancé dans une grande ville mystérieuse et grouillante de monde, le cerveau du bébé est entouré de possibilités, mais ne dispose ni de carte ni de boussole pour se promener dans cet étrange nouveau monde. Daniel Levitin, neuroscientifique à l'université McGill de Montréal, au Canada, a trouvé une image forte pour décrire cet état : « Tous les bébés naissent en pleine féerie psychédélique, en plein "trip"[1]. »

Un neurone réagit à un stimulus par un pic d'activité appelé potentiel d'action. Ce potentiel d'action est un signal électrique. À partir du point de contact avec le stimulus, le signal parcourt le membre de réception du neurone, la dendrite, puis traverse le neurone.

Chaque fois que nous voyons du rouge, sentons une rose, bougeons un muscle ou nous souvenons du prénom de quelqu'un, des potentiels d'action se produisent.

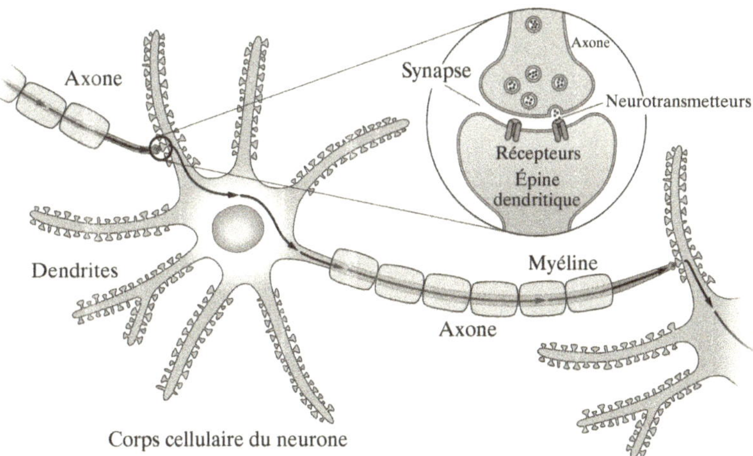

Fig. 6. Anatomie d'un neurone : axone, neurotransmetteur, synapse, dendrite et myéline. Les signaux passent d'un neurone à un autre en suivant tous le même chemin : ils sortent d'un neurone par l'axone, traversent une synapse, entrent dans le neurone suivant par une épine dendritique. Les axones enrobés de myéline transmettent les messages plus rapidement que les axones dépourvus de myéline. Au niveau de la synapse se produit un transfert de molécules, les neurotransmetteurs. Ils se lient aux récepteurs synaptiques de l'épine dendritique.

1. Kathleen McAuliffe, « Life of Brain », *Discover*, juin 2007.

Si on imagine le corps du neurone comme un relais téléphonique, il lui faut un signal entrant et un signal sortant. Une fois qu'un signal sortant atteint un bouton axonal à l'extrémité de l'axone, il déclenche une réaction : le bouton axonal relâche des messagers chimiques appelés neurotransmetteurs et les libère au point de contact entre deux neurones, la synapse.

La synapse

Une synapse ne fait pas plus de cinq millionièmes de centimètres de large. Ce petit espace est le théâtre réel de toute l'action cérébrale. Après avoir dévalé le neurone via son axone, l'influx nerveux devient un message chimique. L'information passe d'un neurone à un autre grâce aux neurotransmetteurs. On peut se représenter les neurotransmetteurs comme des clés : ils traversent la synapse et s'arriment via une « serrure », le récepteur, au neurone de l'autre côté. Une fois ouvert par la « clé », le récepteur provoque une réaction en chaîne de signaux le long du neurone récepteur, déclenchant une impulsion, ou potentiel d'action, qui passe par la dendrite puis par le corps du neurone et sort de l'axone vers un autre neurone.

Pour que le neurone survive, il a besoin de l'aide d'autres cellules, les cellules gliales, dont il existe plusieurs types : les astrocytes, la microglie et les oligodendrocytes. Pour faire simple, les astrocytes protègent le neurone en l'aidant à se nourrir et en nettoyant les substances chimiques indésirables autour de lui. Ils maintiennent un niveau optimal de fonctionnement. La microglie est formée de minuscules cellules qui se déplacent autour du neurone. Tels des soldats sur le pied de guerre, elles s'activent lors d'une infection ou d'une inflammation. Pour les combattre, elles traversent le tissu cérébral jusqu'au lieu de l'action. Mais comme le cerveau est conçu avec efficacité, elles jouent aussi un rôle au quotidien, celui d'une sorte de femme de ménage. Ainsi, même quand elles sont inactives, elles maintiennent la santé et le bon état des synapses. Quant aux oligodendrocytes, elles fabriquent la myéline qui enrobe l'axone du neurone. Serrées les unes contre les unes dans la matière blanche, ces cellules enveloppent l'axone de myéline blanchâtre pour l'isoler, un peu comme le plastique isole les fils électriques. Elles optimisent ainsi la vitesse de transmission du signal le long de l'axone.

Nous naissons avec la plus grande partie de nos neurones, mais à différents stades de développement. Si dans les zones cérébrales basses, comme le tronc cérébral, les synapses sont presque à maturité dès la naissance, dans le cortex, elles se fabriquent plus tard, dans un regain d'activité connu sous le nom de période critique. Pendant cette phase, le nombre incroyable de deux millions de synapses par seconde se crée dans le cerveau du bébé, permettant à ce dernier de franchir des étapes fondamentales : il voit en couleurs, saisit des objets, reconnaît les visages et forme l'attachement à ses parents. C'est comme si le cerveau du tout petit déployait des milliards d'antennes pour capter l'information disponible. Afin que chaque synapse survive, elle doit trouver un autre neurone auquel envoyer des informations ; voilà pourquoi le nombre de synapses atteint son maximum pendant l'enfance. Durant cette époque, la matière grise, tissu cérébral responsable du traitement de l'information, continue de s'épaissir tandis que les neurones créent davantage de connexions en déployant leurs dendrites, sortes de membres additionnels. Ces dendrites adoptent une structure dite arborescente, par analogie avec les arbres qui poussent en développant de nouvelles branches et racines. Chaque stimulation de l'enfant, expérience de vie et répétition d'une sensation favorise la création de ces voies neuronales supplémentaires. Cette « prolifération » de matière grise explique pourquoi, une fois adolescents, nos enfants ont une capacité accrue d'apprendre de nouveaux concepts rapidement, qu'il s'agisse de comprendre comment fonctionne la télécommande du nouveau téléviseur ou de parler chinois. Mais cette abondance de matière grise peut aussi provoquer une sorte de dissonance cognitive, le cerveau ayant du mal à filtrer le bruit ambiant pour y distinguer les « bons » signaux. Avant la fin de l'adolescence, il commence un processus d'élagage des synapses, supprime celles qui sont « de trop » et rationnalise ses connexions.

Il existe deux types de synapses : celles qui excitent ou activent le neurone suivant, et celles qui l'inhibent ou l'éteignent.

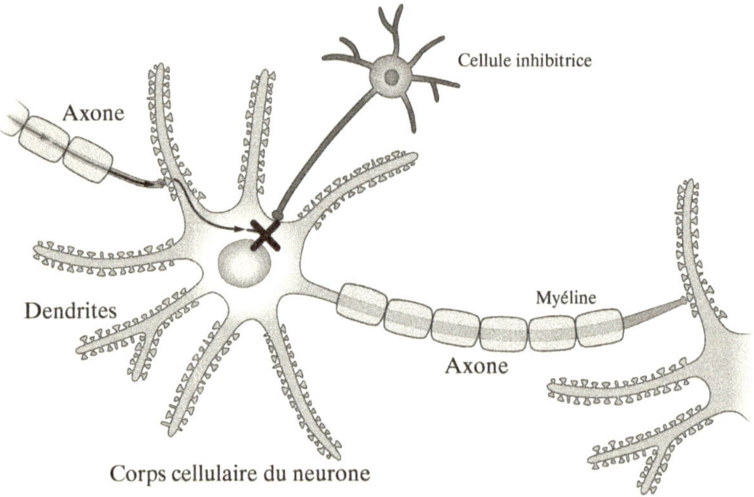

Fig. 7A. Les neurones inhibiteurs peuvent stopper le signal : les neurones inhibiteurs libèrent des neurotransmetteurs inhibiteurs sur les épines dendritiques qui interrompront le signal dans le neurone récepteur et l'« éteindront ».

Le caractère excitateur ou inhibiteur de la synapse dépend à la fois des neurotransmetteurs que l'axone libère et du type du récepteur en face, autrement dit du type de serrure, cette partie de la synapse qui sert à « recevoir » le neurotransmetteur. Si on imagine le neurotransmetteur sous une forme géométriquement simple, par exemple un cercle, alors le récepteur adéquat pour cette « forme » de neurotransmetteur aura la même forme en creux, de manière à épouser parfaitement

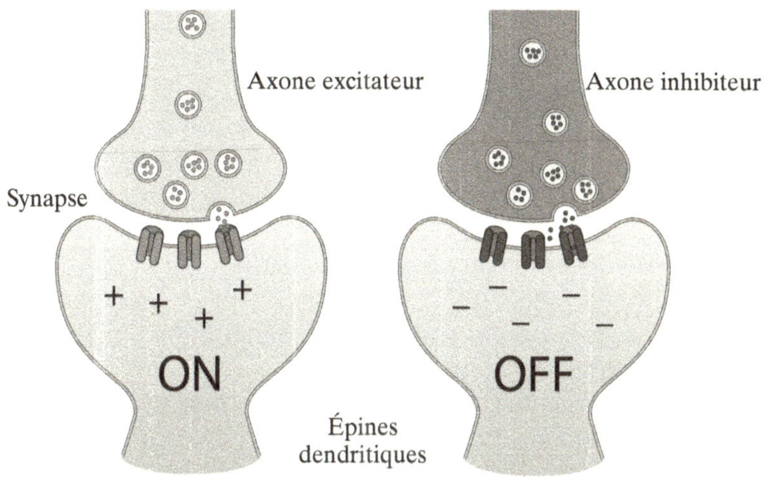

Fig. 7B. Synapses excitatrices ou inhibitrices : les axones excitateurs libèrent des neurotransmetteurs excitateurs, tel le glutamate, qui se lient aux récepteurs excitateurs et « activent » le neurone. Les axones inhibiteurs libèrent des neurotransmetteurs inhibiteurs, tel l'acide gamma-aminobutyrique (GABA), qui se lient aux récepteurs inhibiteurs et « éteignent » le neurone.

les contours du neurotransmetteur. De la même manière que vous ne pouvez pas glisser un cube dans une ouverture ronde, ou forcer une serrure avec la mauvaise clé, les neurotransmetteurs ne rentreront que dans des récepteurs totalement adaptés. Ainsi, la synapse ne peut confondre deux messages. En plus de cette association quasi parfaite entre neurotransmetteurs et récepteurs, la propreté du signal est maintenue par les cellules astrocytes qui nettoient les restes de neurotransmetteurs n'ayant pas trouvé de récepteurs après leur libération. Tout ceci se produit en quelques millisecondes. La synchronisation des signaux entre les cellules du cerveau doit être rapide, vive comme l'éclair.

Dans la synapse, une fois le neurotransmetteur et le récepteur liés et verrouillés l'un à l'autre, l'association des deux provoque une réaction en chaîne. Que la synapse soit excitée ou inhibée, de nombreuses protéines se mettent au travail à l'intérieur de la dendrite pour faire passer le signal de la dendrite au corps cellulaire du neurone. Un signal excitateur envoie une charge positive. Un signal inhibiteur, une charge négative. En fonction de la charge qu'il reçoit, le neurone en réception sait s'il doit s'activer ou s'arrêter. Si le message est positif, le neurone en réception envoie l'information le long de son propre axone, puis à travers une autre synapse, et ainsi de suite. Un neurone peut avoir jusqu'à dix mille synapses et envoyer un millier d'impulsions électriques par seconde. En un dixième du temps qu'il faut pour cligner de l'œil, un neurone peut simultanément envoyer un signal à des centaines de milliers d'autres neurones.

Les neurotransmetteurs excitateurs les plus courants sont l'adrénaline, la noradrénaline et l'acide glutamique. Les neurotransmetteurs inhibiteurs, comme le GABA et la sérotonine, agissent comme des nutriments antianxiogènes. Ils calment le corps en lui demandant de ralentir. Un manque de sérotonine peut se traduire par de l'agressivité ou engendrer une dépression.

La dopamine est un neurotransmetteur à part, à la fois excitateur et inhibiteur. Comme l'adrénaline et quelques autres neurotransmetteurs, c'est aussi une hormone, notamment quand elle agit sur les glandes surrénales. Quand elle agit sur le cerveau, c'est un neurotransmetteur. En tant que messager chimique cérébral, la dopamine soutient la motivation, l'énergie et l'attention, parce qu'elle est un des éléments clés du système de récompense du cerveau. Elle est « la » substance chimique par excellence, celle que tout le monde veut. Elle encourage l'action orientée vers un but, mais peut aussi, dans certaines circonstances, générer une addiction. Plus le cerveau produit de dopamine, plus les circuits de la récompense sont activés. Plus les circuits de la récompense sont activés, plus nous éprouvons une envie irrépressible, peu importe la situation : à table, en comité de direction, au lit. Prenons l'exemple des aliments riches en calories : les scientifiques ont prouvé que lorsque nous consommons ces aliments, notre cerveau produit davantage de dopamine. Pourquoi ? Parce que davantage de calories augmente nos chances de survie. Quand nous avons une envie folle de glace, de jeux d'argent ou de sexe, nous n'avons pas tant envie de sucre, d'argent ou d'orgasme que de dopamine.

Pour la fonction « exécutive » du cerveau, inhiber une réaction neuronale est tout aussi important que d'en activer une. Les sédatifs tels les barbituriques, l'alcool et les antihistaminiques, entre autres, se lient aux synapses inhibitrices. Dans notre discussion du cerveau adolescent, vous verrez que les synapses jouent un rôle critique. Leur nombre et leur type changent au fur et à mesure que nous avançons en âge. Elles se modifient aussi en fonction du volume de stimulation que notre cerveau rencontre. Nous reparlerons des effets sur ces synapses du tabac (Chapitre 7), de l'alcool (Chapitre 8) et des drogues illégales ou illicites (Chapitres 9 et 10).

Pour tester l'inhibition, les chercheurs aiment utiliser les tâches Oui/Non. Ils demandent aux participants aux études d'appuyer sur un bouton (la réaction « Oui ») quand une lettre ou une image spécifique apparaît, et de *ne pas* appuyer sur le bouton (la réaction « Non ») quand la lettre X s'affiche. De nombreuses expériences de ce type ont montré que les enfants et les adolescents ont la même exactitude, mais que leur temps de réaction, c'est-à-dire la rapidité avec laquelle ils inhibent une réaction avec succès, baisse de plus en plus entre huit et vingt ans, de manière spectaculaire. En d'autres termes, il faut davantage de temps aux adolescents pour savoir quand *ne pas faire* quelque chose.

La synaptogenèse

Pour se construire, le cerveau a besoin d'un moteur : l'excitation. Les signaux excitateurs entre neurones construisent les connexions nécessaires au développement du cerveau. L'excitation peut venir de l'extérieur ou de l'intérieur du cerveau : dans tous les cas, plus on active une voie neuronale, plus les synapses entre les neurones de cette voie se solidifient. Les neurones qui s'activent ensemble se connectent ensemble[1].

Dans un cerveau en développement, surtout pendant la petite enfance, la stimulation de groupes de neurones, de synapses et de voies neuronales provoque l'excitation qui « allume » la machine moléculaire à l'intérieur de la cellule. Il en résulte la construction de nouvelles synapses par un processus que l'on appelle la synaptogenèse (la naissance des synapses). Le nombre de synapses augmente de la naissance jusqu'à l'adolescence, avec un pic de production pendant la petite enfance. Comme la synaptogenèse dépend de l'activation de neurones entre eux, le cerveau d'un enfant contient plus de synapses et de neurotransmetteurs excitateurs qu'inhibiteurs, comparé à un cerveau adulte, qui a atteint l'équilibre.

L'excitation est un facteur clé dans le mécanisme de l'apprentissage. Tout au début de la vie, la période pendant laquelle l'excitation est si frappante est la fameuse « période critique » que j'ai déjà évoquée. L'apprentissage et la mémoire y sont plus robustes. Malheureusement, l'abondance d'excitation a un prix : le risque de la surexcitation et les maladies qui en découlent, notamment l'épilepsie, plus fréquente chez les enfants que chez les adultes, provoquée par l'excitation simultanée d'un nombre trop élevé de cellules, du fait d'une inhibition insuffisante.

L'axone

Dans le cerveau, les signaux se déplacent d'une zone à l'autre le long des axones qui se regroupent en formant des faisceaux fibreux. Certains de ces faisceaux de fibres sont reliés aux zones centrales du cerveau, afin de permettre l'échange d'information avec la moelle épinière. L'interconnexion de

1. Carla Shatz *et al.*, « Dendritic Growth and Remodeling of Cat Retinal Ganglion Cells During Fetal and Postnatal Development », *Journal of Neuroscience 8*, N° 11 (novembre 1988).

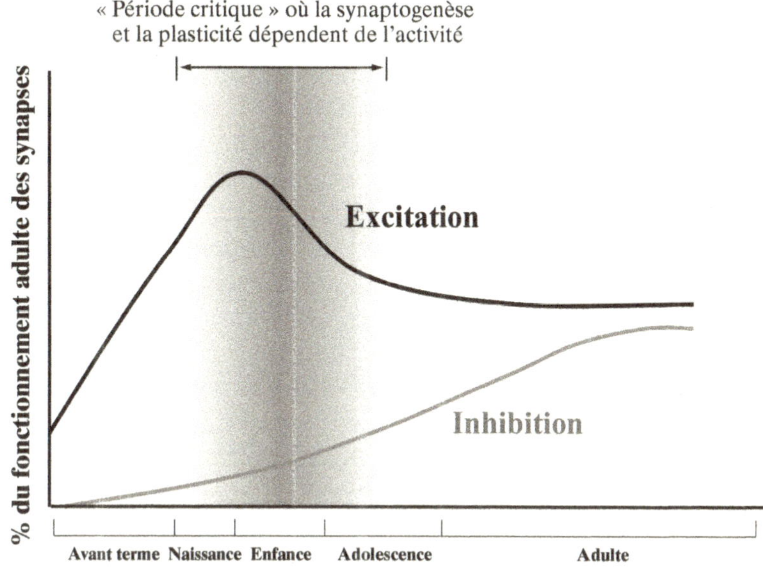

Fig. 8. Le jeune cerveau dispose de davantage de synapses excitatrices que de synapses inhibitrices. Le nombre de synapses excitatrices augmente de la vie fœtale au début de l'enfance puis diminue, tandis que le nombre de synapses inhibitrices continue d'augmenter jusqu'à l'âge adulte, où l'équilibre est atteint.

ces fibres forme un réseau complexe, que les chercheurs comprennent de mieux en mieux grâce aux nouvelles technologies d'imagerie cérébrale. Les axones sont conçus pour être parcourus par une impulsion électrique rapide jusqu'au point de connexion qu'est la synapse. Ils jouent le rôle de fils électriques conduisant un signal, et, comme les fils électriques, ils ont eux aussi besoin d'isolation pour éviter la dispersion de l'impulsion électrique le long du trajet. Puisque nous n'avons pas de plastique dans le cerveau, nos axones sont enveloppés de myéline, cette substance graisseuse dont nous avons parlé dans ce chapitre (figure 6). Le cerveau a besoin de myéline pour fonctionner correctement, afin de transmettre un signal d'une zone à une autre, ou le long de la moelle épinière.

Nous l'avons vu, fabriquée par les oligodendrocytes, la myéline doit sa couleur blanche à la graisse dont elle est faite. Tout simplement, elle « graisse » les « câbles » et permet ainsi aux signaux de passer plus rapidement le long des axones, multipliant par cent la rapidité de l'influx nerveux. Elle assure aussi la rapidité de la transmission en minimisant le temps de récupération des synapses entre deux décharges, multipliant ainsi par trente la fréquence de transmission de l'information par les neurones. Les chercheurs ont calculé que le cumul de l'augmentation de la vitesse et de la diminution du temps de récupération reviendrait globalement à multiplier la bande passante d'un ordinateur par trois mille. (La myéline est aussi la cible d'attaques dans le cas d'une sclérose en plaques. Chez les patients atteints de cette maladie, les zones d'inflammation de la matière blanche surgissent puis disparaissent. C'est la raison pour laquelle ils peuvent perdre certaines fonctions, telle la marche, parfois temporairement, jusqu'à ce que l'inflammation se calme.)

À la naissance, le cortex du bébé ne contient pas beaucoup de myéline, d'où la lenteur des transmissions électriques et donc des réactions du bébé. En revanche, son tronc cérébral est presque aussi myélinisé que celui d'un adulte, ce qui permet le contrôle de ses fonctions automatiques telles que la respiration, la pulsation cardiaque et les fonctions gastro-intestinales indispensables à la vie. Les autres zones du cerveau se connectent entre elles après la naissance, en commençant par les zones motrices et sensitives, à l'arrière et en bas du cerveau. Au fur et à mesure du câblage et de la myélinisation de ces zones, le bébé parvient à mieux traiter les informations de base en provenance des sens. Avant la fin de la première année, certaines voies neuronales sont achevées : celle des zones cérébrales impliquées dans la vision et les autres sens primaires, ainsi que celles permettant un contrôle moteur rudimentaire. En partie pour cette raison, il faut environ un an pour qu'un tout petit développe suffisamment de coordination pour marcher. Avant la fin de la deuxième année, une bonne partie de l'isolation des voies neuronales est terminée. Les autres zones auront besoin de davantage de temps, notamment les zones cérébrales supérieures impliquées dans le langage et la coordination motrice fine. Les aires plus complexes du cerveau, spécifiquement les lobes frontaux, prennent davantage de temps et ne s'achèveront que vers vingt-cinq ans.

La maturation cérébrale sous IRM

L'arborisation, ou la formation des « branches » des neurones, atteint son pic pendant les premières années de la vie, mais se poursuit, nous l'avons vu, à l'adolescence.

À l'Institut national américain de la santé mentale, Jay Gield et ses collègues ont scanné les cerveaux de près de mille enfants de trois à dix-huit ans en bonne santé[1]. D'après eux, la densité de la matière grise atteint son maximum à onze ans chez les filles, à quatorze ans chez les garçons, puis elle fluctue pendant l'adolescence. La matière blanche, ou myéline, ne fluctue absolument pas pendant l'adolescence : elle ne fait qu'augmenter.

Précédemment, au chapitre 2, la figure 4 nous a montré ce que les chercheurs de l'université de Californie, à Los Angeles, ont tiré des scans de cerveaux collectés par l'équipe de l'Institut national de la santé mentale. En comparant les scans de jeunes adultes de vingt-trois à trente ans, avec ceux d'adolescents de douze à seize ans, ils ont aussi découvert que le cerveau fabrique encore de la myéline après l'adolescence, et même après trente ans, améliorant ainsi la communication entre les différentes zones cérébrales.

Sans l'isolation fournie par la myéline, un signal en provenance d'une zone cérébrale, par exemple un signal de peur ou de stress envoyé par l'amygdale, a du mal à se connecter

1. R. K. Lenroot et J. N. Giedd, « Brain Development in Children and Adolescents : Insights from Anatomical Magnetic Resonance Imaging », *Neuroscience and Biobehavioral Reviews 30*, N° 6 (2006).

avec d'autres zones cérébrales, par exemple avec le cortex frontal qui héberge notre sens du jugement. Les adolescents, du fait de leur cerveau en cours de câblage, se retrouvent parfois dans des circonstances dangereuses sans savoir quoi faire.

En 2010, cette situation a été scientifiquement mise en évidence par une étude de la Croix-Rouge britannique qui cherchait à comprendre les réactions des teenagers en situation d'urgence, notamment quand ils constatent qu'un ami a trop bu d'alcool. Plus de 10 % de tous les enfants et jeunes adolescents de onze à seize ans ont eu affaire au moins une fois à un (ou une) camarade malade, blessé(e) ou inconscient(e) suite à un abus d'alcool. Dans la moitié des cas, ces jeunes ont été confrontés à une perte de conscience. Plus généralement, cette étude a montré que pendant leur adolescence neuf jeunes sur dix ont eu à gérer une crise impliquant une autre personne – blessée à la tête, en train de s'étouffer, de faire une crise d'asthme ou d'épilepsie… 44 % des adolescents interrogés ont reconnu avoir paniqué et presque la moitié (46 %) ont reconnu qu'ils n'ont pas su du tout comment gérer la crise.

Interviewé par un journaliste du *Guardian* préparant un article au sujet de cette étude, Dan Gordon, un garçon de quinze ans vivant dans le Hampshire, en Angleterre, a raconté une soirée chez un copain où l'alcool a coulé à flots[1]. Une fille s'est évanouie et s'est écroulée, face au sol, puis s'est mise à vomir. Tous les ados présents se sont affolés. Croyant devoir l'empêcher de s'étouffer, ils l'ont relevée. Avec difficulté, ils l'ont emmenée à l'extérieur pour un peu d'air frais et ont attendu qu'elle émerge. Dan a avoué au journaliste qu'il n'avait pas pensé à appeler une ambulance. Aucun des ados n'y a pensé. Leur amygdale leur a signalé le danger, mais leur lobe frontal n'est pas intervenu. Ils ont réagi « à chaud ».

Mon fils Andrew a été le témoin d'une scène similaire quand il était à l'université. Il rendait visite à sa petite amie de l'époque sur un campus de Boston. La cothurne de sa petite

1. Amelia Hill, « Red Cross Study Reveals Problems with Teenagers and Drink », *The Guardian*, 12 septembre 2010.

amie recevait elle aussi quelqu'un, une jeune fille timide, étudiante en première année dans le sud des États-Unis. Lors d'une soirée se déroulant dans la chambre d'une autre étudiante, cette jeune fille s'est enivrée. Quand Andrew et son amie sont rentrés, ils l'ont trouvée évanouie dans la chambre. Exactement comme Dan Gordon, ils ont paniqué. Au lieu d'appeler les urgences ou la sécurité du campus, ou de la conduire à l'hôpital, ils sont allés chercher quelques amis pour les aider et l'ont conduite jusqu'à moi, à environ seize kilomètres du campus. Ils l'ont aidée à marcher et je l'ai accueillie dans mon salon.

– On n'a pas voulu appeler la sécurité du campus, m'a expliqué la petite amie d'Andrew tandis que j'examinais la jeune fille presque inconsciente. Elle est en première année. Si nous l'avions amenée à l'infirmerie, on aurait pu avoir des ennuis.

Andrew et sa copine avaient tous les deux vingt et un ans à l'époque, mais l'étudiante n'en avait que dix-huit[1].

– Pourquoi ne pas l'avoir emmenée à l'hôpital ? ai-je demandé.

– On ne savait pas qu'elle était complètement saoule. Quand on l'a mise dans la voiture, elle parlait encore, mais maintenant elle est complètement dans les vapes.

Aucun des jeunes ne connaissait la jeune fille. Ils ne l'avaient rencontrée que brièvement, et pour la première fois, un peu plus tôt dans la journée, à son arrivée. Dans sa poche, ils ont trouvé son portefeuille et sa carte d'étudiante en Caroline du Sud. Aucune autre information. La cothurne qui l'avait invitée à Boston avait disparu. La jeune fille était arrivée très somnolente et elle semblait s'assoupir de plus en plus. Puis elle a vomi. À ce moment-là, j'ai insisté pour qu'ils l'emmènent à l'hôpital local, à moins de deux kilomètres de la

1. Aux États-Unis, l'âge limite pour acheter de l'alcool est de vingt et un ans. À Boston et dans tout l'État du Massachusetts, la consommation d'alcool pour les moins de vingt et un ans requiert l'accord des parents et ne peut pas se faire en public. (*NdT*)

maison. Environ quinze minutes plus tard, l'amie d'Andrew m'a appelée pour m'annoncer que l'hôpital gardait la jeune fille en observation. Elle y a passé une bien triste nuit, puis le groupe qui l'y avait déposée est venu la chercher dans l'après-midi. Ils se sont arrêtés chez moi en chemin pour récupérer les affaires déposées la veille. Pâle, visiblement très fatiguée, la jeune fille allait mieux. Son alcoolémie était montée jusqu'à 3,4 grammes par litre de sang, quatre fois la limite légale pour conduire aux États-Unis[1], un taux potentiellement dangereux. À l'idée qu'elle aurait pu ne pas être emmenée à l'hôpital, je frémis encore : là-bas, ils lui ont purgé l'estomac et administré du charbon pour empêcher son corps d'absorber davantage d'alcool.

Puisque j'avais un public captif à ma disposition, je les ai tous fait asseoir dans ma cuisine, j'ai allumé mon ordinateur portable et je leur ai montré un graphique expliquant les conséquences des différents taux d'alcool dans le sang sur la coordination et la perte de conscience. J'ai insisté sur le fait qu'un taux de 4 grammes par litre peut être fatal, or ce taux est supérieur de peu au maximum atteint par la jeune fille. Elle se souvenait avoir ingurgité dix-sept verres d'alcool, au minimum. J'ai gardé ma question pour moi – « Mais, qu'avais-tu dans la tête ? » – et j'ai fait passer mon message : sa soirée aurait vraiment pu mal tourner.

La jeune fille s'est requinquée. J'espère qu'elle a compris la leçon. Pour de nombreux autres teenagers, un mauvais sens du jugement vire au tragique. À Marblehead, dans le Massachusetts, Bennett Barber avait seize ans lorsqu'il a quitté la maison d'une amie où il venait de faire la fête[2]. Une fête entre jeunes, sans surveillance, organisée pour le réveillon de la nouvelle année 2008. Vers 23 h 30, ce jeune lycéen, joueur de hockey sur glace, est parti à pied, en direction de chez

1. Dans le Massachusetts, l'alcoolémie maximum légale pour conduire est de 0,8 g pour les plus de vingt et un ans et de 0,2 g pour les moins de vingt et un ans. En France, elle est de 0,5 g pour tous. (*NdT*)

2. Alan Burke, « Cops : Freezing Teen Hit ; Friends Lied », *Salem News*, 23 janvier 2009.

lui. Il neigeait et les rafales de vent atteignaient cinquante kilomètres par heure. Habillé d'un jean, chaussé de baskets, Bennett était ivre. Sa maison n'était qu'à huit cents mètres, mais il a perdu son sens de l'orientation et s'est égaré. Alors que la température était tombée bien au-dessous de zéro, Bennett s'est affalé brutalement, la tête la première dans une congère. À 3 heures du matin, sa mère a appelé la police qui a organisé une battue dans la nuit glacée. Plusieurs heures plus tard, un pompier a trouvé une bouteille de bière dans la neige et des traces de pas à moitié effacées. Puis Bennett, à moitié conscient, souffrant d'hypothermie, à qui manquaient une basket et une chaussette. Quand l'ambulance l'a déposé à l'hôpital, sa température n'était que de 31 degrés et son pied droit semblait quasi congelé. Il a fallu le placer dans une chambre spéciale pour augmenter sa température corporelle, puis il a été transféré dans un centre pour grands brûlés pour soigner ses engelures.

Une fois sorti d'affaire, Bennett a raconté à son père qu'il avait tenté d'échapper aux policiers, ce qui expliquait pourquoi ces derniers avaient eu tant de mal à le sauver. Le rapport de police décrit la scène en y ajoutant quelques précisions : « Bennett se souvient avoir vu les lumières à sa recherche, mais a dit à son père s'être caché chaque fois que l'une d'elles s'approchait parce qu'il ne voulait pas s'attirer des ennuis pour avoir bu. »

L'adolescente qui avait organisé cette soirée impromptue chez elle une fois ses parents sortis avait d'abord raconté à la police que Bennett était déjà saoul à son arrivée et qu'elle l'avait raccompagné sur une partie du chemin. Elle n'a avoué la vérité qu'à 5 heures du matin : plus d'une douzaine de jeunes, tous âgés de moins de dix-huit ans, s'étaient retrouvés chez elle et la majorité avaient bu de l'alcool. Elle avait tenté de les renvoyer chez eux vers 23 h 30, avant le retour de ses parents. Deux filles s'étaient proposé de raccompagner Bennett jusqu'au bout de la rue, mais quand ils étaient sortis, Bennett était vraiment trop ivre, alors elles avaient rebroussé chemin avec lui et l'avaient laissé seul pendant qu'elles aidaient leur amie à nettoyer. Elles sont les dernières à avoir vu Bennett.

Chez les adolescents, la consommation d'alcool ne représente que la moitié du problème. L'autre moitié tient aux mauvaises décisions qu'ils ont tendance à prendre. Les amis de Bennett ont menti à la police, retardant les efforts pour le trouver. Bennett a paniqué à l'idée de se faire attraper. Ces adolescents ont affiché un manque de lucidité effarant.

Les scientifiques définissent la lucidité comme la capacité à voir plus loin que le bout de son nez. Comme cette compétence se construit dans les lobes frontaux et préfrontaux, son développement prend du temps. Les changements graduels survenant dans le cerveau adolescent expliquent en partie pourquoi l'adolescence est l'âge de l'exubérance. Mais avoir un cerveau en cours de maturation, encore malléable, a de quoi faire flipper. Tout peut arriver – souvent, pas que du bon. Les teenagers ressemblent certes à des adultes, pensent même comme des adultes de bien des façons et leur aptitude à apprendre est stupéfiante, mais il est extrêmement important de savoir ce qu'ils ne savent pas faire : connaître leurs limites cognitives, émotionnelles et comportementales.

4

Le cerveau adolescent est fait pour apprendre

« Comment mon ado a-t-il pu [remplir la case] ? »

Souvent, c'est la première question que les parents d'ados me posent. Suit une question plus rhétorique : « Qu'est-ce que j'ai fait pour mériter ça ? »

La plupart des parents qui me contactent après une de mes conférences, ou qui m'abordent au supermarché, sont épuisés ou exaspérés ou les deux en même temps. Tous pourraient remplir la case de la question ci-dessus avec une série de comportements étranges : « Comment ma fille peut-elle faire le mur au milieu de la nuit pour retrouver son petit copain alors qu'ils viennent de passer le week-end ensemble ? » « Comment mon fils peut-il siffler tout l'alcool des parents de son pote et leur laisser les bouteilles vides en signature ? »

Un jour, une de mes voisines a eu l'immense surprise de surprendre son fils de seize ans fumant un joint alors qu'il était censé faire ses devoirs dans sa chambre. Encore plus stupéfiant : pour aérer, il avait ouvert la fenêtre (en plein milieu de l'hiver, bien sûr) et le vent repoussait la fumée dans sa chambre, la propulsait sous la porte jusqu'à la cuisine au rez-de-chaussée, où l'odeur était parvenue à sa mère horrifiée.

« Comment peut-il être aussi bête ? » m'a-t-elle demandé.

Les parents sont prompts à se tenir pour responsables de la mauvaise conduite de leurs ados, mais ils ne savent ni comment ni pourquoi tout ça leur tombe dessus. Les parents biologiques se reprochent d'avoir transmis un ADN défectueux.

Les parents adoptifs ou les tuteurs se demandent où ils se sont trompés. Dans les deux cas, ils se sentent coupables. Vous aussi, n'est-ce pas ? Oui, vous culpabilisez sans doute, mais la mauvaise conduite de vos enfants n'est la faute ni de vos gènes ni d'une erreur fatale, irréparable. Votre adolescent n'a pas été assommé d'un coup sur la tête puis métamorphosé en extraterrestre tout droit débarqué de la planète Ado. Inutile d'aller chercher si loin.

Les adolescents diffèrent des adultes à cause de leur cerveau. Plus spécifiquement parce que le cerveau adolescent est à la fois plus puissant et plus vulnérable qu'à n'importe quel autre moment de la vie. En même temps qu'il permet aux ados d'assimiler de nouveaux concepts plus rapidement que les adultes, il élague matière grise et synapses. Ce double phénomène est lié à la plasticité neuronale.

Plasticité neuronale : le vécu influence les structures cérébrales

Quand j'étais jeune, je me posais déjà de nombreuses questions sur le cerveau. L'endroit où on naissait faisait-il une différence ? La façon dont on grandissait ? Le cerveau se comportait-il un peu comme les autres organes du corps ou pas du tout ? Était-il capable de se transformer en fonction de ce qu'il recevait en entrée, ou de ce à quoi il était exposé ? Ces mêmes questions ont tourné dans ma tête de lycéenne et ont refait surface lors de mon entrée à l'université. Avec des réponses, cette fois.

Un été, à Greenwich, alors que j'étais encore au lycée, j'ai travaillé comme bénévole à l'Association pour les citoyens handicapés mentaux[1], connue sous le nom de l'Arche, qui aide les personnes souffrant de handicaps intellectuels et développementaux. Quel que soit le niveau de leur handicap, la plupart

1. Association for Attarded Citizens (ARC). En anglais, l'acronyme ARC se prononce comme ARK, qui signifie arche. (*NdT*)

des trisomiques fréquentant régulièrement ce centre développaient une belle autonomie. Ils savaient nager ; participaient aux activités théâtre ; certains apprenaient même à lire et à écrire. Grâce à la richesse de Greenwich, l'Arche locale était correctement financée. De plus, de nombreux enfants venaient de foyers privilégiés. Je me souviens encore de ma stupéfaction, le jour où j'ai vu une limousine déposer un gamin pour sa journée d'activité avec nous. Les enfants venaient d'environnements particulièrement favorisés et cela se voyait dans les résultats. Malgré leur handicap et leur diagnostic plutôt sévères, ils étaient actifs, curieux et s'impliquaient dans le programme proposé. Nombre d'entre eux atteignaient le même niveau en lecture et en calcul que des enfants non handicapés du même âge. Je savais que, après leurs excellentes journées à l'Arche, ils bénéficiaient souvent à domicile de séances de kinésithérapie et de cours particuliers.

Par la suite, une fois étudiante à Smith College, j'ai eu l'occasion de fréquenter des univers moins favorisés que celui de l'Arche de Greenwich. Plusieurs heures par semaine, je travaillais à quelques kilomètres de l'université comme bénévole à l'école Belchertown State, une institution publique vieille de soixante-dix ans créée pour accueillir les handicapés mentaux de tous âges, de l'enfance au très grand âge. La plupart des résidents y avaient passé toute leur vie. Avant qu'elle ne soit fermée en 1992, cette institution hébergeait jusqu'à mille cinq cents personnes de un à quatre-vingt-huit ans, réparties en treize dortoirs. Alors même qu'un journal local avait dénoncé son surpeuplement et certaines maltraitances dans les années 1960, cet hôpital était resté en sous-effectif[1]. En 1975, pendant mon bénévolat, j'ai surtout passé du temps dans le dortoir des enfants. Ce n'était pas un endroit agréable. Les pièces sentaient le désinfectant, les jouets étaient rares. De nombreux enfants ne s'étaient pas lavés depuis un moment. Comme les enfants de l'Arche de Greenwich, certains étaient

1. « Massachusetts Gaining in Its Care for the Retarded », *New York Times*, 4 janvier 1987.

plus handicapés que d'autres, mais même les handicapés légers semblaient loin derrière leurs homologues de l'Arche. Ils passaient leur temps dans des coins à se balancer, avaient du mal à s'exprimer et leur regard était vide.

À la même époque, le débat nature contre culture faisait rage. Au Smith College, mes professeurs de psychologie et de biologie adoraient discuter de ce qui dépendait des gènes (la nature) ou de l'influence de l'environnement (la culture) dans la construction d'une personne, de sa personnalité à son intelligence, en passant par ses goûts. À Belchertown, de toute évidence, très peu de culture était transmise, contrairement à l'Arche, où les enfants avaient accès à toutes sortes d'activités, d'enseignements et, surtout, de stimulation.

À un moment, j'ai compris qu'à handicap équivalent, face aux mêmes difficultés, les enfants de Belchertown étaient nettement moins bien lotis que les gamins de l'Arche de Greenwich. De mon point de vue, il m'a semblé alors que l'environnement était, de loin, le facteur le plus déterminant. C'était simple comme bonjour : le cerveau des enfants de l'Arche était stimulé, encouragé, alors que celui des enfants de Belchertown ne l'était pas.

Comme les empreintes digitales, aucun cerveau ne ressemble à un autre. Tout ce que nous faisons, pensons, disons et ressentons influence le développement de notre organe le plus précieux. Sa façon de se développer déclenche d'autres changements, et ainsi de suite jusqu'à ce que l'enchaînement d'actions et de réactions soit trop complexe à débobiner ou à défaire. Le cerveau s'autoconstruit, par définition. Non seulement il est au service des besoins et du fonctionnement d'un individu particulier, mais il est aussi façonné – on pourrait dire « aménagé » – par l'expérience propre à cet individu. En neurosciences, nous nommons plasticité cette capacité unique du cerveau à se modeler. Penser, planifier, apprendre, agir : d'après la théorie de la neuroplasticité, le vécu influence la structure physique du cerveau et son organisation fonctionnelle.

À l'époque de Socrate, certains pensaient déjà que le cerveau pouvait être « formé », ou modifié, un peu de la même façon qu'une gymnaste forme son corps à garder l'équilibre sur une poutre. En 1942, le prix Nobel et médecin britannique Charles Sherrington écrit que le cerveau humain ressemble à « un métier à tisser magique, dans lequel des millions de navettes éclair tissent une trame éphémère, toujours significative, mais jamais figée[1] ». D'après Sherrington, par essence, le cerveau est dans un état de flux permanent.

Cinq ans après Sherrington, Donald Hebb, un neuropsychologue chercheur à l'université McGill, au Canada, a eu une idée de génie, purement fortuite, qui a donné naissance à la première étude quasi expérimentale de la théorie de la plasticité neuronale[2]. Ce scientifique de quarante-trois ans avait offert à ses enfants comme animaux domestiques des bébés rats de son laboratoire. Il laissait ces petits rongeurs courir en liberté dans sa maison. Il eut l'idée géniale de comparer les cerveaux des rats élevés en liberté avec ceux des animaux gardés en cage au laboratoire. Au bout de quelques semaines, il fit passer un test d'intelligence aux deux groupes de rats en les plaçant dans un labyrinthe. Les rats « domestiques », ayant eu la possibilité d'explorer l'environnement de la maison de Hebb et de sa famille, se montrèrent nettement plus performants que les rats de laboratoires confinés dans de petites cages.

À la fin des années 1990, les chercheurs ont confirmé que l'expérience et la stimulation agissaient sur un certain nombre de caractéristiques cérébrales, dont la taille du cerveau, le volume de la matière grise, la taille des neurones, la formation des branches dendritiques et le nombre de synapses par neurone. Plus le nombre d'expériences et de stimulations augmente, ont-ils conclu, plus les neurones sont gros, plus ils bourgeonnent de dendrites, plus le nombre de synapses augmente et plus la matière grise s'épaissit.

1. Charles Sherrington, *Man on His Nature*, réédit. (Cambridge : Cambridge University Press, 2009).

2. Mark A. Gluck *et al.*, *Learning and Memory : From Brain to Behavior* (New York : Worth Publishers, 2007).

En 1977-1978, lors de ma quatrième et dernière année d'études au Smith College, j'ai publié mon premier article dans un journal professionnel, sous la tutelle de Nico Spinelli, professeur en psychologie, mais aussi en informatique et sciences de l'information à l'université Amherst du Massachusetts[1]. Spinelli menait alors des expériences à la pointe de la recherche en plasticité du cortex visuel. Jusque-là, les chercheurs avaient observé le cerveau de mammifères élevés dans des environnements défavorisés. Spinelli s'est demandé si la plasticité était aussi à l'œuvre dans des environnements « normaux ». Avec lui, je me suis rendue dans une animalerie. Nous y avons sélectionné des chatons élevés avec leurs mères. Au laboratoire, nous leur avons fait suivre ce que l'on appelle un entraînement par évitement. Dans notre expérience, des stimuli avec ou sans « danger » étaient associés à un environnement visuel différent composé de lignes soit verticales soit horizontales. Tandis que les chatons apprenaient à connecter les deux stimuli avec leurs environnements visuels respectifs, le nombre de neurones dans les zones associées du cortex visuel se développait. Ces résultats, publiés dans la revue *Science*, ont confirmé qu'« un entraînement précoce engendre des changements plastiques dans la structure du cerveau en cours de développement ». Plus simplement, ils ont prouvé que les jeunes cerveaux sont modelés par l'expérience.

Bien sûr, le cerveau adulte peut lui aussi être façonné par l'expérience. Les chercheurs en plasticité neuronale ont découvert qu'il peut l'être même pendant les dernières décennies de la vie, mais plus difficilement que le cerveau d'un enfant ou d'un adolescent et de manière moins permanente. Tandis que le cerveau d'un enfant se modifiera en réponse à n'importe quelle stimulation, la plasticité adulte ne se présente que dans certains contextes comportementaux particuliers. Par exemple, les chercheurs ont repéré chez les conducteurs de taxi londoniens (Londres est notoirement connue pour être

1. Nico Spinelli et Frances Jensen, « Plasticity : the Mirror of Experience », *Science* 203, N° 4375 (janvier 1979).

une ville où conduire est difficile) un hippocampe plus large que la norme dans la zone responsable de la mémoire spatiale[1]. Chez les violonistes et les violoncellistes, pour qui la souplesse et la rapidité des mains sont primordiales, les scientifiques ont observé un cortex moteur plus développé. Grâce à une expérience singulière, Patricia McKinley de l'université McGill a montré qu'apprendre à danser le tango, ce qui demande de maîtriser des mouvements complexes et d'avoir un bon sens de l'équilibre, améliore la capacité des personnes âgées de soixante-huit à quatre-vingt-onze ans à basculer d'une tâche cognitive à une autre[2]. En fait, « plasticité » est juste un autre nom pour « apprentissage ».

Pendant les toutes premières années de l'enfance, spécifiquement pendant l'étape du développement appelée période critique, la « plasticité » est maximale. Apprendre est rapide et facile. D'après les experts de l'évolution, cette plasticité permet au cerveau de l'enfant de s'adapter très tôt à l'environnement spécifique dans lequel il grandit, de la même manière que l'empreinte permet au caneton de former une préférence forte et impérieuse pour suivre sa mère plus que toute autre cane.

Quand j'avais cinq ans, j'ai fait l'expérience de ce phénomène, à mon insu bien évidemment et à la grande consternation de mes parents. À Pâques, peu de temps après la naissance de mon petit frère et sans doute pour cette raison, des amis de mes parents m'ont offert mon propre « bébé », un poussin. J'adorais ce petit animal duveteux. Il me fascinait complètement parce qu'il me suivait partout dans la maison, même à travers la porte à doubles battants séparant la cuisine de la salle à manger, même dehors dans la cour. Comme j'étais avec lui quasiment depuis sa naissance, il en avait conclu que j'étais sa mère. Des années plus tard, j'ai lu à mes fils le livre

1. Eleanor Maguire *et al.*, « London Taxi Drivers and Bus Drivers : A Structural MRI and Neuropsychological Analysis », *Hippocampus* 16, N° 12 (2006).

2. Patricia McKinley *et al.*, « Effect of a Community-Based Argentine Tango Dance Program on Functional Balance and Confidence in Older Adults », *Journal of Aging and Physical Activity* 16, N° 4 (octobre 2008).

Es-tu ma maman ? (*Are you my mother ?)* de P.D. Eastman[1], qui raconte une histoire d'empreinte. Un oisillon quitte son nid trop tôt en l'absence de sa mère, partie chercher de la nourriture. Il entame un voyage pendant lequel il pose la même question à chaque animal ou objet sur son chemin : es-tu ma maman ? Il interroge successivement un chaton, une poule, un chien, une vache, une voiture, et même une énorme pelleteuse. Tout est bien qui finit bien : la pelleteuse le ramène à son nid et l'y dépose, aux côtés de sa vraie mère.

Et moi, petite chose de cinq ans, j'étais la seule mère que le poussin pouvait avoir. Malheureusement, notre relation a pris fin abruptement une semaine après Pâques. Alors que je gambadais de la cuisine à la salle à manger, il n'a pas réussi à passer les portes battantes et s'est fait écraser. J'ai pleuré pendant des jours.

Treize ans plus tard, pour un cours de biologie avancée en première année à Smith College, j'ai mis au point ma propre expérience d'empreinte avec des poussins. Tous les jours, pendant une semaine, je les ai exposés à un son spécifique, pour provoquer une empreinte. À la fin de cette phase d'entraînement, je les ai placés sur une sorte de piste et exposés à deux sons différents, dont celui que je leur avais joué pendant sept jours d'affilée. Tous les poussins se sont dandinés vers le son qu'ils connaissaient : l'empreinte avait fonctionné.

Biologie de la plasticité : la potentialisation à long terme (PLT)

Mais comment ça marche, apprendre ? Les cerveaux jeunes fonctionnent à peu près de la même manière que les cerveaux âgés : ils reçoivent l'information fournie par les sens – l'ouïe, la vue, le goût, le toucher, l'odorat. Cette information sensorielle parcourt un réseau de neurones, puis est tempo-

1. New York : Random House, 1998. Non traduit en français. (*NdT*)

rairement entreposée dans la mémoire à court terme, zone hautement instable qui reçoit l'information en continu de ce que nos sens perçoivent chaque minute de notre vie éveillée. Une fois l'information traitée dans la zone de la mémoire à court terme, elle est comparée aux mémoires existantes et si elle correspond à l'une d'elles, elle est rejetée comme redondante. (Dans le cerveau, la place est limitée, les neurones sont trop précieux pour permettre une duplication d'information.) En revanche, si l'information est nouvelle, elle est confiée à l'une des zones cérébrales dédiées à la mémoire à long terme. Le transfert quasiment instantané de l'information sensorielle n'est pas toujours parfait. De la même manière que le signal de votre téléviseur, habituellement de bonne qualité, se brouille parfois, déformant brièvement l'image, l'information se dégrade elle aussi au moment où elle dévale les axones de vos neurones. Ainsi la mémoire n'est jamais parfaite, mais discontinue, pleine de trous que nous comblons avec de fausses informations, quoique inconsciemment.

Le cerveau est programmé pour accorder une attention particulière à l'acquisition de nouvelles informations. C'est cela apprendre. Plus l'activité ou la stimulation conjointe de deux neurones est grande, donc plus une information est répétée, réapprise, plus la synapse entre eux se renforce. Le développement du cerveau résulte donc de la stimulation des différentes voies neuronales.

On peut comparer une voie neuronale à un sentier bien tracé à travers la forêt. Deux mots clés à retenir : « fréquence » et « récence ». Plus nous augmentons la fréquence de l'apprentissage d'une connaissance et plus cet apprentissage est récent lorsque nous nous remémorons cette connaissance ou l'utilisons, plus nous enracinons la connaissance apprise. Peu importe l'apprentissage : changer de trajet entre son domicile et son travail ou ajouter un contact dans l'annuaire du smartphone. Dans les deux cas, la machinerie mentale pour mémoriser dépend des synapses, ces minuscules espaces où transitent les paquets d'information, d'un neurone à un autre, via des messagers électriques ou chimiques.

Pour que les connexions neuronales existent, les deux côtés de la synapse doivent être « activés », c'est-à-dire excités. Quand une stimulation dépasse une certaine fréquence d'excitation, le neurone en réception enclenche le processus moléculaire appelé potentialisation à long terme qui renforce les synapses et facilite les connexions neuronales ultérieures. Ce processus de potentialisation à long terme, abrégé PLT, implique une cascade complexe d'événements où diverses molécules, protéines et enzymes jouent un rôle à l'intérieur de la synapse. Il a été particulièrement étudié dans l'hippocampe.

Le processus de PLT commence au niveau des boutons terminaux de l'axone d'un neurone avec la libération du principal neurotransmetteur excitateur, le glutamate, qui traverse la synapse jusqu'au récepteur sur la dendrite du neurone récepteur. Le glutamate joue un rôle direct dans la consolidation des synapses. Comment ? Il agit comme catalyseur et déclenche une réaction en chaîne aboutissant à une synapse plus grande et plus solide, donc à une meilleure connexion sur une voie neuronale. Quand le glutamate « déverrouille » le récepteur, il provoque la libération d'ions calcium qui se déversent dans la synapse. À son tour, le calcium active de nombreuses molécules et enzymes et interagit avec certaines protéines dont il change la forme et le comportement, ces protéines modifiant à leur tour la structure de la synapse et du neurone pour les rendre plus actifs, plus facilement stimulables. Quelques secondes suffisent au calcium pour modifier les protéines existantes, parfois cela peut prendre un peu de temps. Il lui faut quelques heures à quelques jours pour activer les gènes qui déclenchent la fabrication de nouvelles protéines. Résultat, une synapse plus grosse et plus solide qui permet une excitation plus forte de la cellule cible. Dans leurs expériences, les scientifiques mesurent cette réaction électriquement, en tant que signal plus fort. Ils comparent la réaction avant « entraînement » et après, suite au ren-

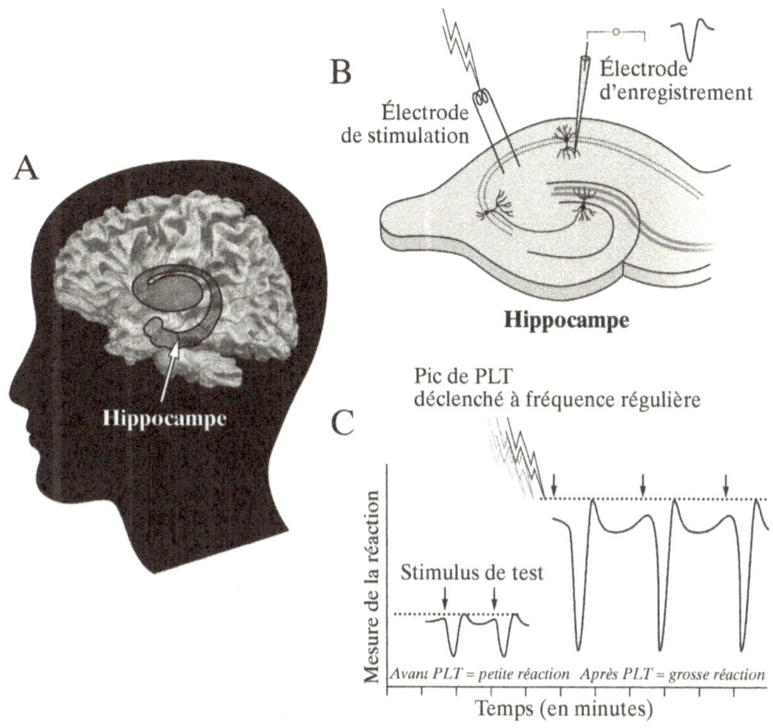

Fig. 9. La potentialisation à long terme (PLT) est un modèle couramment utilisé pour expliquer le processus d'apprentissage et de mémorisation : A. L'hippocampe est situé à l'intérieur du lobe temporal. B. Après un pic de stimulation, l'enregistrement de l'activité d'une cellule cérébrale dans une tranche d'hippocampe de rongeur montre une modification des signaux de la cellule. C. Souvent, les expériences de PLT consistent à enregistrer d'abord de petites réactions à un stimulus déclenché à fréquence régulière, puis à administrer un pic de stimulation (pour simuler une situation d'apprentissage). À partir de ce pic de stimulation, les réactions du neurone au stimulus d'origine sont nettement plus fortes, comme s'il avait « mémorisé » ou s'était « entraîné ».

forcement ou potentialisation de la synapse : après PLT, le signal est beaucoup plus fort. En fait, si vous apprenez la moindre chose en lisant ces lignes, vous construisez des synapses. Quelques minutes seulement après avoir appris quelque chose, vos synapses grandissent. En quelques heures, elles se seront consolidées et solidifiées.

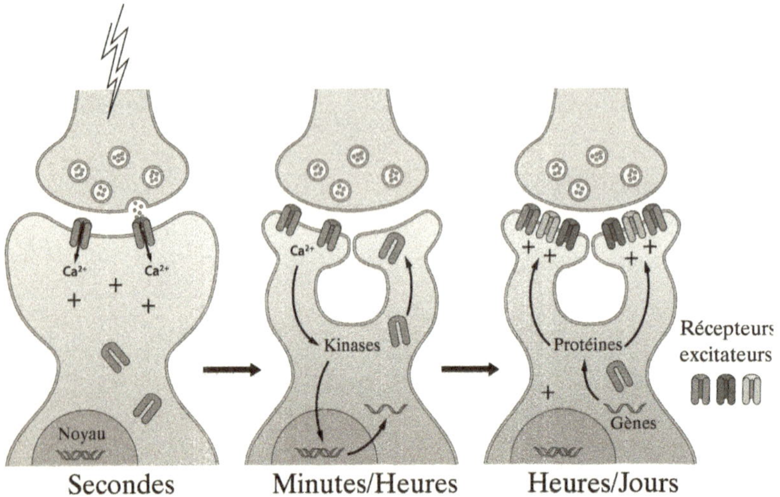

Fig. 10. Pendant un apprentissage ou une mémorisation par potentialisation à long terme (PLT), de nouveaux récepteurs se créent dans les synapses : les signaux en provenance des axones qui, à l'origine, généraient une faible excitation, provoquent une excitation du neurone plus élevée après une PLT, parce qu'au fil du temps, la synapse s'est développée.

Ce mécanisme a plongé les premiers chercheurs étudiant les synapses dans la perplexité. John Eccles, qui a ensuite reçu le prix Nobel pour ses recherches sur le sujet, ne comprenait pas quelle fréquence de stimulation était nécessaire pour produire une modification synaptique : « Quand on essaie d'expliquer le mécanisme de l'apprentissage, écrit-il, le plus frustrant, c'est qu'il faut de longues périodes d'utilisation excessive et d'abandon pour déceler une modification synaptique. » Il ne savait pas que cette répétition si frustrante pour lui de « longues périodes d'utilisation excessive » était la manifestation du cerveau en train d'apprendre et de mémoriser[1]. Après une stimulation répétée, une cellule cérébrale réagit beaucoup plus fortement à un stimulus qu'avant stimulation. Ainsi, le circuit cérébral « apprend ». Plus la connaissance s'enracine,

1. Tim Bliss *et al.*, *Long-Term Potentiation : Enhancing Neuroscience for 30 Years* (Oxford : Oxford University Press, 2004).

plus elle est facile à rappeler en mémoire et à utiliser. Quand les skieurs dévalent un slalom, la route la plus rapide se creuse dans la neige, telle une ornière. Ils ne peuvent plus skier à côté de la trace, tellement elle est profonde, mais ils n'en ont ni le besoin ni la volonté. Gravée dans la neige, elle les guide jusqu'en bas de la piste sans qu'ils aient à la chercher.

À l'adolescence, le cerveau fait le ménage dans la matière grise et crée de la matière blanche

On appelle « élagage synaptique » le réglage minutieux des voies neuronales et la suppression des connexions construites pendant l'enfance mais ne servant plus. Ce processus s'accélère du milieu à la fin de l'adolescence et prend fin quand toutes les synapses inutiles ont été supprimées. Les scientifiques qualifient cette étape de « darwiniste », car seuls les neurones « les plus forts », c'est-à-dire les plus utilisés, survivent. Pourquoi perdons-nous toute cette matière grise si tôt dans notre développement, alors que tant de fonctions cognitives et comportementales n'ont pas achevé de se développer ? Ces dernières années, les chercheurs ont découvert une corrélation directe entre la perte de la matière grise d'un adolescent et l'augmentation de sa substance blanche. Les scientifiques savent que la matière grise continue de diminuer à l'âge adulte, surtout après soixante ans, à cause d'un processus de dégénération. Mais ils pensent qu'à l'adolescence, cette perte de matière grise relève d'un mécanisme complètement différent et serait une conséquence de la plasticité du cerveau : « Utilise-moi ou perds-moi. »

Les chercheurs de l'université de Californie à Los Angeles (UCLA) ont découvert qu'un bon élagage augmente l'efficacité cérébrale[1]. Ils ont aussi corrélé une intelligence

1. Emily Kilroy *et al.*, « Relationships Between Cerebral Blood Flow and IQ in Typically Developing Children and Adolescents », *Journal of Cognitive Science* 12, N° 2 (2011).

plus élevée avec une croissance neuronale accélérée et prolongée pendant l'enfance, suivie d'un élagage cortical vigoureux à l'adolescence. Au final, « moins, c'est plus ». Pendant le chaos que représente l'adolescence, nos enfants se construisent une « machine » mentale plus efficace, plus mature. Une fois adultes, ils bénéficient d'une matière blanche plus développée et donc de connexions plus rapides entre les zones cérébrales, notamment avec les lobes frontaux.

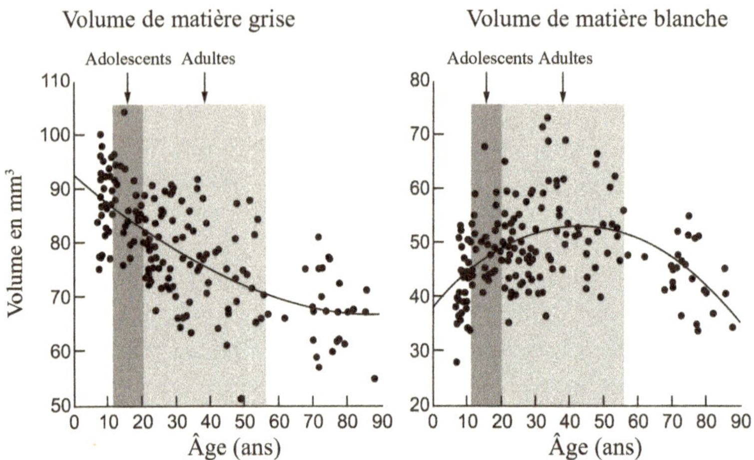

Fig. 11. La matière grise et la matière blanche se développent différemment au cours de la vie : les enfants et les adolescents ont davantage de matière grise et de synapses que les adultes. Au fur et à mesure que nous vieillissons, le cerveau se débarrasse des connexions inutiles pour gagner en efficacité. Cependant, une fois vieux, notre substance blanche diminue, elle aussi, ce qui contribue à l'émergence de problèmes cognitifs, tels que la perte de mémoire, ou à l'apparition d'anomalies cérébrales, telles que la démence.

Les adolescents ont une meilleure PLT que les adultes

La vraie information à retenir de toutes ces découvertes est la suivante : le cerveau adolescent est plus que capable d'apprendre. Il est fait pour ça. Cela semble aller de soi, mais il a fallu beaucoup travailler pour le prouver ! Les scientifiques ont montré que la PLT est plus robuste chez les adolescents, humains et animaux, qui, de fait, apprennent plus vite que les adultes. Comme les adolescents ont davantage de synapses excitatrices, ces synapses nécessaires pour produire une PLT, que de synapses inhibitrices, et que ces synapses excitatrices grandissent lors d'un apprentissage, les chercheurs se sont demandé si la plasticité synaptique des adolescents différait de celle des adultes. Ils ont mis en place des expériences sur des coupes de cerveau de rat et ont comparé la PLT chez le rat adolescent à la PLT chez le rat adulte, avant et après une décharge de stimulation. Ils ont découvert que chez les sujets adolescents, la puissance de la PLT était nettement supérieure, et de loin. Après stimulation, les synapses dans les coupes de cerveau adolescent augmentaient en taille environ une fois et demie plus que dans les coupes de cerveau adulte et se maintenaient à cette taille beaucoup plus longtemps.

En conclusion, il est plus facile d'inscrire de nouvelles informations en mémoire et de les conserver adolescent qu'adulte. Voilà de quoi faire réfléchir ! L'adolescence est le meilleur moment pour identifier ses forces et investir dans ses talents émergents. C'est aussi le moment où vous obtiendrez les meilleurs résultats si vous faites appel à la remédiation, ou à toute autre aide spécialisée, pour résoudre des problèmes cognitifs ou émotionnels.

Pendant longtemps, nous avons cru que le QI que l'on attribuait aux enfants en âge d'aller à l'école primaire était gravé dans le marbre et figeait leur destin intellectuel. C'est faux. Des données sérieuses prouvent que le QI peut changer pendant l'adolescence, bien au-delà de ce que l'on imaginait[1]. Entre treize et dix-sept ans, le QI reste stable pour un tiers des

1. Carol K. Seligman et Elizabeth A. Rider, *Life Span Human Development*, 7e éd. (Belmont, CA : Wadsworth Publishing, 2012). Voir aussi Sue Ramsden *et al.*, « Verbal and Non-Verbal Intelligence Changes in the Teenage Brain », *Nature* 479, N° 7371 (19 octobre 2011).

jeunes, il baisse pour un autre tiers, et il augmente de manière significative pour le dernier magnifique tiers. L'augmentation du QI est corrélée à des modifications visibles sur les scans des cerveaux de ces jeunes. Quand le QI verbal augmente, la matière grise au centre du cerveau, zone qui gère la parole, croît aussi en volume. Quand le QI non verbal augmente, la matière grise de la zone du cerveau associée au mouvement des mains croît aussi. En revanche, ces études ont un petit côté frustrant parce que les scientifiques n'ont pas cherché à savoir ce que faisaient ces jeunes pendant cette période si déterminante. Nous aimerions tous savoir comment augmenter son QI pendant l'adolescence. On peut se consoler en se disant que nous commençons à comprendre ce qui le fait baisser. Mais nous y reviendrons plus tard.

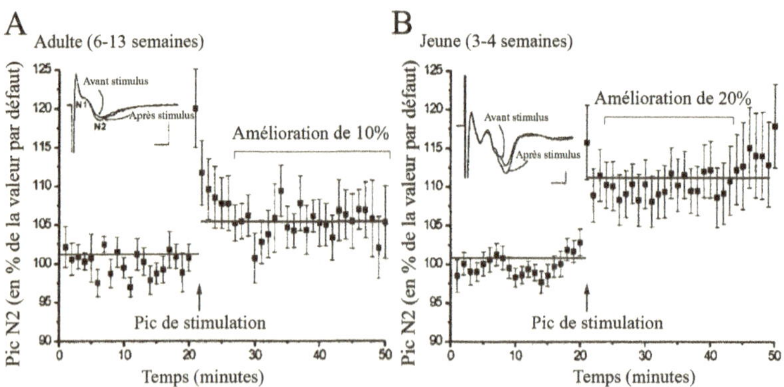

Fig. 12. La plasticité synaptique des adolescents est « bien meilleure » que celle des adultes : pour savoir si une meilleure PLT est la cause des meilleures capacités d'apprentissage chez les adolescents que chez les adultes, les chercheurs ont comparé les coupes de cerveaux adolescents avec celles de cerveaux adultes, au niveau de l'hippocampe. Chez l'adolescent (B), le signal après la décharge excitatrice est beaucoup plus fort et dure davantage que chez l'adulte (A).

Récemment, les chercheurs de l'Institut pour la génétique comportementale de l'université du Colorado[1] ont découvert

1. University of Colorado Institute for Behavioral Genetics. (*NdT*)

que, comparés aux enfants à faible QI, les enfants à haut QI maintiennent sur une période plus longue un rythme soutenu d'acquisition de nouvelles connaissances[1]. Cette plage étendue d'acquisition de connaissances n'engendre pas nécessairement un QI plus élevé, mais il est possible qu'elle soit bénéfique sur le long terme. Ce genre d'information devrait être plus accessible à tous : nos ados doivent prendre conscience qu'ils vivent l'âge d'or de leur cerveau !

Ce que peuvent faire les parents

J'ai bien conscience que tout cela ne vous aide pas vraiment, ici et maintenant, à gérer la pagaille et la confusion que sèment vos ados. Alors même que leur cerveau atteint le pic de son efficacité pour tout ce qui a trait aux études, tout le reste est encore très perfectible, notamment l'attention, l'autodiscipline, la persévérance, les émotions. Je propose à tous les parents d'adopter un mantra fort utile : « Une chose après l'autre. » Comme les ados paraissent experts en multitâche, mais en réalité, sont plutôt mauvais, vous pouvez commencer par diminuer les consignes que vous leur adressez afin qu'ils ne croulent pas sous le nombre. Les encourager à faire une pause pour réfléchir à ce qu'ils ont besoin de faire, les aider à planifier ces choses peut suffire. Ils augmentent ainsi la circulation sanguine dans les zones cérébrales impliquées dans le multitâche et, lentement, les renforcent. Vous pouvez vous appliquer cette idée à vous-même lorsque vous leur donnez des instructions : en plus de leur transmettre à l'oral, faites une pause et écrivez-leur, en vous limitant à une ou deux, et en résistant à leur en donner trois, quatre ou cinq. Vous les aiderez à mieux gérer leur temps et à organiser leurs tâches en leur offrant des calendriers et en leur suggérant d'y écrire

1. Angela M. Brant, John K. Hewitt *et al.*, « The Nature and Nurture of High IQ : An Extended Sensitive Period for Intellectual Development », *Psychological Science* 24, N° 8 (août 2013).

leur programme quotidien. S'ils parviennent à le faire tous les jours, c'est un excellent exercice pour leurs neurones.

Mais, à mon avis, là où nous pouvons les aider le plus, c'est en leur fournissant un cadre, de la structure. Parce que leur cerveau, un peu trop fougueux, ne sait pas encore le faire pour eux. Des règles sont fondamentales, notamment sur le temps qu'ils peuvent passer à socialiser « virtuellement », sur Internet ou via SMS. Permettre leur socialisation digitale pendant deux heures par jour, par exemple, et avoir des règles en cas de non-respect de ce temps sur l'usage du téléphone portable et la restriction de l'ordinateur au travail scolaire. J'ai aussi toujours insisté auprès de mes fils pour qu'ils me transmettent tous leurs comptes utilisateurs, identifiants et mots de passe.

Ils ne seront pas forcément d'accord tout de suite. Il est même presque certain qu'il y aura quelques dérapages, voire même de nombreux. Il nous revient de les accompagner, de jeter un coup d'œil sur eux quand ils disent travailler et restent collés à l'ordinateur. Plus nous serons présents, mieux ils sauront résister à la tentation, et plus leur cerveau apprendra à fonctionner sans les distractions permanentes.

Quand votre fille ou votre fils adolescent décharge intempestivement sur vous ses émotions, vous arriverez peut-être à rester calme grâce à un truc tout simple : compter jusqu'à dix. Je déconseille de se fâcher ou de traiter sa crise de nerfs comme s'il s'agissait d'un caprice d'enfant. Les adolescents croient qu'ils sont adultes, même si nous savons bien que ce n'est pas le cas. Plus nous les traitons en adultes, plus ils auront de chance de se comporter comme tels.

Parce que je suis médecin et scientifique, j'ai pu installer mes gamins autour d'une table et leur dire : « Vous ne me croyez jamais quand je vous dis que vous êtes irrationnels ou impulsifs ou trop sensibles, et je vais vous expliquer pourquoi : c'est la “faute” de votre cerveau. » Quand vous aurez fini de lire ce livre, vous pourrez dire la même chose à vos ados. Vous pouvez me croire, ça fonctionne ! Je l'ai expérimenté non seulement avec mes deux fils, mais aussi avec les lycéens à qui j'ai donné des conférences. Ils sont réellement fascinés par les neurosciences, par l'idée qu'il existe une logique, une raison, derrière ces bouleversements émotionnels qui leur paraissent inexplicables autrement. Ceci dit, vous courrez aussi le risque que ces « explications sur leur cerveau » leur apportent des munitions.

« C'est mon cerveau qui m'a fait faire ça », vous dira votre fils, la bouche en cœur, à minuit passé, après être parti se promener au volant de la voiture de son père sans rien dire à personne.

Je vous propose de lui répondre ceci : « Pas d'accord, on peut expliquer certaines choses avec ton cerveau, mais ça n'excuse pas. »

Vos adolescents ont pris conscience d'eux-mêmes, suffisamment pour savoir qu'ils ne sont en aucun cas des automates. Ils ont donc la capacité de changer et la responsabilité de modifier leur propre comportement. Et vous pouvez le leur dire. Et leur dire, encore et encore. La science du cerveau n'excuse pas un comportement abracadabrant, stupide, illégal ou immoral. Elle explique et elle structure. Vous pouvez les encourager à en savoir davantage. De même que j'ai appelé mes fils juste après avoir appris la noyade de Dan, si vous entendez parler d'un événement similaire, vous pouvez passer un coup de fil à vos adolescents, ou les inviter à s'asseoir deux minutes avec vous, puis leur rappeler pourquoi ces choses arrivent. Vous pouvez vous attendre à ce qu'ils ne comprennent pas les insinuations ou les discours un peu subtils, alors mieux vaut pencher du côté de l'exagération et énoncer des évidences, explicitement. Je l'ai tellement fait avec mes gamins qu'ils m'avaient surnommée Capitaine de l'évidence même.

La plasticité cérébrale s'amorce en début de vie, pendant l'enfance et l'adolescence, pour une bonne raison : comme la survie dépend de l'adaptation à l'environnement, le cerveau doit montrer de la flexibilité et se laisser façonner par le type d'environnement dans lequel l'enfant grandit. La multiplication des connexions transforme les adolescents en machines à apprendre avides de sensations fortes. Mais, parce que les transmissions neuronales peuvent facilement dérailler, ces pics de croissance synaptique sont un peu dangereux. D'un point de vue évolutif, l'ouverture aux idées nouvelles, l'apprentissage de nouvelles choses, provoquent des expériences utiles et nécessaires à la survie.

Chez les adultes, la myéline est en partie responsable de la rapidité des transmissions jusqu'aux lobes frontaux, où nous tenons la bride à nos envies de sauter en chute libre ou de conduire à cent quatre-vingts kilomètres-heure. Chez les adolescents, paradoxalement, le cerveau fabrique la myéline en même temps qu'il procède à l'élagage neuronal. Cette période unique est une réelle fenêtre d'opportunité pour que les adolescents vivent leurs propres expériences et trouvent ce qui les rendra plus heureux, plus résistants et, espérons-le, plus malins.

Pendant cet équilibrage délicat, ils peuvent avoir des comportements stupéfiants, tel ce gamin dont un de mes collègues m'a parlé, surpris en ville en plein excès de vitesse, à plus de cent quatre-vingts kilomètres-heure. Le gamin était furieux, non pas d'avoir été verbalisé, puisqu'il a admis qu'il conduisait bien au-dessus de la limite légale, mais parce que la cause de son amende stipulait « conduite imprudente ». Il a dit à son père qu'il y avait beaucoup réfléchi et s'y était préparé – il savait exactement ce qu'il allait faire, où il le ferait, puisqu'il avait sélectionné une rue toute droite et peu fréquentée, et avait même attendu un jour où la météo était clémente. Ensuite, il est parti de chez lui et a dépassé les cent quatre-vingts !

Il existe une explication à ce type de comportement. À Londres, les scientifiques de l'University College ont demandé à cinquante-neuf jeunes de neuf à vingt-six ans de deviner quels étaient leurs risques que tel ou tel malheur leur arrive[1]. Les jeunes ont donné leur estimation puis on leur a dit quel était le vrai risque. On leur a ensuite de nouveau demandé de mesurer leurs chances, pour ces mêmes événements. La

1. Christina Moutsiana, Tali Sharot *et al.*, « Human Development of the Ability to Learn from Bad News », *Proceedings of the National Academy of Sciences* 110, N° 41 (8 octobre 2013).

majorité des participants a su se rappeler le risque réel s'il était moins fort que leurs conjectures de départ. Mais les adolescents ont eu de moins bons résultats quand le risque était plus élevé que leur pronostic. En fait, notre cerveau dispose de plus de zones pour traiter les bonnes nouvelles que pour traiter les mauvaises, qui elles, sont hébergées dans le cortex préfrontal. En d'autres termes, les adolescents sont moins capables de stocker les informations embarrassantes que les adultes. C'est pourquoi ils ont tendance à prendre davantage de risques que les adultes puis à ne rien apprendre des problèmes qui en découlent.

Dès la sortie de l'adolescence, la plasticité synaptique et l'acquisition de connaissances demandent davantage d'efforts. De la même manière qu'un jeune adulte finit par s'installer dans une routine, le cerveau, lui aussi, prend un pli. À quarante-cinq ans, l'homme qui jouait de la guitare électrique dans le groupe de rock de son lycée aurait bien du mal à aligner trois accords sur sa guitare. Vingt-cinq ans plus tôt, ses neurones impliqués dans la musique étaient constamment sollicités, mais ils sont en sommeil depuis qu'il a atteint l'âge adulte, c'est-à-dire trop longtemps. Ils ont été abandonnés, comme la guitare au grenier. De plus, les adultes ont moins de glutamate et de dopamine, et moins de récepteurs disponibles. Ils sont donc moins flexibles, cognitivement parlant.

Inutile d'en parler à mon père. Toujours actif à plus de quatre-vingt-dix ans, son gadget favori est son iPad, qu'il ne quitte jamais. Il me transmet sans cesse des extraits d'articles médicaux qu'il vient de lire, me les colle dans des mails avec une petite note : « Je me suis dit que ça pouvait t'intéresser. » Mon père a le cerveau alerte, stimulé sans cesse par Internet qui l'aide à rester au courant des événements et controverses du moment. S'il était né vingt ans plus tôt, je ne sais pas ce qu'il serait en train de faire ni ce qu'il pourrait faire. Ma mère, qui elle aussi a plus de quatre-vingt-dix ans, préfère jouer au solitaire sur l'iPad. Elle trouve que c'est plus pratique pour battre les cartes. Elle a grandi en Angleterre et a travaillé pour les services secrets britanniques pendant la Seconde

Guerre mondiale. Son cerveau est lui aussi resté en bonne forme. Si la plasticité cérébrale atteint son maximum pendant l'enfance et l'adolescence, la bonne nouvelle c'est qu'elle ne cesse jamais vraiment, au moins tant que nous restons en vie. Plus on apprend, plus il est facile d'apprendre.

5

Le sommeil

– C'est un flemmard.

– Elle me cherche.

– La seule chose qui l'intéresse, c'est roupiller.

Les parents partagent souvent avec moi leurs frustrations. Ils se plaignent principalement de ne pas parvenir à mettre leurs ados au lit à une heure décente le soir, puis d'avoir énormément de difficultés à les lever le matin. J'ai entendu toutes sortes d'histoires, tour à tour ils cajolent, grondent, menacent, arrachent la couette du lit, tapent sur des casseroles, sans effet. Une mère m'a raconté comment elle réveille son fils toutes les quinze minutes jusqu'à ce qu'il se lève. Elle a beau commencer le processus de plus en plus tôt, il arrive tous les jours en retard au collège. Chaque matin, elle est à bout de nerfs parce qu'elle aussi doit partir travailler. Un jour, pour la énième fois, son fils n'a pas réussi à se lever à temps et elle a dû le conduire au collège. Il s'est rendormi dans la voiture. Une fois arrivé, il a refusé d'aller en cours ! Complètement éreintée, elle a finalement poursuivi sa route vers son bureau – elle n'avait pas l'intention d'arriver en retard – et l'a laissé roupiller dans la voiture. À l'heure du déjeuner, elle est retournée au parking prendre de ses nouvelles. Il l'a accusée de l'avoir de nouveau réveillé et lui a reproché de ne pas lui avoir apporté à manger !

Quand un garçon dort autant, il a besoin d'un bilan médical pour identifier la cause de son excessive fatigue. Ce cas particulier, extrême certes, peut indiquer un problème physiologique qui exacerbe sa fatigue somatique. Mais je partage cette histoire avec vous parce que j'aimerais insister sur un point : les adolescents qui refusent de se coucher le soir ou de se lever le matin ne sont pas des fainéants. Ils ne manquent pas non plus de discipline. Chez eux, refuser de tenir compte de vos suppliques pour les sortir du lit n'est pas un signe de rébellion – plus tard, vous aurez bien le temps de crouler sous leurs véritables insurrections. Vous pouvez même vous attendre à ce qu'ils rejettent la faute de leur insoumission sur le dos de l'évolution. Je vous raconte cette histoire parce que la relation exaspérante des adolescents avec le sommeil est tout à fait naturelle.

Voici pourquoi.

Les adolescents ont un chronotype différent des adultes et des enfants

Le sommeil est un des aspects les plus importants de notre quotidien, mais c'est aussi l'un des moins compris. Nous savons qu'il est critique pour la santé de chacun. Les rythmes de sommeil, ou chronotypes, changent au cours du cycle de la vie de la même manière pour toutes les espèces. Les bébés et les enfants sont des « alouettes[1] » : ils se réveillent tôt et s'endorment tôt. Les adolescents sont des « chouettes » : ils se réveillent tard et restent éveillés jusqu'au petit matin. Techniquement, les « alouettes » ont un chronotype de couche-tôt, tandis que les « chouettes » ont un chronotype de couche-tard. Un réseau complexe de signaux cérébraux et d'hormones contrôle les rythmes du sommeil. Ce réseau est lui-même régulé par les étapes de maturation de l'individu. Dans la plupart des espèces, le passage temporaire, à l'adolescence, au chronotype de couche-tard s'inverse ensuite

1. Jim Horne, *Sleepfaring : A Journey through the Science of Sleep* (Oxford : Oxford University Press, 2007).

pour un chronotype « qui se couche tôt se lève tôt » à l'âge adulte.

Les adolescents peuvent être forcés de s'adapter au chronotype des adultes, et ils le sont, notamment pour arriver tôt au collège ou au lycée[1]. Cependant, quand ils se lèvent tôt, ils ne s'endorment pas plus tôt pour autant : en fin de journée, le cerveau d'un adolescent ne tient pas compte de l'heure du lever. Il a plutôt tendance à se fier à son chronotype. Conséquence, la plage de sommeil s'étrécit. Cependant, les week-ends, on voit les adolescents se réveiller tard, selon la préférence de leur horloge interne. Si on leur permet de rester couchés autant qu'ils veulent, ils dorment neuf à dix heures par nuit. Mais s'ils sont forcés de se réveiller pour aller en cours, ils perdent chaque jour 2,75 heures de sommeil, comme l'indique la figure 13, ce qui contribue à installer un syndrome de manque de sommeil chronique.

Il se passe tant de choses dans le cerveau adolescent ! Les adolescents apprennent tant de choses si rapidement qu'ils ont besoin de dormir davantage que leurs parents et petits frères ou petites sœurs. Dans un chapitre précédent, je vous ai parlé de l'élagage cérébral qui se produit pendant la puberté. Quand croyez-vous que le cerveau des adolescents procède à cet élagage ? Vous avez deviné juste : pendant leur sommeil. Le sommeil n'est pas juste un moyen de se détendre et de récupérer après une dure journée de travail, d'études ou de jeu. Le sommeil n'est pas un luxe. Il permet la consolidation de la mémoire et des apprentissages de la journée. Les adolescents ont donc un besoin de dormir aussi vital qu'ils ont besoin d'air et de nourriture pour rester en bonne santé. D'ailleurs, le sommeil les aide à mieux manger et à mieux gérer leur stress.

1. M. H. Hagenauer *et al.*, « The Neuroendocrine Control of the Circadian System : Asociescent Chronotype », *Frontiers in Neuroendocrinology* 33 (2012).

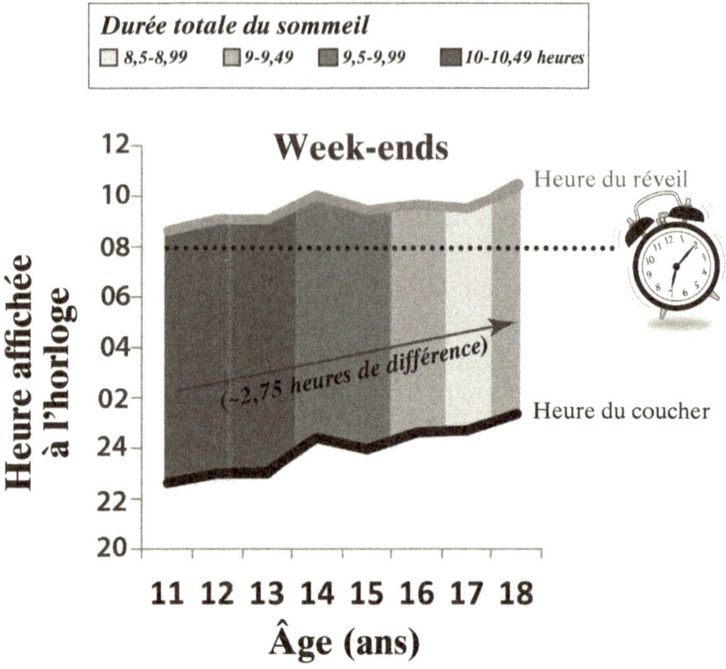

Fig. 13. L'étape du développement de l'enfant contrôle son cycle circadien : les adolescents ont tendance à rester debout plus tard et à dormir plus tard. Sur la figure, l'horloge placée à 8 heures du matin indique la différence entre le nombre d'heures de sommeil dont les adolescents ont besoin et l'heure à laquelle ils sont artificiellement réveillés pour aller en cours. Le sommeil dont ils ont besoin est calculé le week-end, en les laissant dormir tout leur saoul.

La grande majorité des adolescents manquent de sommeil

Les scientifiques ont calculé que l'adolescent moyen a besoin de neuf heures et quart de sommeil par nuit. (Aux États-Unis, les Centres pour le contrôle et la prévention des maladies[1] recommandent que les adolescents dorment entre huit heures et demie et neuf heures et demie par nuit.) Seu-

1. Centers for Disease Control and Prevention. (*NdT*)

lement environ 15 % des adolescents dorment autant avec régularité. Pire, la majorité dort moins de six heures et demie par nuit. Comment est-ce possible ? Entre l'âge de dix et douze ans, l'horloge biologique des jeunes se décale. Elle s'emballe vers 21 heures ou 22 heures et crée une période où tout sommeil est impossible, pile au moment où les parents commencent à fatiguer. La mélatonine, une hormone critique pour provoquer le sommeil, est en partie responsable : chez l'adolescent, elle est libérée deux heures plus tard que chez l'adulte. Elle s'attarde aussi davantage dans le système de l'adolescent, d'où nos difficultés à le réveiller le matin. Les adultes, eux, n'ont presque pas de mélatonine dans leur système quand ils se réveillent, donc ils n'éprouvent pas de sensation d'hébétude.

En demandant aux jeunes de se lever tôt, nous comprimons réellement leur temps de sommeil. De très nombreuses nouvelles façons de se divertir la nuit garantissent qu'ils resteront debout bien après l'heure de se coucher. Les ados de ma génération veillaient tard en lisant un livre à la lampe de poche, cachés sous les couvertures. Les ados d'aujourd'hui nourrissent leur insomnie avec l'électronique, surtout des échanges de SMS. Voilà pourquoi nous nous couchons bien avant nos ados, inquiets de ce qui pourrait se passer quand nous fermons les yeux et ne sommes plus « de garde ».

Le manque de sommeil nuit aux apprentissages

En utilisant des rats de laboratoire dont ils observent le cerveau, les scientifiques ont prouvé que les états de repos éveillé, comme les états de sommeil, renforcent les apprentissages. Comme ils savent que le cerveau des rats s'active davantage pendant l'exploration d'un labyrinthe, ils séparent les rats en deux groupes, les rats du premier groupe se reposant après leurs explorations et ceux du second groupe ne se reposant pas, et constatent que les rats qui récupèrent se souviennent du labyrinthe considérablement plus longtemps que les autres.

Une autre étude, réalisée à Boston, met en lumière le même bénéfice du repos. Deux groupes de personnes doivent apprendre à réaliser une même tâche. Le premier groupe s'entraîne tôt dans la journée, plusieurs jours de suite. Après chaque séance d'entraînement, tous les participants améliorent leur performance, par simple effet de répétition. Mais quand ces mêmes participants reviennent le matin suivant pour une nouvelle séance, leur performance pour cette tâche baisse un peu, comparée à la fin de la séance précédente. Nous connaissons tous ce phénomène : après une leçon de tennis ou de golf, on se trouve génial, mais si on y retourne le lendemain, on n'est jamais aussi bon qu'à la fin de la leçon précédente. C'est frustrant ! Les chercheurs de Boston ont voulu savoir si le sommeil améliorait les performances. Ils ont mis en place les mêmes séances d'entraînement avec le second groupe de participants, mais au lieu de les exercer dans la journée, ils ont planifié les séances juste avant l'heure du coucher, le soir. Ils ont découvert un effet stupéfiant : le soir suivant, lors de la nouvelle séance d'entraînement, la performance ne baissait pas du tout. Les participants à l'étude reprenaient la suite de leur apprentissage exactement là où ils l'avaient laissée la veille ! Aucun d'entre eux n'avait « avancé de deux pas pour reculer d'un ». Ces expériences avec des humains confirment les données obtenues lors d'expériences sur des animaux, montrant que le manque de sommeil a un impact sur la potentialisation à long terme (PLT). Les coupes de cerveau de rats manquant de sommeil, même après une seule journée sans dormir, montrent une baisse de capacité de PLT comparée aux données provenant de rats reposés. Après deux jours sans sommeil, la PLT diminue encore plus fortement.

Plus récemment, des chercheurs de l'université Brown ont étudié l'impact du sommeil sur des jeunes étudiant le piano et sur l'apprentissage moteur inhérent à la maîtrise de cet instrument. Ils ont comparé les scans des cerveaux d'élèves qui avaient leur cours tard le soir et ceux qui les avaient plus tôt dans la journée. La nuit porte conseil et les scientifiques de Brown ont pu le démontrer : les apprentis pianistes qui s'endormaient juste après leur leçon avaient une meilleure précision que les autres le lendemain. Pendant leur sommeil profond, leur cerveau affichait davantage d'activité dans les zones complémentaires du cortex moteur associées à la coordination de mouvements stéréotypés. Un des auteurs de cette étude, Yuka Sasaki conclut : « Le sommeil n'est pas qu'une perte de temps. » Je n'aurais pas mieux dit.

Ce n'est pas tout. On l'a vu, le sommeil aide à apprendre. Mais un simple état de repos fait de même. À l'université du Michigan, les chercheurs ont donné des tâches cognitives standards à des étudiants pour fatiguer leur cerveau[1]. Ensuite, ils ont demandé à une moitié d'entre eux de se promener pendant cinquante minutes dans un arboretum. L'autre moitié est allée se promener dans le centre-ville de Ann Arbor pendant une durée équivalente. La promenade de centre-ville longeait principalement des rues bondées de voitures. Puis les chercheurs ont refait passer des tests aux deux groupes d'étudiants reposés après leur marche. La performance de ceux qui s'étaient baladés dans la nature était nettement meilleure que celle de ceux partis se promener dans la partie la plus animée de la ville. Une semaine après, les chercheurs ont inversé les circonstances du test. En d'autres termes, ceux qui étaient partis se promener dans le centre de Ann Harbor ont été envoyés au parc, et vice-versa. De nouveau, le groupe qui s'était reposé en déambulant dans le jardin a obtenu de meilleures performances que le groupe envoyé en ville. D'après les scientifiques, l'environnement urbain grouillant de vie exige davantage d'attention dirigée, dite aussi attention volontaire, ce qui fatigue le cerveau. L'environnement naturel de l'arboretum, en revanche, aide à reposer l'attention dirigée et à laisser l'esprit vagabonder. Pour transformer ce que l'on apprend

1. Marc G. Berman *et al.*, « The Cognitive Benefits of Interacting with Nature », *Psychological Science* 19, N° 12 (2008).

en mémoire à long terme, les pauses sont importantes, qu'il s'agisse d'une bonne nuit de sommeil, d'une sieste, ou simplement de quelques minutes de détente au calme n'importe quand dans la journée.

Les expériences réalisées avec des lycéens à la faculté de médecine de Harvard et à l'université de Trent, au Canada, ont permis de comprendre que la consolidation de la mémoire se produit pendant le sommeil en deux étapes, celles du sommeil profond et du sommeil paradoxal[1]. Au début du cycle de sommeil d'un adolescent, le cerveau est plongé dans une phase de sommeil profond. La puberté entraîne une baisse de la durée de ce sommeil profond, jusqu'à 40 % moins long que pendant l'enfance. Plus tard dans le cycle du sommeil de l'adolescent, pendant le sommeil paradoxal, le cerveau fait son cinéma, en quelque sorte, et rejoue en rêve l'information apprise dans la journée, la consolidant ainsi avant de l'entreposer dans ses zones de mémoire. Voilà pourquoi il est si important que les adolescents ne se contentent pas d'une seule bonne nuit de sommeil avant un examen. Ils ont besoin de bien dormir juste après leurs révisions chaque fois qu'ils se préparent à un examen.

Quoi que je lui dise, quoi que je lui demande, mon fils Will me demandait tout le temps « Pourquoi ? ». Aujourd'hui enfin, pour tout ce qui touche à son sommeil, il est d'accord avec moi. Au lycée, la veille de ses examens, il a plusieurs fois tenté de potasser ses leçons toute la nuit. Je l'ai informé qu'il s'en sortirait mieux s'il apprenait petit bout par petit bout, en plusieurs fois, puis enchaînait avec de bonnes nuits de sommeil. Quand il m'a demandé pourquoi, je lui ai expliqué ce qu'était un cycle circadien et en quoi il différait chez les adolescents. Il a suivi mon conseil : a travaillé un petit peu puis s'est couché. Le jour J, il s'est relevé un peu plus tôt pour une révision de dernière minute. Quand il est rentré du lycée, il m'a joyeusement annoncé que j'avais raison. Non seulement

1. Robert Stickgold, « Sleep-Dependent Memory Consolidation », *Nature* 437, N° 7063 (27 octobre 2005).

il sentait qu'il avait bien réussi son contrôle, mais il lui avait semblé qu'il savait mieux sa leçon le matin que la veille. Pendant qu'il dormait, il avait laissé son cerveau convertir ce qu'il avait étudié et le mettre en mémoire.

Le sommeil ne sert pas qu'à consolider les acquis et à les mettre en mémoire. Les chercheurs de l'université de Notre Dame et de Boston College ont récemment collaboré à une étude consacrée à la mémoire. Ils ont découvert que le sommeil attribue une priorité aux souvenirs en les découpant en morceaux, puis en organisant ces morceaux en fonction de leur importance émotionnelle. Par exemple, avant que les participants à l'étude aillent se coucher, les chercheurs leur montraient la photo d'un tigre dans une forêt. Le lendemain, les participants se souvenaient mieux du tigre que de l'arrière-plan boisé. D'un point de vue évolutif, la capacité de se souvenir de la partie la plus émotionnelle d'un événement réel fait sens, surtout quand l'émotion évoquée est celle de la peur, avec sa poussée d'adrénaline qui nous propulse en sécurité aussi vite et aussi loin que nos jambes peuvent nous porter.

Lorsque je donne une conférence à des adolescents, je leur explique pourquoi ils traversent une phase incroyablement passionnante et leur résume ces découvertes. Je leur raconte à quel point il est facile pour eux d'apprendre de nouvelles choses, surtout s'ils s'endorment dessus. Systématiquement, l'un d'eux fait le malin : « Super, donc je n'ai plus besoin de travailler, sauf quelques minutes avant d'aller me coucher. » Il est de mon devoir d'annoncer : « Non, vous ne devriez pas découvrir vos leçons pour la première fois juste au moment de vous coucher. Votre cerveau n'est pas réactif à ce point. Mais c'est un excellent moment pour réviser. »

Depuis dix ans, les scientifiques ont confirmé la relation entre l'étude et le sommeil chez l'adolescent[1]. Dans une de

1. Edward B. O'Malley et Mary B. O'Malley, « School Start Time and Its Impact on Learning and Behavior », *in Sleep and Psychiatric Disorders in Children and Adolescents*, éd. A. Ivanenko (New York : Informa Healthcare, 2008).

leurs expériences, repousser le début des cours de soixante-dix minutes seulement, de 7 h 30 à 8 h 40, a eu un effet positif statistiquement significatif sur les notes des sept mille lycéens de Minneapolis et Edina, dans le Minnesota. Les chercheurs ont comparé ces étudiants avec d'autres pour qui l'heure de début des cours n'avait pas changé : les étudiants démarrant plus tard déclaraient dormir plus, avoir de meilleures notes et ressentir moins de passages à vide. Dans le Jessamine County, au Kentucky, les lycées ont décalé la première sonnerie d'une heure et ont vu le niveau d'assiduité grimper, ainsi que les résultats aux tests standardisés. Toujours dans le Kentucky, les lycées du Fayette County ont fait la même chose et constaté une énorme chute du nombre de lycéens impliqués dans des accidents de voiture, alors que, sur la même période, ce nombre augmentait dans le reste de l'État ! À Concord Academy, où mes fils sont allés au lycée, j'ai donné une conférence sur le cerveau adolescent et j'ai contribué à ce que l'administration décale l'horaire des examens. Au lieu de commencer à 8 heures, ils ont été repoussés à 10 heures. On m'a dit que les résultats s'étaient améliorés et que l'équipe éducative avait décidé de maintenir ce nouvel horaire pour les examens. Pour une fois, j'avais réussi à être une héroïne pour mes enfants et non une source d'embarras !

Commencer la journée de cours plus tard me semble une décision naturelle, mais malgré les découvertes scientifiques, une grande majorité de lycées n'ont pas procédé à l'ajustement. D'après les équipes administratives et éducatives de ces lycées, commencer la journée plus tard compliquerait l'organisation des activités parascolaires et serait problématique pour les enseignants comme pour les parents. Pourtant, à Minneapolis et Edina, lorsque les cours ont été décalés, le Centre de recherches appliquées de l'université du Minnesota n'a noté aucune incidence significative sur les activités extrascolaires. La planification s'est complexifiée un petit peu, mais le décalage n'a pas eu d'effets perturbateurs et la participation aux activités s'est globalement maintenue. Certains lycées ont même annoncé que leurs athlètes, mieux reposés, montraient de meilleures performances sur le terrain.

Il y a quelques années, les scientifiques de l'université Washington de Saint Louis ont étudié les relations entre le sommeil et l'apprentissage d'un point de vue diamétralement opposé[1]. Ils se sont demandé si apprendre avait un impact sur le besoin de sommeil. Pour leurs expériences, ils ont choisi la mouche drosophile, car elle a un cycle circadien semblable à celui des humains. Ils ont placé un groupe de jeunes mouches dans un environnement socialement amélioré : elles pouvaient voler en tout sens dans une grande chambre bien éclairée, entourées d'autres jeunes congénères. Après une séance de vadrouilles, elles ont toutes développé plus de ramifications sur leurs neurones, avec de nombreuses nouvelles synapses. Elles ont aussi eu besoin de deux ou trois heures de sommeil de plus que les mouches placées en isolement. À la grande surprise des chercheurs, après avoir dormi, ces mouches élevées dans un environnement socialement amélioré, qui avaient eu toute la place nécessaire pour se promener, montraient des synapses de taille de nouveau normale. Parmi les vingt mille cellules que contient un cerveau de mouche drosophile, seulement seize neurones avaient été nécessaires pour consolider les apprentissages de la journée précédente et les mémoriser. Les cerveaux des mouches empêchées de dormir après leurs explorations de l'environnement socialement amélioré avaient gardé des synapses plus grandes et plus denses.

En d'autres termes, apprendre semble être lié à l'élagage de synapses pendant le sommeil, de manière à en permettre de nouvelles. Tout en rechargeant les batteries, le sommeil donne du temps au cerveau pour qu'il identifie l'information saillante de la journée et la consolide, la mette en mémoire, puis rejette le reste. Comme pour tout ou presque, le cerveau est un organe limité disposant d'un espace limité. C'est du bon sens : si le cerveau continuait à créer des connexions sans en supprimer,

1. Jeffrey M. Donlea *et al.*, « Use-Dependent Plasticity in Clock Neurons Regulates Sleep Need in Drosophila », *Science* 324, N° 5923 (3 avril 2009).

il atteindrait vite sa limite et tout apprentissage cesserait. De toute évidence, plus on apprend, plus on a besoin de dormir.

Le manque de sommeil détériore la santé mentale des ados et augmente le risque de délinquance

Que se passe-t-il quand les teenagers ne dorment pas assez ? Rien de bon, je vous assure. J'ai résumé les découvertes prouvant que le manque de sommeil inhibe l'élagage synaptique nécessaire à la priorisation de l'information, mais ce n'est pas tout. Contracter de mauvaises habitudes de sommeil a des conséquences bien plus néfastes qu'un corps et un esprit fatigués. Chez l'adolescent, les effets peuvent être profonds, durables et contribuer à énormément de problèmes, allant de la délinquance juvénile à la dépression, en passant par l'obésité, l'hypertension et les maladies cardiovasculaires. Les recherches soulignent que les adolescents déclarant des troubles du sommeil consomment plus fréquemment des sodas, des aliments frits, des bonbons et de la caféine, font moins de sport et passent davantage de temps devant un écran. Une étude a corrélé les troubles du sommeil d'adolescents de douze à quatorze ans avec une tendance deux fois et demie plus forte de signaler des pensées suicidaires entre quinze et dix-sept ans, comparés à des adolescents bénéficiant de bonnes habitudes de sommeil[1].

Des chercheurs japonais ont découvert que les adolescents qui utilisent leur téléphone mobile après « l'extinction des feux » dorment moins et ont davantage de risques d'éprouver des troubles psychiques, allant jusqu'à l'automutilation et le suicide. À l'Institut national de la santé mentale[2], Colleen

1. Norihito Oshima *et al.*, « The Suicidal Feelings, Self-Injury, and Mobile Phone Use After Lights Out in Adolescents », *Journal of Pediatric Psychiatry* 37, N° 9 (octobre 2012).

2. National Institute of Mental Health (NIMH). (*NdT*)

Carney a montré que l'insomnie peut aggraver la dépression et que les thérapies comportementales (par opposition aux somnifères) visant à mettre en place de meilleures habitudes de sommeil peuvent diminuer les occurrences de dépression.

Les scientifiques ne comprennent pas encore totalement le lien entre des nuits de sommeil écourtées et la fragilité de la santé mentale des adolescents, mais plus personne ne réfute le fait que ces derniers passent davantage de temps sur leur téléphone portable que la plupart des adultes. Ils ne font pas que se téléphoner, bien sûr. Aux États-Unis, plus de cinq milliards de SMS sont envoyés chaque jour. Sans surprise, une grosse partie de ces messages proviennent d'adolescents. D'après une étude récente, chaque adolescent envoie en moyenne 3 300 SMS par mois (4 050 par mois pour les filles).

À la clinique des troubles du sommeil du Centre médical JFK[1], dans le New Jersey, les scientifiques estiment qu'un adolescent sur cinq interrompt son sommeil pour envoyer des SMS. Les participants à leur étude, tous en consultation pour troubles du sommeil, ont déclaré envoyer trente-quatre messages par nuit – après s'être couché ! Ils ont envoyé ces SMS entre dix minutes et quatre heures après s'être allongés et ont été réveillés par un SMS au moins une fois par nuit. L'étude a mis en lumière un biais lié au genre : les filles avaient plus tendance à s'envoyer des messages après s'être couchées, tandis que les garçons avaient davantage tendance à rester éveillés et à jouer à des jeux vidéos sur leur téléphone. (L'envoi excessif ou obsessionnel de SMS est désormais traité comme une addiction.)

De plus, de mauvaises habitudes de sommeil pourraient être un facteur dans la délinquance juvénile[2]. En 2012, le *Journal of Youth and Adolescence*[3] a annoncé que les adolescents qui dorment entre huit et dix heures par nuit ont moins tendance à voler à l'étalage, à vandaliser ou à commettre des effractions

1. Sleep Disorders Center at JFK Medical Center. (*NdT*)
2. Samantha S. Clinkinbeard *et al.*, « Sleep and Delinquency : Does the Amount of Sleep Matter ? » *Journal of Youth and Adolescence* 40, N° 7 (juillet 2011).
3. Journal de la jeunesse et de l'adolescence. (*NdT*)

que ceux qui dorment sept heures ou moins. Ceux dont les nuits de sommeil ne dépassent pas cinq heures ont une tendance nettement plus forte de commettre des crimes, des violences et des attaques à main armée. La corrélation n'est pas encore totalement claire, car les environnements stressants ont leur propre incidence sur le comportement et peuvent aussi affecter le sommeil. En 2011, les Centres américains pour le contrôle et la prévention des maladies ont entrepris une étude de grande envergure qui a identifié une corrélation entre de mauvaises habitudes de sommeil et une augmentation du risque d'autres habitudes nocives, fumer des cigarettes ou du cannabis, boire de l'alcool. En Italie, des scientifiques ont publié des résultats similaires. Le manque de sommeil impacte absolument tous les aspects de la vie de l'adolescent.

D'un point de vue physique, voici les conséquences possibles d'un manque de sommeil :

- Aggraver les maladies de la peau en cas de stress, comme l'acné ou le psoriasis.
- Manger trop ou manger mal.
- Se blesser pendant les activités sportives.
- Augmenter la pression artérielle.
- Augmenter la propension à déclarer des maladies graves.

D'un point de vue émotionnel, un mauvais sommeil peut rendre les adolescents :

- Agressifs.
- Impatients.
- Impulsifs et insolents.
- Enclins à une mauvaise estime de soi.
- Sujets aux sautes d'humeur.

D'un point de vue cognitif, un manque de sommeil peut provoquer :

- Une déficience dans la capacité d'apprendre.
- Une inhibition de la créativité.
- Un ralentissement des compétences de résolution de problèmes.
- Plus d'étourderie et de pertes de mémoire.

Les stimulants artificiels, piège du manque de sommeil chronique

Malheureusement, les insomniaques ont désormais recours aux stimulants artificiels pour garder les yeux ouverts toute la journée. Les adolescents encore plus. Certains de ces stimulants sont illicites, comme la Ritaline prescrite normalement en cas de trouble de l'attention avec ou sans hyperactivité, mais les boissons énergétiques, complètement légales, ont énormément d'adeptes. Les noms seuls de ces boissons suffisent à semer le doute dans l'esprit de la plupart des parents. Pas étonnant qu'ils séduisent les adolescents en quête d'émotions fortes : Red Bull, I have no limit, Monster Energy, Monster Ripper, Burn, Mega Force[1]. Aux États-Unis, entre autres Full Throttle, CHARGE !, NeuroGasm, Hardcore Energize Bullet, Eruption, Crave, Crunk, DynaPep, Rage Inferno, SLAP[2], mon préféré (le nom, pas la boisson !) est le Venom Death Adder, le Venin de la Mort de la Vipère. L'Agence américaine des produits alimentaires et médicamenteux[3] a fixé le seuil maximal de soixante et onze milligrammes de caféine par cannette de trente-quatre centilitres de soda, mais elle n'en a fixé aucun pour les boissons énergisantes, classées comme compléments alimentaires. La teneur en caféine d'une boisson énergisante varie de quatre-vingts à cinq cents milligrammes. Les adolescents et jeunes adultes mélangent parfois ces boissons avec de l'alcool. Conséquence, ils ne sentent pas leur état d'ébriété parce qu'ils sont gonflés à bloc par la caféine. Et voilà le problème quand le monde des boissons énergisantes de type Red Bull fricote avec celui de l'alcool : au lieu de s'évanouir, une personne complètement ivre reste debout sur ses pieds et continue à tort de croire qu'elle fonctionne normalement,

1. Le Taureau rouge, Je n'ai pas de limite, Énergie Monstre, Éventreur Monstre, Brûle, Force Méga. Marques commercialisées en France. (*NdT*)

2. Pleins Pots, Chargez !, Neuro-orgasme, Balle Énergisante Hardcore, Éruption, Accro, Crunk (musique Hip-hop), DynaPeps, Enfer de la Rage, Gifle. (*NdT*)

3. US Food and Drug Administration (FDA). (*NdT*)

qu'elle peut réaliser des tâches complexes, comme conduire en voiture, alors qu'elle est totalement inapte.

Des sondages révèlent qu'entre 30 et 50 % des adolescents et jeunes adultes consomment des boissons énergisantes, ce qui explique peut-être l'augmentation exponentielle d'overdoses de caféine constatées aux urgences. En 2013, l'Agence gouvernementale américaine en charge de la toxicomanie et de la santé mentale[1] a annoncé que le nombre d'admissions liées à un abus de boissons énergisantes a été multiplié par dix entre 2005 et 2011 : de deux mille admissions en 2005, elles ont explosé à plus de vingt-deux mille en 2011[2]. Des études déclarent qu'en moyenne, un lycéen américain boit jusqu'à cinq cannettes de boissons énergisantes par jour pour compenser son manque de sommeil.

Ce que peuvent faire les parents

À l'adolescence, le rôle des parents et tuteurs est au moins aussi critique que le rôle du sommeil dans les mécanismes de l'apprentissage. Vous pouvez agir et encourager vos filles et vos fils adolescents à dormir suffisamment, en commençant par sortir la télévision, le téléphone et l'ordinateur de leur chambre. Parce que les ados sont en manque chronique de sommeil, ils ont besoin d'aide pour faire leurs devoirs et se coucher tôt. Quand ils rentrent de leurs cours, vous pouvez leur demander combien de devoirs ils ont et les aider à les lister par ordre de priorité. Si un devoir requiert de la créativité, on suggère de lui donner priorité sur le reste, parce que sollicitant des compétences cognitives plus complexes et davantage de concentration. Vous pouvez passer voir vos ados de temps en temps dans le courant de la soirée, si possible sans les juger.

1. US Substance Abuse and Mental Health Services Administration. (*NdT*)

2. « Update on Emergency Department Visits Involving Energy Drinks : A Continuing Public Health Concern », SAMHSA *Dawn Report*, Drug Abuse Warning Network, 10 janvier 2013.

Quand vous découvrez qu'à 21 h 30 ils n'ont toujours pas écrit leur dissertation de français, la première réaction à éviter est de leur crier dessus ou de les gronder. La seconde réaction dommageable est de leur montrer que vous paniquez. Évitons de leur rajouter du stress, parce que le stress aussi freine l'apprentissage !

Autre obstacle au sommeil : les lumières des écrans[1]. Il est nécessaire de les éteindre environ une heure avant de se coucher, afin que les yeux et le cerveau surexcités des ados se reposent. En 2012, à Troy, dans l'État de New York, le Centre de recherche sur la lumière de l'Institut polytechnique Rensselaer[2] a démontré qu'une exposition de deux heures à l'écran d'un smartphone, d'un ordinateur ou de tout autre appareil équipé d'un écran rétroéclairé ou de LED, suffisait pour abaisser le niveau de mélatonine de 22 %. Les scientifiques déclarent que stimuler le rythme circadien avec ces lumières, juste avant le coucher, impacte fort vraisemblablement le sommeil, surtout chez les adolescents.

Cependant, toutes les lumières artificielles ne se valent pas. Certaines ne sont pas dangereuses et permettent de réguler le rythme circadien de la même manière que la lumière naturelle : une lumière bleue émise avec des LED, par exemple. Dans leurs simulations de missions longue durée vers Mars, la NASA et les scientifiques russes testent ce type de lumière pour éviter que le rythme circadien des astronautes ne soit complètement bouleversé[3].

En tant que parent, vous avez votre propre fatigue à gérer le soir, et sans doute avez-vous du travail à terminer pour le lendemain. Votre seuil de tolérance est bas et vous démarrez au quart de tour. Il est utile d'en être conscient et de chercher à réguler vos émotions. En tant que mère célibataire, je

---

1. Mariana Figueiro *et al.*, « Light Level and Duration of Exposure Determine the Impact of Self-Luminous Tablets on Melatonin Suppression », *Applied Ergonomics* 44, N° 2 (mars 2013).
2. Lighting Research Center, Rensselaer Polytechnic Institute. (*NdT*)
3. Katie Worth, « Casting Light on Astronaut Insomnia : ISS to Get Sleep-Promoting Lightbulbs », *Scientific American*, 4 décembre 2012.

ne pouvais pas m'en « laver les mains », quitter la chambre de mes fils en fulminant pour aller chercher mon compagnon et lui refiler le problème. Quand on n'a personne vers qui se tourner, quand on n'a que soi-même sur qui compter, on aborde son adolescent sous un autre angle. Je me souviens que je ne voulais pas communiquer ma panique à mes fils quand je voyais qu'ils n'étaient clairement pas prêts pour leurs examens ou quand ils ne savaient pas comment s'y prendre pour rendre une dissertation dans les temps... le lendemain matin. On peut toujours leur dire que la prochaine fois, il ne faudra pas attendre la dernière minute pour s'y mettre. On peut toujours râler quand ils rentrent à la maison en ayant oublié les livres ou les documents nécessaires à la réalisation de leur exposé. Mais on ne peut pas apprendre à leur place. On ne peut pas tout faire pour eux. On peut aller jusqu'à leur proposer de les aider à rédiger le plan ou faire une partie des recherches, si possible en évitant de les coincer dans un sentiment d'impuissance ou de dépendance.

Tous les soirs à la même heure, on peut aussi leur suggérer des activités non technologiques, non seulement pour éviter que la lumière artificielle de leurs écrans abaisse leur niveau de mélatonine, mais aussi pour accoutumer leur corps à se relaxer avant l'heure du coucher. En arrivant, vous pouvez partager avec eux les tâches qui incombent à chacun en mettant l'accent sur la « planification » de la soirée. Cela peut contribuer à diminuer leur anxiété et donc l'insomnie.

Le lit doit être réservé au sommeil : il est préférable d'éviter d'y faire autre chose, par exemple manger ou regarder la télévision, ou y faire ses devoirs ! Enfin, gardons à l'esprit ce vieux dicton : « Que le soleil ne se couche pas sur votre colère[1]. » Avant l'extinction des feux, mieux vaut remettre au lendemain toute dispute avec vos ados, car ils dormiraient mal et en toute probabilité, vous aussi.

1. Éphésiens 4:26. (*NdT*)

6

La prise de risques

En mars 2010, après avoir parlé du cerveau adolescent à l'antenne de la radio publique américaine[1], j'ai reçu une avalanche de lettres et de mails. Une femme m'a écrit au sujet de son petit-fils, dont elle avait toujours été proche. Lycéen, il était devenu un gros consommateur de marijuana et d'alcool. Un jour, il a payé une amende pour excès de vitesse, un autre, il a été appelé à comparaître pour conduite dangereuse, puis il a fini par être arrêté et inculpé pour conduite en état d'ivresse. Comme les innombrables autres mails et courriels que je reçois, écrits par des femmes et des hommes que je n'ai jamais rencontrés, le message de cette grand-mère se terminait par une supplique : « Cette situation me brise le cœur. Il est intelligent, séduisant, magnifique et il flirte avec la mort. »

Les parents et les enseignants connaissent l'impulsivité des adolescents et les savent davantage enclins à la prise de risques que les enfants ou les adultes. L'attrait de la nouveauté et la recherche de sensations fortes semblent guider chacun de leurs actes. Et s'ils ne sont pas en train de prendre des risques, alors ils se rebellent contre leurs parents, contre leurs profs, contre toute autorité. D'un point de vue évolutif, ce type de comportement a du sens. L'adolescence est l'étape où l'enfant quitte la sécurité et le confort offerts par

1. Richard Knox, « The Teen Brain : It's Just Not Grown Up Yet », National Public Radio, 1er mars 2010, http://www.npr.org/templates/story/story.php?storyId=124119468

ses parents afin d'explorer le monde et conquérir son indépendance. Les adolescents doivent vivre leurs propres expériences pour asseoir leur autonomie. Leur problème ? Leur cortex frontal est sous-développé, donc ils ont du mal à anticiper les événements et à comprendre les conséquences de leurs actes. Ils sont donc mal équipés pour mesurer les préjudices possibles d'un comportement à risque. Peu importe que sur le long terme, l'évolution donne un sens adaptatif à la prise de risque et à l'esprit d'aventure : les dangers, à court terme, sont énormes.

Depuis des millénaires, les adolescents se distinguent par leurs conduites à risque, mais aujourd'hui, notre monde moderne leur pose des défis spécifiques, probablement plus redoutables qu'à tout autre moment de notre histoire. Tous les jeunes sont exposés à des exemples de prise de « risque » à travers les médias et Internet. Virtuellement, la planète s'est rétrécie, le « voyage » est à un clic. Il fait partie de leur vie.

Pendant des siècles, la plupart des jeunes étaient confinés à la ferme, avec une liberté de mouvement restreinte et un accès à l'information limité. S'ils vagabondaient quelque part, ils restaient sous la surveillance d'adultes – parents, éducateurs ou autres – réduisant ainsi leurs prises de risque et donc les désastres potentiels. Aujourd'hui, en même temps que s'offrent de plus en plus de choix potentiellement funestes, les choix potentiellement salutaires se multiplient. Vous pouvez encourager l'accès à l'information et aux expériences positives pour vos enfants.

Livrés à eux-mêmes, les adolescents consultent régulièrement des sites Internet proposant des contenus inappropriés, stressants, voire même dangereux. Il est possible que ces sites facilitent la reproduction des comportements d'automutilation et même les tentatives de suicide des enfants dépressifs. L'ordinateur simplifie l'accès à un nombre accru de suggestions diverses et variées, or les adolescents sont très vulnérables à la force de la suggestion. De plus, les statistiques montrent que l'accès aux drogues est plus facile aujourd'hui que par le passé[1]. Contrairement aux générations antérieures, il suffit aujourd'hui d'un message envoyé depuis un smartphone pour qu'un ado contacte instantanément un fournisseur de drogues illicites.

Quand ils parlent de conduite à risque, les scientifiques utilisent l'expression « comportement menant à des choix sous-optimaux ». La plupart des adultes attribuent les choix sous-optimaux des adolescents à leur impulsivité, leur irrationalité, leur égocentrisme de jeunesse ou à leur impression d'être invulnérables. Il y a plus de deux mille ans, Aristote qualifiait déjà de « fous » les jeunes Grecs qui, écrit-il, pensent et se comportent différemment des adultes parce qu'ils sont « enclins à la colère et à l'emportement, toujours prêts à suivre leurs impulsions et incapables de dominer leur fureur ». Il ajoute que les jeunes sont les esclaves de leurs passions parce que « par amour-propre, ils ne supportent pas qu'on tienne peu de comptes de leur personne et se fâchent quand ils croient qu'on leur fait tort[2] ». Autrement dit, les adolescents sont tellement centrés sur eux-mêmes, tellement peu raisonnables, se sentent tellement invincibles qu'ils n'envisagent jamais la possibilité de se blesser en s'engageant là où les adultes n'iraient jamais. « Irrationalité », « égocentrisme » et « illusion d'invincibilité » sont autant d'étiquettes qu'on attribue fréquemment aux ados, mais quand vous aurez lu ce chapitre, vous ne pourrez plus leur coller ces étiquettes aussi facilement.

---

1. D'après le Flash Eurobaromètre 158 « Les jeunes et la drogue » réalisé par EOS Gallup Europe à la demande de la Commission européenne et publié en juin 2004 : « En termes d'évolution générale, il semble un peu plus aisé de se procurer de la drogue en 2004 qu'en 2002, peu importe le lieu envisagé. » En revanche, d'après l'Eurobaromètre de 2011 : « Comparées aux données de 2008, les jeunes déclarent qu'il est plus difficile en 2011 de se procurer de l'héroïne, de la cocaïne et de l'ecstasy qu'en 2008. Mais il faut noter que dans le cadre de cette nouvelle étude, la durée d'obtention de la drogue a été réduite à vingt-quatre heures, alors que lors de l'étude de 2008, aucune durée limite n'était mentionnée dans les questions posées. » (*NdT*)

2. Aristote, *Rhétorique*, Livre 2, chapitre 12, « Des mœurs. De celles de la jeunesse ». Dir. Trad. Caroline Carrat, www.remacle.org

Les adolescents ne sont pas irrationnels… mais ils apprennent mal de leurs erreurs

Commençons par une opinion largement répandue : la plupart des adultes tiennent les adolescents pour irrationnels. C'est une idée fausse. Quelles que soient les preuves de leur comportement bizarre, parfois exaspérant, les adolescents ne sont pas irrationnels. Le développement des capacités de raisonnement d'un individu est plus ou moins achevé avant ses quinze ans. En fait, les adolescents sont tout aussi aptes que les adultes à user de logique pour estimer si une activité est dangereuse ou pas. C'est d'ailleurs la raison pour laquelle ils peuvent obtenir de très bons scores aux examens et concours d'entrée aux universités, basés uniquement sur la logique et la déduction rationnelle.

Pourquoi donc les adolescents se lancent-ils dans des aventures insensées ? De manière générale, le cerveau adolescent s'accorde plus facilement des récompenses qu'un cerveau adulte, notamment parce que la libération de la dopamine et la réaction à ce neurotransmetteur y sont plus fortes que chez l'adulte. La recherche de sensations fortes est corrélée avec la puberté parce que, à ce moment, les systèmes nerveux pilotant l'excitation et la récompense sont particulièrement sensibles. Dans une situation potentiellement dangereuse, comme les lobes frontaux ne sont encore que faiblement câblés aux autres zones du cerveau, les adolescents ont du mal à prendre le contrôle cognitif. Les adultes parviennent mieux à accéder au réseau de leurs aires cérébrales frontales que les adolescents. Chez l'adulte, ces aires se « connectent » mieux pour évaluer les risques, les récompenses et les conséquences.

Lors d'une étude de deux cent quarante-cinq personnes âgées de huit à trente ans, les chercheurs de l'université de Pittsburgh ont observé la capacité d'inhiber le mouvement des yeux[1]. Dans une pièce sombre, les participants devaient

1. Beatriz Luna *et al.*, « What Has fMRI Told Us About the Development

regarder une lumière sur un écran puis, dès l'apparition d'une seconde lumière clignotante, détourner leur regard, en empêchant le cerveau d'assouvir sa curiosité naturelle et de vouloir en savoir davantage sur cette nouvelle information – interdite qui plus est.

La réaction d'inhibition, c'est le nom que les psychologues lui donnent, est faible chez les enfants, nettement meilleure chez les adolescents. En fait, dès l'âge de quinze ans, s'ils sont suffisamment motivés, les adolescents peuvent obtenir des scores presque aussi élevés que ceux des adultes. Mais les chercheurs ont été fascinés par les différences entre les scans des cerveaux des adultes et ceux des adolescents. Alors que les adolescents obtiennent des scores d'inhibition similaires à ceux des adultes, ces derniers utilisent beaucoup moins de zones cérébrales, mais activent leurs lobes frontaux, ce qui les aide à mieux résister à la tentation. Les adolescents, eux, doivent fournir beaucoup plus d'efforts pour éviter ce qui leur a été interdit.

Lors d'une autre étude insolite fondée sur des scans de cerveaux, les scientifiques de Dartmouth College ont prouvé que les adolescents utilisent une zone du cerveau plus limitée et prennent davantage de temps que les adultes, environ un sixième de seconde supplémentaire, pour répondre à des questions leur demandant d'apprécier si telle ou telle activité est une « bonne » idée ou pas : mettre le feu à ses cheveux, nager avec des requins, sauter d'un toit[1]... Pour répondre à ces questions, les participants adultes ont tendance à se fier à des représentations mentales automatiques associées à une réaction viscérale, tandis que les participants adolescents font plus appel à leur capacité de « calculer » leur réponse. Pour saisir rapidement les contours d'une situation et en estimer efficacement le rapport coûts contre bénéfices, nous activons

of Cognitive Control through Adolescence ? » *Brain and Cognition* 72, N° 1 (février 2010).

1. Valerie Reyna et Frank Farley, « Risk and Rationality in Adolescent Decision Making : Implications for Theory, Practice and Public Policy », *Psychological Science in the Public Interest* 7, N° 1 (septembre 2006).

notre cortex frontal, cette même zone à laquelle nous revenons sans cesse et qui est encore en cours de câblage à l'adolescence.

Les adultes apprennent mieux de leurs erreurs grâce à des zones placées à l'intérieur et autour des lobes frontaux, notamment le cortex cingulaire antérieur qui agit tel un contrôleur du comportement et aide à détecter les erreurs. Pendant les expériences fondées sur des IRMf, si un participant adulte commet une erreur, son cortex cingulaire antérieur s'active, comme s'il claironnait : « Flûte, j'ai intérêt à ne pas refaire ça[1]. » Cette zone du cerveau est, elle aussi, en cours de branchement à l'adolescence ; c'est pourquoi les ados apprennent si difficilement de leurs bévues, même lorsqu'ils les reconnaissent.

En avril 2011, j'ai reçu un mail illustrant parfaitement ce point. Après avoir lu un de mes articles sur le cerveau adolescent, une mère me décrivait sa fille de dix-huit ans : « C'est une super ado, mais elle ne pense jamais les choses jusqu'au bout. Ses amies, ses moniteurs de sport, ses enseignants… tout le monde l'adore. Elle a le cœur sur la main et veut tout bien faire, mais n'y arrive pas toujours. Je suis sur son dos pour tout, y compris le tabac, l'alcool… J'ai toujours l'impression qu'elle n'apprend rien de ses bêtises. »

Un cerveau précâblé pour les conduites à risque

Les études montrent que le meilleur indicateur pour prévoir le comportement adolescent n'est pas la perception du risque, mais l'anticipation de la récompense malgré le risque. En d'autres termes, la gratification est au cœur de l'impulsivité adolescente. Les adolescents qui se lancent dans des conduites à risque et qui n'en ont jamais, ou rarement, payé les consé-

1. Laurence Steinberg, « A Social Neuroscience Perspective on Adolescent Risk-Taking », *Developmental Review* 28, N° 1 (mars 2008).

quences, ont plus tendance à répéter un comportement irresponsable en quête de toujours plus de gratification.

Au plus profond du cerveau, le noyau accumbens et l'aire tegmentale ventrale (ATV) hébergent le système de récompense. Au sein du centre du plaisir du cerveau, ces deux zones cérébrales gèrent la libération de la dopamine lorsque nous envisageons ou anticipons une récompense (manger, gagner de l'argent, se droguer…). Le noyau accumbens nous alerte en amont sur la possibilité d'un plaisir et nous motive quand nous sommes capables de l'obtenir.

Chez l'adolescent, cette zone du cerveau est beaucoup plus susceptible de répondre aux sirènes de l'addiction que chez l'adulte. Des expériences avec des rats l'ont montré : les neurones dopaminergiques de ces zones cérébrales sont plus actifs et plus réactifs chez l'adolescent que chez l'adulte. Couplée à des lobes frontaux incomplètement myélinisés et incapables d'inhibition, cette réactivité augmente la probabilité d'un comportement à risque chez l'adolescent.

Parce qu'ils sont stimulés à une fréquence beaucoup plus élevée que chez l'adulte, les neurones du cerveau adolescent sont « fin prêts » à être cooptés pour un comportement addictif. Comment une addiction se déclenche-t-elle ? En fait, l'addiction fonctionne comme une mémoire spéciale. Nous avons parlé au chapitre 4 de la plasticité synaptique, ou LTP, qui permet la mémorisation au niveau de l'hippocampe : l'addiction est une forme de plasticité synaptique, à la différence près qu'elle opère au sein des synapses du noyau accumbens et de l'ATV et non dans celles de l'hippocampe. L'addiction s'installe parce qu'une drogue (ou tout autre stimulus très agréable) active fortement les synapses de ces structures, exactement de la même manière qu'un stimulus déclenche une LTP et une mise en mémoire. Très actives et très plastiques, les synapses du noyau accumbens et de l'ATV réagissent en consolidant leurs connexions, ce qui provoque la libération de davantage de dopamine en réponse à chaque expérience stimulante.

En bref, les adolescents deviennent plus facilement accros que les adultes : d'abord parce que leurs neurones sont dès le départ plus actifs que ceux d'un adulte, ensuite parce qu'ils bénéficient d'une plasticité exacerbée en cas d'exposition à un stimulus addictif. L'addiction est donc plus profondément « précâblée » dans le cerveau adolescent. Les centres de réhabilitation le savent bien : avec des adolescents, le sevrage est bien plus difficile et échoue plus fréquemment. Les statistiques le confirment, car les cures de désintoxication accueillent une proportion croissante de moins de vingt-cinq ans.

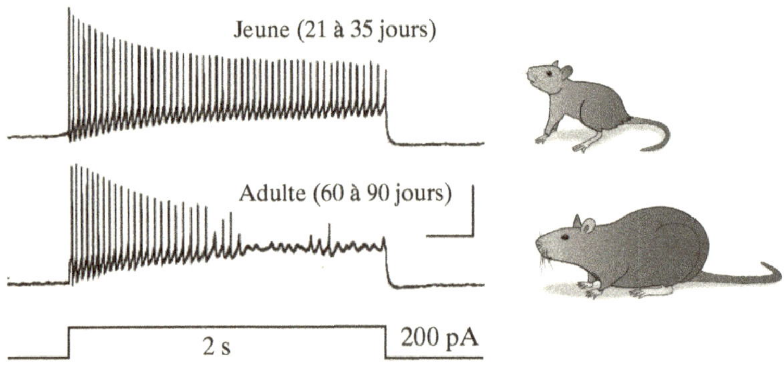

Fig. 14. Après stimulation, les neurones de l'aire tegmentale ventrale (ATV) de jeunes souris déclenchent plus de potentiels d'action (pA) que les neurones de souris adultes. L'ATV est une des structures principales du circuit de la récompense. Elle est plus active dans le cerveau adolescent que dans le cerveau adulte. En conséquence, les adolescents ont une prédisposition accrue à rechercher des récompenses.

Risque et récompense sont inextricablement liés. Il n'est pas surprenant qu'ils se partagent de nombreuses structures cérébrales. Tandis que le noyau accumbens et l'ATV hébergent les circuits de la récompense, les lobes frontaux en contrôlent l'activité. Dans le cerveau adulte complètement myélinisé, les lobes frontaux peuvent mettre les centres de la récompense en sourdine par un contrôle des impulsions.

Comme chez les humains il est possible de mesurer le contrôle des impulsions, les scientifiques de Stanford ont imaginé une expérience. Ils ont observé le cerveau en activité de sujets à qui ils demandaient de prendre des décisions financières, en leur proposant de choisir entre deux actions factices[1]. Si la tâche était formulée de manière à susciter une prise de risque – c'est-à-dire à pencher vers l'action la plus risquée, mais la mieux rémunérée, la mieux « récompensée » – les noyaux accumbens des participants à l'étude affichaient davantage d'activité. Les chercheurs ont découvert que l'activité de cette structure cérébrale était au plus haut avant que le sujet ne choisisse l'action à haut risque et haut rendement, c'est-à-dire lorsqu'il était encore dans un état d'anticipation. La simple attente de la récompense a suffi pour déclencher les trépidations du noyau accumbens, plus fortement que l'éventuelle récompense monétaire à venir. Les chercheurs en ont conclu que ressentir des émotions positives intenses ou un état d'excitation est corrélé à la probabilité qu'un individu choisira un comportement à risque. C'est sans doute pour cette raison que le client d'un casino est plus enclin à jouer à la roulette ou à tenter sa chance avec une machine à sous si l'établissement lui offre alcool et nourriture à volonté et donc stimule des émotions agréables.

Dans une autre expérience astucieuse auprès de soixante-deux volontaires âgés de six à vingt-neuf ans, B.J. Casey et ses collègues de l'Institut Sackler à la faculté de médecine Weill Cornell[2] ont sélectionné des images représentant soit des visages joyeux, soit des visages calmes[3]. Puis ils ont proposé aux participants la possibilité de sélectionner l'un ou l'autre des visages en pressant sur un bouton, tout en leur demandant de préférer les visages calmes et de résister aux

1. Brian Knutson *et al.*, « The Neural Basis of Financial Risk-Taking », *Neuron* 47, N° 5 (1er septembre 2005).

2. Weill Cornell Medical College. (*NdT*)

3. Leah H. Somerville *et al.*, « Frontostriatal Maturation Predicts Cognitive Control Failure to Appetitive Cues in Adolescents », *Journal of Cognitive Neuroscience* 23, N° 9 (septembre 2011).

visages joyeux. (Dans le cerveau, la vue d'un visage joyeux stimule la même réaction de récompense que la vue d'un billet de cinquante dollars ou d'un dessert appétissant.) Malgré la consigne des chercheurs, les adolescents tendent à appuyer par erreur sur le bouton « visage joyeux » beaucoup plus souvent que les adultes. On sait, car les études le confirment invariablement, que le noyau accumbens de l'adolescent libère plus de dopamine que celui de l'adulte. Voilà pourquoi il est particulièrement difficile pour un sujet adolescent de résister à la « récompense » d'un visage heureux. Autre facteur évident : le lobe frontal de l'adolescent ne dispose toujours pas de la connectique lui permettant d'envoyer des messages inhibiteurs aux centres de la récompense.

Cela ne surprendra personne, les sujets adolescents de cette expérience ont tous déclaré une « intensité plus forte d'émotions agréables » quand ils « gagnaient ». Plus la récompense attendue est forte, plus l'émotion positive s'intensifie et plus la libération de dopamine augmente dans le noyau accumbens. Comme les adolescents sont hypersensibles à la dopamine, même de petites récompenses, si elles sont immédiates, déclenchent une plus grande activité du noyau accumbens que de grandes récompenses différées. En d'autres termes, l'immédiateté et l'émotion participent à la décision de prendre un risque et à l'incapacité du cerveau adolescent de différer une gratification.

En tant que parent, tuteur ou enseignant, vous pouvez aider les adolescents à ne pas céder à l'immédiateté et à l'émotion d'une récompense en leur parlant des différents types de comportements risqués. Qu'il s'agisse de drogues ou d'excès de vitesse, vous pouvez leur proposer de visualiser les coûts d'une expérience en regard de ses bénéfices via une analogie. Imaginons que vous souhaitiez souligner auprès de votre fils ou de votre fille l'idée qu'aucune récompense possible ne compense un comportement à risque pouvant entraîner la mort. La question suivante peut les amener à réfléchir à leur comportement : « Est-ce que tu prendrais un revolver chargé pour jouer à la roulette russe, même une seule fois, si on te proposait de gagner un million de dollars ? »

Zoom sur la sexualité à risque

Immédiateté et émotion : cette double motivation n'anime jamais autant un adolescent que lorsqu'il explore sa sexualité. En 2005, le tristement célèbre épisode de Milton Academy, établissement de la Nouvelle-Angleterre hébergeant des élèves du CP à la classe préparatoire, en a fourni l'illustration parfaite. Le dimanche 20 février, la une du *Boston Globe* annonçait : « Scandale et expulsions à Milton Academy[1] ». Le scandale éclaboussant cette vénérable institution, *alma mater* de T. S. Eliot, impliquait une jeune fille de quinze ans qui, un mois auparavant, avait eu des rapports sexuels par voie orale avec cinq joueurs de l'équipe de hockey de l'établissement, âgés de seize à dix-huit ans. Une enquête de trois jours avait entraîné l'expulsion des cinq garçons et une absence prolongée de la jeune fille, suivie de son changement d'école. Pendant des mois, le prestigieux pensionnat basé près de Boston avait été placé sous le feu des projecteurs des médias. La porte-parole de l'établissement, Cathleen Everett, a déclaré aux journalistes que les agissements des garçons avaient « dépassé les bornes ». En même temps, elle a aussi affirmé que « malheureusement, les adolescents font de grosses bêtises ».

L'affaire de Milton Academy est loin d'être la première du genre à se produire dans un pensionnat d'élite. À Milton, ce n'était même pas la première, mais elle a inspiré un roman à succès, *Restless Virgins : love, sex and survival at a New England Prep School* (Vierges insatiables : amour, sexe et survie dans une école privée de la Nouvelle-Angleterre)[2], écrit par deux anciennes élèves de Milton Academy. Dans ce livre, les auteures Abigail Jones et Marissa Miley décrivent la nouvelle désinvolture des teenagers à l'égard du sexe oral, qu'ils ne considèrent plus comme « un acte intime entre deux

1. Michael Levenson et Jenna Russell, « Milton Academy Rocked by Expulsions », *Boston Globe*, 20 février 2005.

2. Abigail Jones, Marissa Miley (New York : William Morrow, 2007), non traduit.

partenaires fixes », mais comme « faisant partie de la culture lycéenne, dans laquelle règne la soumission des filles envers les garçons[1] ».

D'après les centres de contrôles et de prévention de la maladie, près de deux tiers des lycéens américains déclarent qu'ils ont des rapports sexuels avant de quitter le lycée. Mais s'ils acceptent cette sexualité, et la souhaitent même, cette aventure n'est pas sans risque, précisément parce qu'ils ne tiennent aucun compte des dangers associés. Malgré les 80 à 90 % des adolescents déclarant utiliser un mode de contraception, environ un tiers des filles de quinze à dix-neuf ans sous pilule admettent qu'elles ne la prennent pas tous les jours et seulement la moitié des garçons du même âge déclarent utiliser systématiquement un préservatif.

Il n'est donc pas surprenant que chez les adolescents, les risques de contracter une maladie vénérienne soient énormes. Tous les ans, trois millions d'adolescents américains en attrapent une ou plusieurs. Chez les adolescents et les jeunes adultes de vingt à vingt-quatre ans, les plus courantes sont le papillomavirus humain (VPH), la trichomonase et la chlamydia. Les adolescents et jeunes adultes ne représentent qu'un quart de la population sexuellement active, mais près de la moitié de tous les nouveaux cas de maladies sexuellement transmissibles (MST). En 2004, ces maladies ont touché un record de neuf millions de personnes dans ce groupe d'âge. Dans leur livre relatant le scandale de Milton Academy, Jones et Miley racontent l'inconscience voire le déni obstiné de certains adolescents vis-à-vis de pratiques sexuelles à risques : « Des ados comme eux, privilégiés, intelligents, avec un futur assuré, ça ne chope ni VPH, ni herpès, ni chlamydia, ça ne chope pas le sida, non, pas eux. »

1. *Ibid.*

L'influence des pairs

S'il est un facteur qu'il ne faut pas sous-estimer dans les comportements à risque adolescents, c'est le rôle des pairs[1]. Au sein du système limbique adolescent, le système de récompense s'associe avec d'autres structures voisines qui traitent non seulement les émotions, mais aussi les informations sociales. Pour sa thèse de doctorat soutenue en 2009 à l'université Temple, Kathryn Stamoulis a étudié les conduites à risque des adolescents sur Internet[2]. Elle a fondé ses recherches sur le sondage de 934 adolescents américains réalisé pour le dossier « Internet et la vie américaine » du Centre de recherche Pew[3]. Elle a montré que l'isolement social des filles et le manque d'activités extrascolaires des garçons augmentent la probabilité d'un comportement à risque. En d'autres termes, socialiser avec ses amis ou pratiquer un sport en équipe semble protéger les adolescents des comportements à risque.

Par le passé, les théoriciens de la décision, surtout ceux qui se spécialisaient dans la modélisation de la prise de décisions économiques, négligeaient le rôle des émotions. Mais les émotions ne façonnent pas seulement la prise de risque selon leur intensité. Certes, plus on ressent d'émotion, plus on a tendance à prendre un risque. L'humeur, l'excitation physique et les états spécifiques de colère, de peur ou de tristesse y contribuent aussi, à petite ou à grande échelle. Il est fondamental de comprendre que les zones du cerveau impliquées dans la perception du risque et l'évaluation des récompenses

---

1. Margo Gardner et Laurence Steinberg, « Peer Influence on Risk-Taking, Risk Preference, and Risky Decision Making in Adolescence and Adulthood : An Experimental Study », *Developmental Psychology* 41, N° 4 (juillet 2005).

2. Kathryn Stamoulis, « An exploration into adolescent online risk-taking », thèse de doctorat de l'université Temple, http://gradworks.umi.com/33/59/3359715.html

3. Pew Internet and American Life Project au Pew Research Center. (*NdT*)

sont intimement liées aux aires qui régulent le comportement et l'émotion.

Là est tout le paradoxe : à l'adolescence, les enfants bénéficient de compétences cognitives exceptionnelles et d'un très fort rendement d'apprentissage et de mémorisation, parce qu'ils surfent encore sur la vague puissante de la plasticité synaptique infantile. Pendant cette phase de leur développement, ils ont un avantage indéniable sur les adultes. Dans le même temps, parce qu'ils sont câblés pour apprendre, il leur est excessivement facile de poursuivre des apprentissages néfastes. Comment ? Du fait de la quête de récompense de leur cerveau, pour qui tout apprentissage, bon ou mauvais, est une récompense tant qu'il stimule la production de dopamine. La moindre petite stimulation d'un cerveau adolescent aux synapses survoltées excite l'envie de toujours plus de stimulation qui peut, dans certaines situations, provoquer une sorte de congestion de connaissances, plus connue sous le nom d'addiction.

7

Le tabac

Quand nos ados fument, nous redoutons pour eux les mêmes conséquences physiologiques que celles que nous nous infligeons éventuellement à nous-mêmes : le cancer et l'emphysème. Malheureusement, les études montrent encore et encore que fumer a une influence beaucoup plus complexe sur le cerveau adolescent que sur le cerveau adulte. Chez l'adolescent, fumer entraîne des effets particulièrement pernicieux.

J'ai notamment appris plusieurs choses très surprenantes : chez l'adolescent, le manque de sommeil peut provoquer une augmentation de la consommation de tabac. Encore plus surprenant, toujours chez l'adolescent, le tabagisme peut générer divers problèmes cognitifs et comportementaux, y compris un trouble de l'attention avec hyperactivité et des pertes de mémoire. Il est même corrélé à un plus faible QI !

Il est vrai que, depuis dix ans, le tabac n'occupe plus le podium de la drogue favorite des adolescents. Sa consommation a baissé, probablement grâce aux mises en garde omniprésentes du ministère de la Santé. Mais nous avons beaucoup à apprendre sur les ravages qu'il a causés auprès des générations adolescentes précédentes.

Ces quinze dernières années, le tabagisme des adolescents a régressé de 27 % de la classe d'âge à 19 % de cette même classe d'âge, mais cette diminution s'est ralentie sur les quelques dernières années. Aujourd'hui, d'après un nouveau

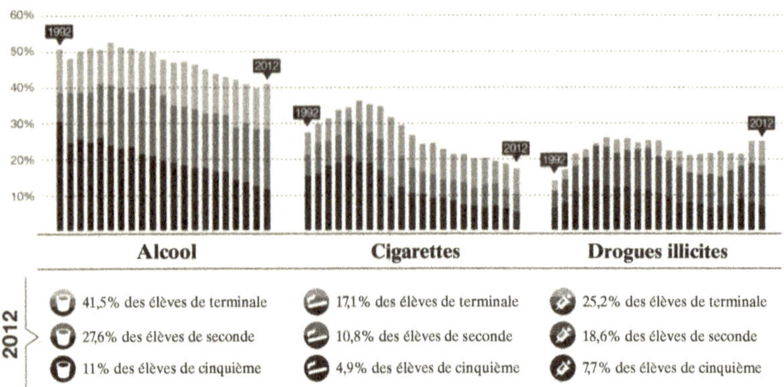

Fig. 15. Taux de consommation d'alcool, de cigarettes et de drogues illicites. Source : Instituts américains de la santé.

rapport du bureau du chef des Services américains de la santé publique[1], 90 % des nouveaux fumeurs grillent leur première cigarette avant l'âge de dix-huit ans[2], et au moins trois quarts des adolescents fumeurs conservent leur dépendance à la nicotine à l'âge adulte. Plus de trois millions de lycéens et plus de cinq cent mille collégiens fument. Aujourd'hui, fumer tue encore : du fait des cancers du poumon que la cigarette provoque, elle demeure l'une des premières causes de décès évitables aux États-Unis.

Les adolescents sont davantage enclins aux addictions que les adultes

En réalité, quelle que soit la drogue que les adolescents consomment, tabac compris, ils en deviennent plus rapidement accros et ont bien plus de difficultés à s'en débarrasser

1. US Surgeon general's office. (*NdT*)

2. Regina Benjamin, « Preventing Tobacco Use Among Youth and Young Adults : A Report of the Surgeon General, 2012 », http://www.surgeongeneral.gov/library/reports/preventing-youth-tobacco-use/index.html

qu'un adulte, cela dès leur adolescence, mais aussi ultérieurement. Lorsqu'ils s'adonnent à une drogue, c'est un peu comme si l'addiction s'encodait en dur dans leur cerveau.

Dans ce chapitre et les suivants, nous reviendrons sur un thème important : en contrepartie de la plasticité supérieure de leur cerveau et de sa prédisposition à l'apprentissage, les adolescents sont aussi, malheureusement, davantage enclins aux addictions.

La figure 16 illustre combien les processus de l'apprentissage et de l'addiction se ressemblent : tous deux sont déclenchés par l'exposition répétée du cerveau à un stimulus qui se renforce au fil du temps. L'acquisition d'une connaissance renforce la mémoire tandis qu'une addiction renforce une envie toujours croissante de drogue.

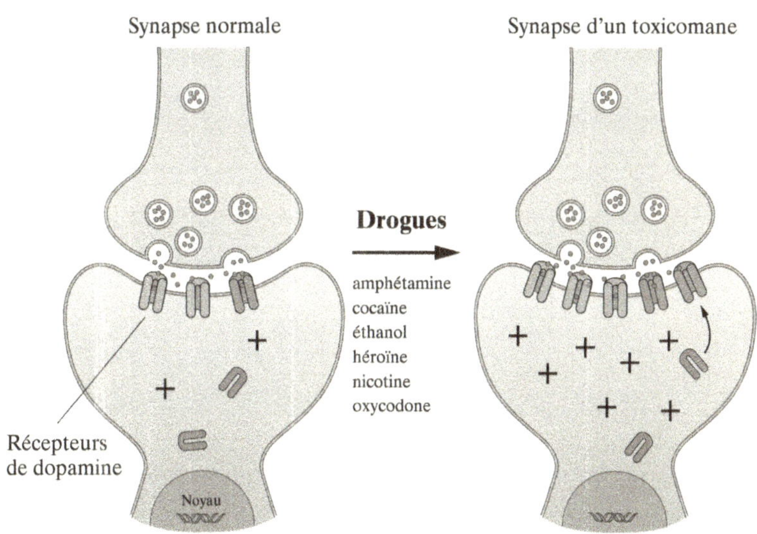

Fig. 16. Apprentissage et addiction partagent la même biologie synaptique. En tant que stimulus, les drogues produisent un effet sur les synapses des circuits de la récompense de l'ATV semblable aux impulsions électriques produites lors des expériences de mise en mémoire par LTP. Mémorisation et drogue stimulent la plasticité synaptique et réorganisent les synapses par l'ajout de récepteurs ; dans le cas de la consommation d'une drogue, les nouveaux récepteurs peuvent provoquer la sensation de « manque ».

Revenons au tabac. Chaque cigarette contient plus de quatre mille composants et substances chimiques. Une grande partie de ces substances, dont l'arsenic, le cadmium, l'ammoniac et le monoxyde de carbone, sont plus ou moins toxiques, en fonction de la quantité ingérée.

Les expériences sur les animaux confirment la réaction démultipliée du cerveau adolescent à la nicotine. Les chercheurs ont observé le cerveau de rats exposés à leur première dose de nicotine. Chez les sujets adolescents, le cerveau s'est activé en de nombreux endroits, alors que le cerveau des rats adultes n'a pas, ou peu, réagi.

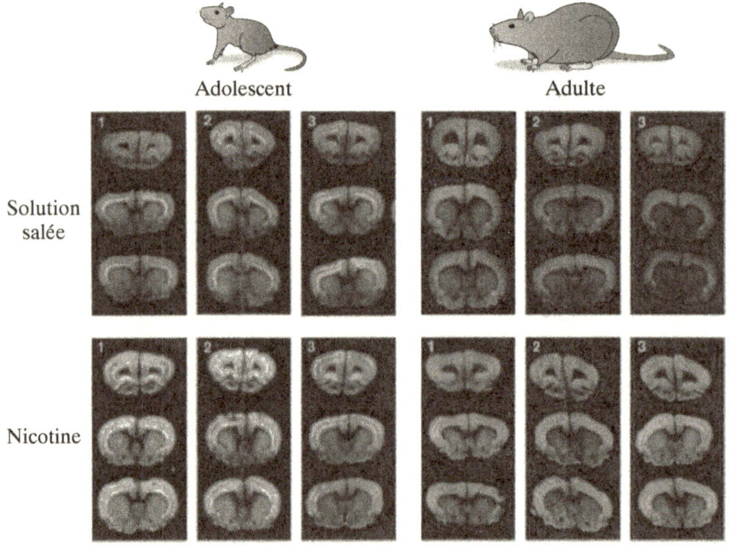

Fig. 17. Le cerveau adolescent réagit plus vigoureusement à la nicotine que le cerveau adulte. Les chercheurs ont observé l'activation cérébrale suite à une exposition à la nicotine, chez le rat adolescent et le rat adulte. Comparée à la réaction au stimulus placebo, de l'eau salée, le cerveau adolescent s'« allume » de partout en réponse à la nicotine alors que chez l'adulte, la réaction est minime.

Une cigarette par mois suffit à provoquer l'addiction

La plasticité cérébrale du fumeur adolescent contribue à rendre la situation d'autant plus épineuse. Certaines expériences montrent qu'il suffit de quelques cigarettes et le cerveau de l'ado commence à se réorganiser en créant de nouveaux récepteurs de la nicotine, augmentant ainsi la difficulté d'arrêter de fumer. Les chercheurs du Centre médical mémorial de l'université du Massachusetts ont prouvé qu'une seule cigarette par mois suffit à mener un adolescent vers l'addiction[1].

Pendant quatre ans, le docteur Joseph DiFranza, coauteur de l'étude, a suivi le niveau d'addiction à la nicotine auprès de plus de mille deux cents collégiens. Il a mis au jour le mécanisme suivant : les symptômes de l'addiction s'installent progressivement chez les élèves de sixième en fonction de la fréquence à laquelle ils déclarent fumer. Après deux ans de suivi, un tiers des jeunes qui avaient grillé une cigarette, même une seule par mois, annonçaient qu'ils ne contrôlaient plus leur habitude de fumer. Après trois ou quatre ans d'étude, un quart des étudiants arrêtant de fumer expérimentaient des symptômes de manque, y compris des problèmes de concentration, d'irritabilité et des troubles du sommeil. « Voilà comment ça se passe : au début, quand vous devenez accros, une seule cigarette par mois ou par semaine suffit pour satisfaire votre addiction, a expliqué DiFranza lors d'une interview pour la radio publique nationale. Mais plus le temps passe, plus vous devez fumer de cigarettes, de plus en plus fréquemment. Vous serez peut-être déjà dépendant au tabac depuis un an avant de ressentir le besoin de fumer une cigarette par jour[2]. »

1. Joseph DiFranza *et al.*, « Symptoms of Tobacco Dependence After Brief, Intermittent Use : The Development and Assessment of Nicotine Dependence in Youth-2 Study », *Archives of Pediatric and Adolescent Medicine* 161, N° 7 (juillet 2007).

2. Brenda Wilson, « Study : A Cigarette a Month Can Get a Kid Hooked », National Public Radio, 31 mai 2010, http://www.npr.org/templates/story/story.php?storyId=127241145

Les conséquences du tabagisme adolescent

Le tabac excite. Surtout les adolescents, quand ils commencent à fumer. Fumer peut aussi déstresser, or nous verrons plus tard dans ce livre que les adolescents éprouvent fréquemment un haut niveau de stress. C'est aussi une activité de groupe à laquelle on s'adonne entre amis. Aux yeux d'un ado, les conséquences néfastes du tabac semblent si lointaines qu'elles lui sont invisibles.

Je voudrais revenir sur une des études qui m'ont le plus surprise : en Israël, après avoir recueilli des données auprès de vingt mille jeunes soldats, les chercheurs ont corrélé tabagisme et QI. Ils ont découvert que chez les fumeurs adolescents, les scores aux tests de QI étaient inférieurs à ceux des adolescents non-fumeurs[1]. Ceux qui fumaient plus d'un paquet de cigarettes par jour avaient un QI particulièrement bas, aux alentours de 90. (Un QI moyen varie entre quatre-vingt-quatre et cent seize.) Les jeunes qui avaient commencé à fumer entre dix-huit et vingt et un ans avaient eux aussi un QI plus bas que les non-fumeurs du même âge. Voilà peut-être où chercher ce fameux tiers d'individus dont le QI baisse à l'adolescence !

Toujours plus intéressant, d'autres études indiquent que les enfants couramment exposés au tabagisme passif souffrent non seulement de maladies – asthme, coliques et pathologies de l'oreille moyenne – mais aussi de lésions du système nerveux avec incidences sur le développement de l'intelligence et des capacités de raisonnement[2]. Aux États-Unis, plus d'un tiers des enfants sont régulièrement exposés au tabagisme passif à leur domicile.

---

1. Mark Weiser *et al.*, « Cognitive Test Scores in Male Adolescent Cigarette Smokers Compared to Non-Smokers : A Population-Based Study », *Addiction* 105, N° 2 (février 2010).

2. Kimberly Yolton, Richard Hornung *et al.*, « Exposure to Environmental Tobacco Smoke and Cognitive Abilities Among US Children and Adolescents », *Environmental Health Perspectives* 113, N° 1 (janvier 2005).

À Cincinnati, l'étude réalisée par le Centre de la santé environnementale des enfants[1] a utilisé un marqueur biologique appelé cotinine, un sous-produit de la nicotine. Sur un échantillon de 4 399 enfants âgés de six à seize ans, ceux dont le niveau de cotinine était le plus élevé avaient les moins bons scores en lectures, maths et aptitude visiospatiale, ce qui correspond à une baisse de QI de deux à cinq points, comparés au groupe de contrôle composé d'enfants non exposés au tabagisme passif et ne présentant pas de cotinine. Les baisses de QI ont été détectées même à faible niveau d'exposition au tabagisme passif.

Nous avons parlé des études montrant que les lobes frontaux, qui contrôlent la prise de risque, sont moins « câblés » chez les adolescents que chez les adultes. Les études basées sur l'imagerie cérébrale humaine s'accordent sur un point : plus les adolescents fument, moins il y a d'activité dans leur cortex préfrontal. D'autres chercheurs ont montré qu'un cortex préfrontal sous-développé ou souffrant de lésions est une des causes du manque de jugement des adolescents.

Dans des études contrôlées, les fumeurs adolescents affichent sans cesse des difficultés à prendre des décisions rationnelles relatives à leur propre bien-être, y compris la décision d'arrêter de fumer. Nous en avons parlé, tous les adolescents ont une capacité moindre à utiliser leurs lobes frontaux. Mais ceux qui s'adonnent à certaines substances s'exposent à des dégâts irréversibles, à des problèmes qui les suivront *pour le reste de leur vie*. La pression de leurs pairs est un facteur certain qui complique le problème : ils fument en groupe, entre eux, quand ils se lient d'amitié.

Grâce à d'autres expériences avec des rats, les scientifiques de l'université de l'État de Floride ont démontré qu'une première exposition à la nicotine pendant l'adolescence (à l'inverse d'une exposition à l'âge adulte) est fortement corrélée avec des comportements dépressifs, une diminution des réactions face à une récompense et une augmentation des réactions aux situations stressantes plus tard dans la vie. Leurs

1. Cincinnati Children's Environmental Health Center. (*NdT*)

conclusions m'ont stupéfiée : une seule journée passée à fumer des cigarettes à l'adolescence suffit à générer un état dépressif plus tard à l'âge adulte[1].

Les études sur l'homme ont invariablement montré que la dépendance à la nicotine est forte chez les personnes souffrant de troubles de l'humeur. Les recherches les plus récentes indiquent même que la dépendance à la cigarette pourrait accélérer ces troubles et surtout provoquer la dépression.

Pourquoi donc ? Tandis que le cerveau se développe, une exposition précoce aux substances chimiques peut modifier les neurotransmetteurs et leurs synapses. Un groupe de chercheurs de l'université Duke a prouvé que chez les rats, l'exposition à la nicotine à l'adolescence endommage les circuits de la production de la sérotonine dans le cerveau. En conséquence, moins de sérotonine est produite. Or le manque de sérotonine est un des facteurs les plus importants dans le mécanisme dépressif. Voilà qui explique sans doute pourquoi la dépression est plus fréquente chez les adultes ayant beaucoup fumé pendant leur adolescence.

Les adolescents fumeurs ont aussi trois fois plus de risque de se mettre à boire de l'alcool. Sur le long terme, l'ingestion de nicotine augmente la tolérance à l'alcool : il faut plus d'alcool pour produire le même effet. La conséquence ne surprendra personne : les fumeurs ont dix fois plus de risque de devenir alcooliques que les non-fumeurs. Comparés aux adultes, les adolescents qui s'engagent sur ce chemin, ajoutant l'alcool à la cigarette, subissent les effets de la boisson de manière plus prononcée. Leur compulsion à boire de nouveau est plus forte que chez des adultes s'engageant au même moment sur cette voie. Malheureusement, cette compulsion, associée à l'immaturité du cortex adolescent, produit régulièrement son lot de catastrophes.

1. Sergio D. Iniguez *et al.*, « Nicotine Exposure During Adolescence Induces a Depression-Like State in Adulthood », *Neuropsychopharmacology* 34, N° 6 (mai 2009).

Ce que peuvent faire les parents

Alors, comment faire pour éloigner nos fils et nos filles adolescents de cette pente ? Avant tout, il est pertinent de reconnaître l'attrait qu'elle exerce sur eux. Vous l'avez sans doute empruntée au même âge, puis quittée, stoppant net « l'expérience ». Depuis les années 1950, le tabagisme des adolescents traduit leur rébellion et leur permet de se lier avec un groupe spécifique d'amis. L'expérience est nouvelle et différente, et pour cette raison plus que pour tout autre, elle les tente. Vous pouvez leur en parler avant même d'avoir des soupçons, leur demander calmement si certains de leurs amis fument puis les conforter dans leur sagesse de ne pas fumer en leur listant les conséquences du tabac sur leur cerveau en formation. Racontez-leur comment chacune de leurs cigarettes se branche sur leur cerveau et s'y accroche, provoquant l'envie d'une autre cigarette, puis d'une autre. Vous augmenterez vos chances de succès en les traitant avec respect et en manifestant votre conviction qu'ils peuvent comprendre.

En engageant la conversation sur le tabagisme, vous ouvrez un canal de communication entre vous et eux et vous confortez un sens de la responsabilité encore naissant chez eux. Vous ouvrez aussi la voie à des discussions portant sur la manipulation des jeunes par l'industrie du tabac, qui, pendant plusieurs générations, a glorifié la cigarette dans les publicités et les films en la faisant passer pour cool, branchée. Plus concrètement, n'hésitez pas à souligner le coût d'une dépendance à la cigarette, par semaine, par mois. Vous pouvez aussi proposer des idées pour gérer la pression sociale que vos ados ressentent lorsqu'un copain leur offre une cigarette, quitte à chatouiller leur vanité : il est toujours utile de leur rappeler que le tabac jaunit les dents, donne mauvaise haleine et mauvaise odeur à leurs cheveux et habits et provoquera une toux chronique qui les handicapera lorsqu'ils voudront faire du sport. Concluez en leur parlant d'une de vos connaissances communes ou d'une célébrité dont la santé a gravement souffert des effets directs de la cigarette.

Les adolescents ont du mal à se projeter dans le futur parce que leur cerveau n'est pas encore câblé pour évaluer des conséquences lointaines. Mais que cela ne vous empêche pas de les lister et de les leur inculquer. Ils vous rembarreront, ils se boucheront les oreilles ou vous tourneront le dos avant de sortir de la pièce, mais je vous promets qu'il leur en restera quelque chose. Rappelez-vous qu'à cet âge, rien ne leur échappe.

Si rien de tout cela ne fonctionne, si votre ado est déjà accro à la nicotine, alors vous pouvez au moins lui demander d'envisager le tabac sans fumée, la cigarette électronique ou la cigarette au clou de girofle. Ces produits ne sont pas inoffensifs, bien sûr, mais ils restent préférables à la cigarette. Avant tout, il est essentiel de donner l'exemple. Inutile de prêcher l'abstinence si vous fumez encore.

8

L'alcool

À la maison, on a beau fournir un cadre aux adolescents, en réalité, on partage leur éducation avec les parents de leurs copains, des adultes que nos enfants ont pour modèles et que nous n'aurions pas recrutés pour ce rôle si on nous avait laissé le choix. Cela peut poser quelques problèmes ! Un jour, le père d'un des amis de mon fils a décidé de gagner quelques points de popularité auprès de son rejeton en lui organisant une soirée d'ados avec bière à volonté. (Peut-être que ce père divorcé un peu trop enthousiaste à l'idée de faire plaisir à son fils n'avait pas achevé la myélinisation de ses lobes frontaux !) Je vous laisse imaginer ce qui s'est passé. Les parents venus chercher leurs bambins n'ont pas eu de mal à le deviner. (Une grande partie des invités n'avaient pas encore leur permis de conduire et, par ailleurs, dans le Massachusetts, les jeunes de moins de dix-huit ans n'ont pas le droit de conduire après minuit.) Les jeunes empestaient l'alcool. Heureusement, rien de grave ni de fâcheux ne s'était produit pendant la fête. Mais je trouve cet incident utile pour rappeler aux parents qu'ils sont tous logés à la même enseigne : ils forment une communauté de parents élevant une communauté d'adolescents. J'ai souvent utilisé cet incident avec mes enfants pour leur expliquer pourquoi, si l'un d'eux était invité à une fête, ou à passer la nuit chez un copain, j'appelais toujours les parents qui recevaient, surtout si je ne les avais jamais rencontrés. Je sais bien que mes fils avaient honte parfois de ces enquêtes dignes d'un détective, mais j'ai tenu bon.

Contrairement à tant d'autres parents, j'ai eu de la chance. La même année que la soirée « bière à gogo » à laquelle mon fils avait participé, le journal local d'une petite ville au sud-ouest de Boston, le *Milford Daily News*, titrait un laconique « Taylor Meyer repose en paix » et relatait son enterrement, sans donner les détails, peu communs, de sa mort. Le 17 octobre 2008, le lycée King Philip, près de Wrentham, organisait sa fête annuelle pour ses anciens élèves[1]. Ce soir-là, Taylor, une jolie blonde de dix-sept ans, très bonne élève par ailleurs, n'avait qu'une idée en tête : s'amuser avec ses copains. Tôt dans la soirée, chez une amie, Taylor a commencé à boire du rhum Bacardi à même la bouteille. Peu de temps après, les deux amies se sont arrêtées chez une autre amie, où Taylor a englouti cinq cannettes de bière. Quand elle est arrivée à la mi-temps du match de football américain de son lycée, elle ne portait qu'un petit débardeur dans la fraîcheur du soir. À la fin du match, au moins deux douzaines de lycéens, dont Taylor, ont poursuivi la fête non loin, sur le terrain vague d'un aéroport abandonné, lieu de rassemblement des adolescents du coin, avec des bancs, des foyers pour faire du feu, et pléthore de recoins cachés pour boire de l'alcool sans être vu des voisins ou de la police.

Là, sur une piste d'atterrissage, Taylor a bu cinq autres bières, puis a décidé de partir rejoindre son cousin. Ivre et trébuchante, elle a pris la mauvaise direction. Ses copains l'ont remise sur le droit chemin puis elle s'est de nouveau égarée. Son corps a été découvert trois jours plus tard, couvert de bleus, d'écorchures, la tête la première dans un coin boueux, à moins de cent mètres de l'endroit où avait eu lieu la fête. Taylor s'était noyée. Lors de son autopsie, son alcoolémie a été mesurée à 1,3 gramme, près de deux fois la limite légale des plus de vingt et un ans s'ils prennent le volant.

1. Fête dite du « Homecoming ». (*NdT*)

Notre culture est imbibée d'alcool

Dans un article publié en 2004 par l'Institut national de prévention de l'abus d'alcool et de l'alcoolisme, le psychiatre Aaron White écrit : « Si les drogues euphorisantes étaient des outils, l'alcool serait une massue[1]. » Tous les jours aux États-Unis, 4 750 jeunes de douze à vingt ans boivent leur premier verre d'alcool, ce qui est considéré comme un abus d'alcool par les Instituts nationaux de la santé[2]. En 2009, plus d'un quart des jeunes, environ 10,5 millions d'adolescents américains, déclaraient avoir bu au moins une fois dans le mois précédent. Parmi ces 10,5 millions d'ados, près de 7 millions ont avoué s'être adonnés dans la même période à une séance de binge drinking (beuverie consistant à se saouler le plus rapidement possible, parfois appelée en France « biture expresse »). D'après un rapport du *Journal of Substance Abuse* (le journal des toxicomanies) plus de 40 % des individus qui commencent à boire avant treize ans auront des problèmes d'alcoolisme plus tard dans leur vie.

Vous comprenez maintenant pourquoi plus personne ne s'étonne quand, chaque année, 5 000 jeunes Américains de moins de vingt et un ans meurent parce qu'ils ont bu. En 1965, l'âge moyen des individus consommant de l'alcool pour la première fois était de dix-sept ans et demi, contre quatorze ans aujourd'hui. La culture américaine est imbibée d'alcool. Même lorsque les adolescents ne boivent pas, ils baignent dans cette culture. À Hanover, dans le New Hampshire, les chercheurs de la Faculté de médecine Geisel de l'université Dartmouth[3] ont effectué un sondage qui a mis au jour l'impact des films visionnés par les adolescents[4] : s'ils regardent des

1. Aaron White, « What Happened ? Alcohol, Memory Blackouts, and the Brain », National Institute on Alcohol Abuse and Alcoholism, 2004.

2. Aux États-Unis, l'âge légal pour boire de l'alcool est vingt et un ans. (*NdT*)

3. Geisel School of Medecine at Dartmouth University. (*NdT*)

4. Susanne E. Tanski, James D. Sargent *et al.*, « Parental R-Rated Movie Restriction and Early-Onset Alcohol Use », *Journal of Studies on Alcohol and Drugs* 71, N° 3 (mai 2010).

films pour lesquels une surveillance parentale est préconisée et contenant des scènes où les personnages boivent de l'alcool, les jeunes ont deux fois plus de risque de consommer de l'alcool et de s'adonner au binge drinking que s'ils ne regardent pas ces films et s'en tiennent aux films « tous publics ».

Ce phénomène ne touche pas que les États-Unis. En France, les adolescents organisent des apéros géants via Facebook qui placent urgentistes et secouristes en état d'alerte[1]. En 2011, la ville de Lyon a interdit la vente d'alcool à emporter après 22 heures pour « freiner les dérives qui s'installent chaque année plus fortement dans les habitudes de consommation des noctambules et particulièrement des plus jeunes[2] ».

Qu'ils soient américains, français ou finlandais, quand les adolescents boivent, ils boivent beaucoup, souvent plus de quatre ou cinq verres par soirée. C'est la définition même du binge drinking : consommer plus de quatre ou cinq verres en une seule beuverie de deux heures environ. Les études auprès des adolescents montrent que cette pratique commence vers treize ans et culmine entre dix-huit et vingt-deux ans. Les chiffres augmentent d'un bond pendant les années lycée. Plus de la moitié des élèves de terminale avouent qu'ils ont déjà été ivres au moins une fois, et près d'un million de lycéens américains déclarent qu'ils pratiquent fréquemment le binge drinking.

Des scientifiques ont identifié un autre responsable de ces pratiques, certes attribuables à la recherche de nouveauté des adolescents, à leur manque de jugement et à leur propension à prendre des risques : la pression sociale. D'après eux, les étudiants de premier cycle universitaire tendent à ajuster leur consommation d'alcool en fonction de ce qu'ils pensent que leurs pairs boivent[3] :

---

1. *The Guardian*, « Lyon aims to reduce Le Binge Drinking » (17 juillet 2011) et *Le Parisien*, « Apéro géant à Nantes : deux drames évités de justesse » (1 juin 2011).

2. *Le Parisien*, « La vente d'alcool à emporter interdite à Lyon après 22 heures à partir de lundi » (16 juillet 2011).

3. H. Wesley Perkins *et al.*, « Misperceptions of the Norms for the Frequency of Alcohol and Other Drug Use on College Campuses », *Journal of American College Health* 47, N° 6 (mai 1999).

si le coloc de votre fils descend ses six cannettes de bière tous les soirs, alors il y a de fortes chances que votre fils suivra le mouvement. Mais voilà où c'est inquiétant : ces mêmes chercheurs ont démontré que les étudiants surévaluent systématiquement la quantité d'alcool ingérée par les autres. Donc même si le coloc de votre fils ne boit que trois bières tous les soirs, il est fort probable que votre fils croie qu'il en boit six.

Deux idées fausses participent au problème

Collectivement, les Américains souhaitent empêcher la consommation d'alcool avant l'âge légal de vingt et un ans. Bien sûr, c'est impossible. Il est également ridicule de décréter unanimement que pile le jour de votre vingt et unième anniversaire, vous pouvez boire autant que vous voulez. Nous avons certes besoin d'un cadre légal et d'une mise en application de nos lois, mais fixer une date aussi stricte pour permettre l'accès à l'alcool pose deux problèmes. D'abord, il n'existe aucun bouton sur lequel notre cerveau pourrait appuyer à une date précise pour terminer de se câbler. Et ensuite, l'interdiction, notamment celle de l'alcool, attise l'attrait des adolescents pour la chose interdite, car leur cerveau est une machine à rechercher la nouveauté et à prendre des risques.

Ce n'est pas tout. Nous entendons souvent parler de jeunes qui ont eu un accident de voiture, parfois tragique, après avoir trop bu. Malheureusement, une consommation même modérée d'alcool produit des effets bien plus pernicieux, car irréversibles. Or, nous, les adultes, propageons à l'envi deux idées fausses. La première : nous pensons que le corps et le cerveau des adolescents sont moins bien armés pour supporter les conséquences immédiates de l'alcool sur leur corps. La seconde : nous croyons que nos ados, du fait même de la jeunesse et de leur inexpérience, se remettront beaucoup plus vite d'une beuverie qu'un adulte. Les adolescents, c'est du costaud, ils sont au top de leurs capacités physiques, n'est-ce pas ? Faux !

Les adolescents résistent mieux que les adultes aux effets à court terme de l'alcool

D'abord, comparé au cerveau adulte, le cerveau adolescent est bien plus efficace pour gérer les propriétés sédatives de l'alcool et leurs conséquences, notamment la somnolence, les gueules de bois et le manque de coordination.

En effet, les chercheurs ont découvert que les récepteurs du neurotransmetteur inhibiteur GABA se développent pendant l'adolescence au sein de plusieurs structures cérébrales, dont le cervelet, siège de la coordination motrice. Or l'alcool stimule la production de cet inhibiteur synaptique. Comme les adolescents, surtout les plus jeunes, ont globalement moins de récepteurs GABA que les adultes, ils ressentent moins les conséquences de l'inhibition synaptique que les adultes. Moins d'inhibition des structures cérébrales et notamment du cervelet implique moins de sédation, ainsi que moins d'altération des capacités motrices et moins de problèmes de coordination. Moins d'inhibition augmente la tolérance à l'alcool, ce qui peut inciter à boire encore plus. Ajoutez-y la pression sociale, les adolescents passant la majeure partie de leur temps à socialiser et ayant tendance à boire en groupe, vous avez la recette parfaite pour une intoxication alcoolique aiguë.

Les dégâts à long terme de l'alcool sont bien plus importants chez l'adolescent que chez l'adulte

Et voilà le vrai hic : leur tolérance aux effets à court terme de l'alcool masque ses conséquences dévastatrices à long terme sur leur cerveau. Les études tombent, de plus en plus nombreuses, démontrant les dégâts cognitifs, comportementaux et émotionnels de l'alcool chez les adolescents. Troubles de l'attention, dépression, problèmes de mémoire, baisse des comportements visant à accomplir un but : tous sont corrélés à un abus d'alcool chez les adolescents. Les filles semblent souffrir de dommages plus graves que les garçons, sans doute parce que leur cerveau se développe un peu plus tôt. Il est désormais prouvé que l'alcool modifie la taille du cortex préfrontal, siège de la fonction exécutive, et en détériore le fonctionnement. Idem pour l'hippocampe, structure cérébrale critique pour apprendre et mémoriser : les chercheurs ont identifié une corrélation directe entre le volume de l'hippocampe et l'âge auquel un adolescent commence à boire de l'alcool. Plus tôt le jeune commence, plus longtemps il continue et plus l'hippocampe sera petit. L'alcool bloque les récepteurs de glutamate dont le rôle est critique pour construire de nouvelles synapses. Voilà pourquoi les gros buveurs ont aussi de gros problèmes de mémoire.

L'alcool endommage plus la mémoire chez l'adolescent que chez l'adulte

L'alcool modifie directement le fonctionnement des synapses, surtout celles utilisées pour mémoriser une connaissance. Pour comprendre son impact, il faut revenir à ce qui se passe au niveau de la synapse lors d'un apprentissage, et donc au mécanisme de la PLT (potentialisation à long terme, cf. Chapitre 4).

Après un pic de stimulation, les chercheurs mesurent la PLT au niveau des synapses présentes dans des coupes d'hippocampe de rat. En temps normal, ils peuvent s'attendre à ce que le pic de stimulation augmente la puissance de la réaction synaptique lors du stimulus suivant. Mais s'ils plongent la coupe d'hippocampe dans de l'alcool, qu'ils nomment l'EtOh (éthanol ou alcool éthylique), puis renouvellent l'expérience, presque rien ne se passe (figure 18). S'ils rincent la coupe d'hippocampe et stimulent exactement la même voie neuronale, les synapses réagissent de nouveau normalement et indiquent une PLT.

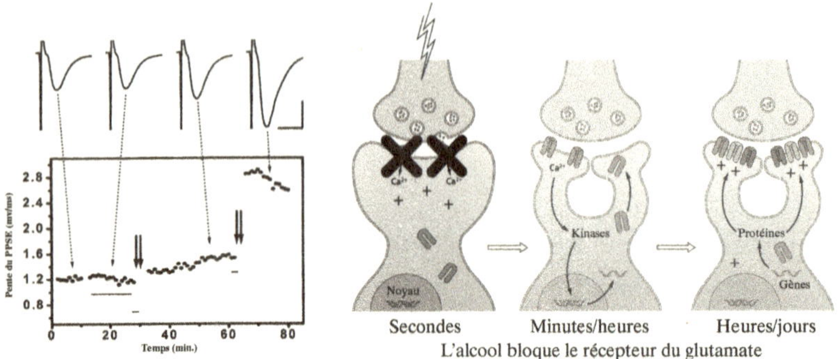

Fig. 18. L'alcool diminue la PLT : A. Les chercheurs ont observé le processus de PLT dans le cerveau de rats adultes, à la fois avant (a) et après (b) y avoir introduit de l'alcool (éthanol, EtOH). L'EtOH bloque le déclenchement de la PLT, mais une fois rincé, si on reproduit le pic de stimulation (c), la PLT revient (d). B. L'alcool bloque le glutamate au début du processus de plasticité synaptique, empêchant toute PLT.

Voilà qui explique pourquoi, souvent, l'ébriété provoque des trous de mémoire. Une consommation faible à modérée d'alcool n'entraîne qu'une petite perte de mémoire, que les Américains aiment appeler « l'amnésie des cocktails » : on oublie le nom d'une personne rencontrée dans la soirée ou on est incapable de se rappeler une partie de la conversation. Lors des tests réalisés en laboratoire, ces trous de mémoire provoqués par l'alcool se retrouvent dans la difficulté des sujets à se remémorer une liste de mots ou à reconnaître de nouveaux visages. Mais lorsqu'une consommation d'alcool rapide de type binge drinking entraîne une perte de connaissance avec amnésie (la personne n'a pas souvenir d'un moment précis ou peut même avoir oublié la soirée complète), alors l'hippocampe peut être gravement endommagé, ce qui affaiblit notamment la capacité à se créer de nouvelles mémoires à long terme[1].

Depuis peu de temps, les scientifiques savent que l'alcool endommage la mémoire des adolescents beaucoup plus facile-

1. Michael A. Taffe *et al.*, « Long-Lasting Reduction in Hippocampal Neurogenesis by Alcohol Consumption in Adolescent Nonhuman Primates », *PNAS* 107, N° 24 (1er juin 2010).

ment que celle des adultes. Si l'on revient aux expériences de PLT, les coupes de rat adultes reproduisent l'effet de l'alcool tel que nous l'avons décrit, puis tout revient à la normale. En revanche, les coupes de cerveau des rats adolescents ne s'en remettent pas si facilement (figure 19).

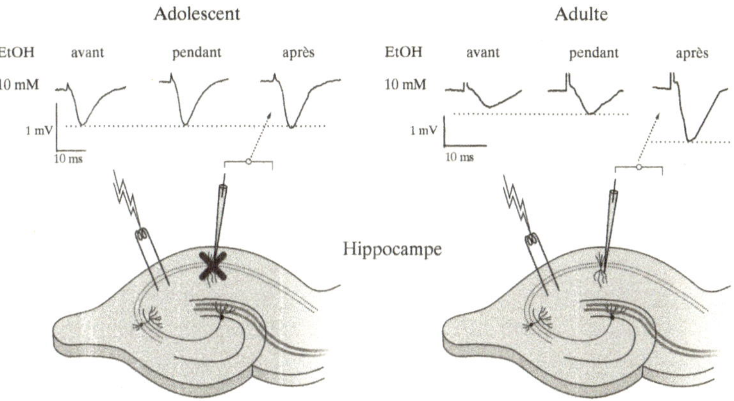

Fig. 19. Chez l'adolescent, l'alcool bloque la PLT plus que chez l'adulte : des tranches d'hippocampes de rats adolescents et adultes sont plongées dans de l'EtOH avant un pic de stimulation conçu pour produire une PLT. Dans les deux cas, l'alcool bloque la PLT, mais les cerveaux adultes s'en remettent plus rapidement que les cerveaux adolescents.

L'hippocampe, qui joue un rôle clé dans l'apprentissage, est l'une des deux seules structures cérébrales qui peuvent produire de nouveaux neurones pendant l'enfance, mais aussi pendant l'âge adulte. Or l'alcool a un impact direct sur cette neurogenèse de l'hippocampe. À l'Institut de recherche Scripps[1], Michael Taffe a observé les conséquences du binge drinking sur l'hippocampe de macaques rhésus adolescents. Dans ses expériences, toutes avec groupes de contrôle, Taffe a administré à quatre macaques adolescents des doses d'alcool équivalentes à un cocktail bien tassé pendant une heure par jour, tous les jours, sur une période de onze mois. Il a observé une nette réduction du nombre de neurones dans l'hippocampe

1. Scripps Research Institute. (*NdT*)

des singes, mais aussi une nette baisse du nombre de cellules souches de neurones. Or ces cellules souches permettent la génération de nouvelles cellules, et plus précisément ici, la génération de nouveaux neurones. À cause de l'alcool, celles du cerveau des singes adolescents ne peuvent plus se diviser en cellules plus matures. Dès la fin du deuxième mois de l'expérience, le nombre de cellules souches de neurones chute. Après onze mois de surconsommation d'alcool, la production de neurones dans l'hippocampe des singes dégringole de plus de la moitié de son niveau d'origine et les neurones encore présents sont endommagés.

Par ailleurs, d'autres expériences avec des rats ont montré que l'exposition à l'alcool augmente la production dans le cortex d'un certain type de récepteurs excitateurs du glutamate : les récepteurs NMDA. Si ces récepteurs sont suractivés, ils peuvent provoquer la mort des neurones via un processus appelé excitotoxicité identique à celui qui se déroule lors d'une attaque cérébrale. Résumons : l'alcool tue les neurones et détériore la capacité de l'hippocampe à en produire de nouveaux.

Quand les scientifiques étudient l'impact de l'alcool sur la mémoire, ils parlent d'un continuum, une sorte de ligne, sur laquelle se succèdent les différentes doses. À un bout du continuum, la consommation d'alcool est légère et les dégâts mineurs. À l'autre bout, l'intoxication est aiguë et les déficiences générées profondes. Où que l'on se situe sur le continuum, l'alcool modifie l'aptitude de l'hippocampe à transformer des mémoires à court terme en mémoires à long terme.

Un nombre inquiétant d'étudiants à l'université disent qu'ils ont connu des « black-out » alcooliques[1]. En 2002, à la question « Vous êtes-vous déjà réveillé après une soirée de beuverie sans vous souvenir de ce que vous aviez fait ni des endroits où vous étiez allé la veille ? », 51 % répondaient

1. Patrick M. O'Malley *et al.*, « Epidemiology of Alcohol and Other Drug Use Among American College Students », *Journal of Studies on Alcohol* 14, supplément (mars 2002).

par l'affirmative. Leur trou de mémoire portait sur les événements de la nuit précédente : ils ne se rappelaient plus s'ils avaient dépensé de l'argent ou pas, et pour certains, avaient oublié leur implication dans un incident de type vandalisme, bagarre, relation sexuelle non protégée ou ivresse au volant. D'après ce sondage, autant de filles que de garçons avaient vécu ce type d'expérience, mais chez les filles, elle s'était produite après une consommation nettement plus faible d'alcool (parce qu'elles pèsent généralement moins que les garçons). Certaines études pondèrent la différence physiologique entre les filles et les garçons et annoncent qu'à doses comparables d'alcool, la mémoire des filles serait plus vulnérable aux formes les plus douces des troubles de la mémoire.

Aux États-Unis, l'alcool est au centre des préoccupations des administrations universitaires et de leurs infirmeries. De nombreux gamins n'ayant pas vingt et un ans au début de leurs études, ces administrations s'efforcent de les aider *in loco parentis*. Chaque université développe sa propre approche du problème, avec des résultats variables. Souvent, les politiques les plus strictes et les plus sévères en cas d'infraction font plus de mal que de bien, mais malgré cela, encore aujourd'hui sur de nombreux campus, un(e) étudiant(e) sobre de moins de vingt et un ans qui accueille un(e) ami(e) ivre dans sa chambre peut comparaître devant la police du campus pour consommation d'alcool interdite.

Les sciences sociales s'intéressent, elles aussi, au binge drinking des adolescents : elles confirment l'ampleur des dégâts causés et soulignent notamment les conséquences sur le comportement et les émotions, avec une augmentation de l'esprit de rébellion, de l'anxiété, des dépressions et une tendance accrue à poursuivre des activités potentiellement nocives[1]. Les enfants qui commencent à boire avant douze ans développent des traits de personnalité particuliers,

1. Susan F. Tapert et Sunita Bava, « Adolescent Brain Development and the Risk for Alcohol and Other Drug Problems », *Neuropsychology Review* 20, N° 4 (décembre 2010).

hyperactivité et agressivité, autant d'indicateurs augmentant le risque potentiel futur de problèmes liés à l'alcool.

Les dégâts provoqués par le binge drinking ne disparaissent pas quand la gueule de bois se dissipe. Les scientifiques ont découvert que l'alcool endommage un morceau spécifique de l'hippocampe appelé l'aire CA1 qui contient les neurones appelés « pyramidaux » à cause de leur forme triangulaire. Ces cellules pyramidales ont pour rôle spécifique d'aider l'hippocampe à ranger nos mémoires autobiographiques dans des zones de stockage à long terme. L'alcool bloque la capacité de ces cellules pyramidales à faire leur travail, empêchant ainsi le cerveau de créer des mémoires autobiographiques. Les chercheurs spécialistes de la mémoire ont eux aussi invariablement reproduit les mêmes résultats avec des animaux : l'impact de l'alcool sur la mémoire est plus fort chez les adolescents que chez les adultes.

Lorsque l'on teste la mémoire verbale et non verbale des adolescents, les gros buveurs épisodiques obtiennent des performances inférieures à celles des adolescents qui ne boivent pas. Parmi eux, les jeunes filles affichent des résultats moins bons dans leur fonctionnement visuospatial. Un système visuospatial endommagé peut engendrer des problèmes dans à peu près n'importe quelle situation : faire des maths, conduire, pratiquer un sport, se rappeler un trajet. Chez les jeunes garçons buveurs, on détecte des troubles de l'attention plus importants : ils ont plus de difficulté à maintenir un niveau soutenu d'attention sur une tâche un tant soit peu ennuyeuse. La docteure Susan Tapert, psychiatre à l'université de Californie, à San Diego, est une des expertes du sujet. Elle explique que l'amplitude des différences observées entre les adolescents buveurs et les autres est de l'ordre de 10 %, différence comparable à celle qui sépare l'obtention d'un B plutôt qu'un A lors d'un examen.

L'alcool endommage aussi la matière blanche

L'alcool n'endommage pas que la matière grise. Chez les adolescents qui boivent trop d'alcool, la substance blanche « trinque », elle aussi. Nous avons vu comment la myéline qui la constitue protège les voies neuronales et augmente la rapidité du transfert d'information d'une zone du cerveau à une autre ; nous savons aussi qu'elle se développe tout au long de l'adolescence et jusqu'au début de l'âge adulte. Chez un adolescent atteint d'un trouble dû à l'abus d'alcool, la matière blanche du corps calleux est abîmée, surtout au niveau du splenium. Le corps calleux est un ensemble de fibres neuronales qui connectent les deux hémisphères cérébraux et leur permettent de communiquer entre eux. Le splenium, de forme arrondie, épaisse, chevauche le mésencéphale, partie du système nerveux central associée à l'ouïe, à la vue, au contrôle moteur et au cycle circadien.

Une étude réalisée auprès de vingt-huit adolescents atteste que ceux déclarant s'adonner au binge drinking présentent davantage d'anomalies au sein de leur matière blanche que leurs camarades ne buvant pas d'alcool. Si on leur demande de résoudre un problème simple, ceux qui souffrent de ce type de trouble présentent moins d'activité dans leur cortex préfrontal que les membres du groupe de contrôle et compensent avec d'autres zones cérébrales, telles que le cortex pariétal. Les chercheurs de cette étude en déduisent trois conséquences : la consommation d'alcool pourrait inhiber la capacité du cerveau adolescent à considérer de multiples sources d'information au moment d'élaborer une décision, forcer les ados à utiliser un nombre restreint de stratégies quand ils apprennent quelque chose, détériorer leur fonctionnement émotionnel. Une autre étude montre que plus un adolescent boit et plus il ressent des effets de manque, plus il inflige de dégâts à sa matière blanche.

Boire de l'alcool avant quinze ans multiplie par quatre le risque de devenir alcoolique

Pendant un sevrage, la dépendance à l'alcool a deux conséquences : le cortex préfrontal se fait léthargique et le nombre de récepteurs de la dopamine diminue. Du coup, le niveau de tolérance à l'alcool augmente et il faut de plus en plus d'alcool pour produire la même sensation planante. D'après les chercheurs, il est de plus fort probable que chez l'adolescent, du fait du manque de maturité de son cortex préfrontal, l'abus d'alcool augmente le désir de consommer toujours plus d'alcool. Les enfants et les adolescents qui commencent à boire avant leur quinzième anniversaire risquent quatre fois plus de devenir alcooliques plus tard dans leur vie que ceux qui attendent l'âge légal américain, vingt et un ans, pour consommer de l'alcool.

En 2010, sur la base d'une décennie de recherches solides centrées sur les effets de l'alcool sur le cerveau adolescent, recherches réalisées par des médecins cliniciens et des chercheurs, l'Académie américaine des pédiatres a enfin publié son avis sur le sujet. Dans leur document, ces experts appellent les établissements scolaires, les pédiatres et les journalistes à faire prendre conscience au grand public des vulnérabilités uniques de l'adolescent face à l'alcool[1]. Comment ? Tout le monde est concerné, acteurs du privé et du public : nul doute qu'il faudra se donner les moyens pour y parvenir.

1. American Academy of Pediatrics Committee on Substance Abuse, « Alcohol Use by Youth and Adolescents : A Pediatric Concern », *Pediatrics* 125, N° 5 (1er mai 2010).

L'environnement parental compte énormément

Environ 7 millions de jeunes Américains de moins de dix-huit ans ont des parents alcooliques. Un historique d'alcoolisme dans sa famille est le facteur de risque numéro un pour qu'un adolescent boive. Les chercheurs estiment que le risque de devenir alcoolique vient pour moitié de l'héritage génétique, de l'autre principalement de l'environnement. Les experts de l'apprentissage social ont prouvé que les enfants, surtout les adolescents, modèlent leurs comportements sur celui des adultes qui sont les plus importants à leurs yeux et avec lesquels ils sont en principale interaction. Les jeunes que les parents ou tuteurs surveillent de près et cadrent avec des règles claires ont moins de risques de se saouler[1]. Dans une étude auprès de trois cents adolescents, Caitlin Abar de l'université d'État de Pennsylvanie a découvert que si leurs parents condamnent ouvertement la consommation d'alcool avant l'âge légal, les jeunes ont moins tendance à s'adonner au binge drinking une fois étudiants. À l'inverse, si leurs parents se montrent moins stricts et plus ouverts à l'idée, ils ont davantage tendance à prendre des risques avec l'alcool une fois à l'université et à s'entourer de copains gros buveurs.

D'après les chercheurs, les parents commettent l'erreur suivante : ils croient qu'en donnant la permission à leurs adolescents de consommer de l'alcool chez eux, avec leurs amis, ils leur apprendront comment le consommer de façon responsable. C'est le contraire qui se produit, comme l'explique le chercheur néerlandais Haske van der Vorst : « Plus les adolescents consomment d'alcool chez leurs parents, plus ils boiront en d'autres circonstances, et plus ils courent de

1. Caitlin Abar et Robert Turrisi, « How Important Are Parents During the College Years ? A Longitudinal Perspective of Indirect Influence Parents Yield on their College Teens' Alcohol Use », *Addiction Behavior* 33, N° 10 (octobre 2008).

risques d'avoir des problèmes d'alcoolisme trois ans plus tard[1]. »

Heureusement, les scientifiques distribuent aussi parfois de bonnes nouvelles, notamment lorsqu'ils étudient l'impact des discussions au sujet de l'alcool entre parents et adolescents. Abar observe que les parents peuvent façonner le comportement de leurs adolescents, du moins tant que ces derniers vivent sous leur toit. Pendant que mes fils étaient au lycée, ils ont fréquemment eu l'occasion de consommer de l'alcool. Il suffisait que les parents des uns ou des autres s'absentent de chez eux. Comme j'étais une mère célibataire très au courant des implications légales en cas de problème sous mon toit, j'ai mis l'alcool sous clé chez moi. J'en ai tiré une inestimable tranquillité d'esprit, notamment quand je laissais mes ados seuls avec leurs potes, ou quand j'allais me coucher avant eux lors de leurs soirées pyjama. Si seulement j'avais pu compter sur les parents des copains où mes enfants étaient invités pour faire la même chose chez eux ! Seule option : faire le parent casse-pied de service et appeler les parents qui invitent, leur demander s'ils seront chez eux pendant la fête, etc. Je m'efforçais d'avoir ces conversations hors de la présence de mes enfants et de ne pas les impliquer dans la discussion. J'ai toujours été sincèrement reconnaissante lorsque des parents me téléphonaient et me posaient exactement les mêmes questions. Je ne l'ai jamais mal pris, au contraire. Personne ne devrait mal le prendre.

Les récompenses octroyées par l'alcool et les risques associés peuvent être présentés aux enfants en douceur. Comme les jeunes sont impressionnables et demandeurs d'information de toute sorte, si nous leur fournissons les données nécessaires pour leur permettre de peser le pour et le contre de l'alcool et prendre de bonnes décisions, alors ce qu'ils apprendront sera acquis.

1. Haske van der Vorst *et al.*, « Do Parents and Best Friends Influence the Normative Increase in Adolescents' Alcohol Use at Home and Outside the Home ? » *Journal of Studies on Alcohol and Drugs* 71, N° 1 (janvier 2010).

Le week-end prochain, comme tous les week-ends, des milliers d'adolescents boiront de l'alcool. Nombre d'entre eux boiront beaucoup trop ; certains s'évanouiront sans doute. Tous souffriront de dégâts cérébraux qu'ils garderont probablement à vie. De nombreux adolescents monteront dans une voiture conduite par un copain en état d'ébriété. Presque tous rentreront à bon port. Mais pas tous, comme cette jeune fille de dix-sept ans, Taylor Meyer, morte noyée dans une flaque de boue au bord d'une piste d'atterrissage abandonnée. En novembre 2008, un mois après son décès, non loin de l'endroit où elle avait trouvé la mort, la police a arrêté une vingtaine de jeunes ivres[1]. La plupart portaient un bracelet rose en souvenir de Taylor et buvaient à sa mémoire.

1. Heather McCarron, « Arrested Teens Accused of "Hypocrisy" », *Milford Daily News*, 25 novembre 2008.

9

Le cannabis

Aux États-Unis, le cannabis divise la population en deux camps farouchement opposés. D'un côté, certains pensent que fumer quelques joints n'est pas plus grave que boire une ou deux bières, soulignant que la marijuana est prescrite comme analgésique par les médecins et, depuis peu de temps, consommée légalement à des fins récréatives dans certains États américains. Les adversaires du camp opposé s'appuient sur les études scientifiques pour affirmer que fumer ces mêmes joints engourdit l'intellect et mène à la consommation de drogues dures. Ces contradictions déroutent et c'est bien naturel.

Personne ne conteste que le cannabis est désormais la drogue préférée des Américains, quelle que soit la tranche d'âge, dans les familles les plus fortunées comme dans celles où tenir jusqu'à la fin du mois pose problème. Depuis que l'usage récréatif du cannabis est légal dans l'État de Washington et au Colorado, la balance penche en faveur des procannabis, pour qui il s'agit d'une drogue relativement bénigne. Dans la plupart des États-Unis, fumer un joint de temps en temps ne choque plus personne.

Plus de cent millions d'Américains de plus de douze ans avouent avoir fumé de la marijuana au moins une fois dans leur vie. Après sept décennies de criminalisation, cette drogue se maintient en haut du podium, en tant que drogue illicite la plus populaire au monde : d'après l'Office des Nations Unies contre la drogue et le crime, près de deux cents millions de personnes en consomment chaque année[1]. Les plus gros consommateurs ? Les jeunes. Et ils commencent de plus en plus tôt.

Aux États-Unis, le cannabis pose désormais un plus gros problème de santé publique chez les jeunes que l'alcool. Entre 2008 et 2013, il a été responsable de près des deux tiers des admissions d'adolescents de quinze à dix-neuf ans en cure de désintoxication. En comparaison, l'alcool a causé moins d'un tiers des admissions. Le directeur d'un établissement proposant de telles cures aux habitants de New York et de sa banlieue m'a récemment déclaré que, en cinq ans, la population de sa clinique a radicalement changé. Avant, il s'agissait en majeure partie d'adultes, désormais, il accueille surtout des adolescents et jeunes adultes de dix-sept à vingt-cinq ans. La plupart ont consommé tout un cocktail de substances illicites avant d'entrer en cure.

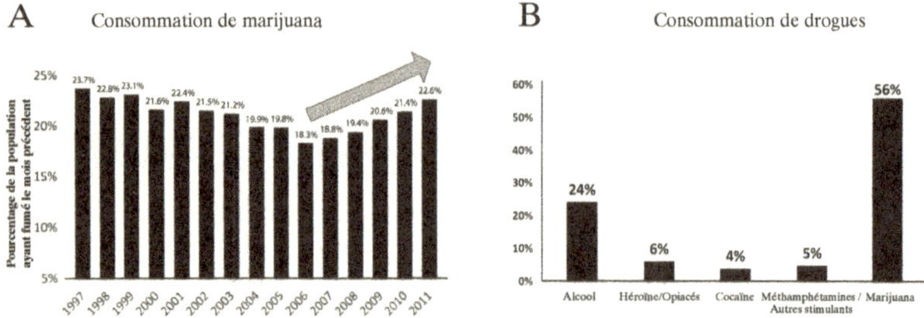

Fig. 20. Augmentation de la consommation de cannabis et de drogues chez les adolescents, 1998-2011.

Bien sûr, ce n'est en aucun cas un problème nouveau. En 1906, le Congrès américain passe sa première loi antidrogue, appelée Pure Food and Drug Act (loi sanitaire portant sur la nourriture et les médicaments). À l'époque, le cannabis est la cible de critiques, un objet d'inquiétudes, et son potentiel addictif occupe le centre des débats, non pas sur le plan médical ou scientifique, mais sur celui de l'application de la loi. Entre 1913 et 1937, vingt-sept États, Californie en tête,

1. Office des Nations Unies contre la drogue et le crime, *Rapport mondial sur les drogues*, 2013 (New York : Nations Unies, 2013).

déclarent la culture et la vente de marijuana illégales ou la restreignent sévèrement. Le 1er juillet 1930, les États-Unis prennent un tournant décisif lorsque le Département du Trésor crée le Bureau fédéral anti-narcotiques[1] et place Harry Anslinger à sa tête. En 1937, alors que le président Franklin Roosevelt est sur le point de signer le Marijuana Tax Act (loi de taxation de la marijuana), Anslinger témoigne devant le Congrès américain et déclare en l'absence totale d'études scientifiques sur le cannabis : « Le cannabis est une drogue addictive qui génère l'aliénation mentale de ses consommateurs, pousse au crime et tue[2]. » Lors de ces mêmes audiences, le docteur William Woodward de l'Association médicale américaine produit un témoignage opposé : « L'Association médicale américaine ne détient aucune preuve que le cannabis est une drogue nocive. » (Au moins, on sait que les messages contradictoires sur le sujet ne datent pas d'aujourd'hui !)

Cinq ans plus tard, le comité sur le cannabis de l'Académie des Sciences de New York publie la première étude scientifique sur cette drogue et conclut qu'il n'existe pas de corrélation entre consommation de cannabis et criminalité ou aliénation mentale[3], ce qui provoque bien évidemment l'ire d'Anslinger. En châtiment, pendant des années, il empêche les chercheurs d'obtenir du cannabis pour leurs expériences, alors même que le Tax Act de Roosevelt place hors la loi cette substance et lui adjoint les mêmes restrictions que l'héroïne et la cocaïne. La guerre du cannabis commence.

De récentes avancées en neurosciences réaffirment les risques que pose le cannabis, surtout pour les adolescents. Aujourd'hui, les neuroscientifiques commencent à accumuler les preuves que cette drogue n'est pas si anodine qu'on le pense, à tous les âges. De nombreux experts la considèrent désormais

1. Federal Bureau of Narcotics. (*NdT*)

2. Martin Booth, *Cannabis : A History* (Grande-Bretagne : Doubleday, 2003).

3. Rufus King et James T. McDonough Jr., « Anslinger, Harry Jacob, and U.S. Drug Policy », in *Encyclopedia of Drugs, Alcohol, and Addictive Behavior*, ed. Rosalyn Carson-Dewitt (New York : Macmillan, 2001).

comme « un pont » vers les drogues dures, plus dangereuses[1]. Elle affaiblit le fonctionnement intellectuel et ralentit la coordination motrice, ce qui pose de véritables problèmes de sécurité publique notamment lorsqu'une personne prend le volant après avoir fumé un joint.

On m'a raconté cette histoire vraie : un jeune homme commence à fumer de l'herbe régulièrement depuis l'âge de treize ans et maintient sa consommation jusqu'à ses vingt ans bien sonnés. Puis il arrête complètement. Plusieurs années plus tard, il affirme qu'il se sent encore « dans le brouillard ». Il ne conduit pas parce qu'il n'a pas confiance en ses capacités de concentration et d'attention. Il déclare souffrir d'anxiété, de dépression et de paranoïa. Il est très surpris parce que sa mère a toutes sortes de souvenirs de sa jeunesse, alors qu'il n'en a que des bribes éparpillées. Je résume dans ce chapitre les découvertes scientifiques qui montrent pourquoi, malheureusement, cette histoire n'est en rien singulière.

Les effets du cannabis

Le chanvre dont on tire le cannabis est la seule plante qui contient une classe de composés moléculaires, ou métabolites, appelés cannabinoïdes. Parmi les quatre cents substances chimiques qui le composent, le cannabis contient soixante cannabinoïdes différents, dont le tétrahydrocannabinol (THC), principal responsable de l'effet bizarre, physiologique et psychopharmacologique de cette drogue. Pourquoi ? Parce que dans notre cerveau, nous produisons nos propres cannabinoïdes, appelés endocannabinoïdes (littéralement, les « cannabinoïdes intérieurs »). Nous disposons donc de récepteurs naturels aux cannabinoïdes dans nos neurones, des deux côtés de la synapse. Quand nous fumons de la marijuana, le THC

1. Lynn Fiellin *et al.*, « Previous Use of Alcohol, Cigarettes, and Marijuana and Subsequent Use of Prescription Opioids in Young Adults », *Journal of Adolescent Health* 52, n° 2 (février 2013).

passe rapidement dans le sang puis se distribue dans les tissus. Il modifie la température corporelle, la pression artérielle, le rythme cardiaque et la fréquence respiratoire.

En environ quinze minutes, la marijuana provoque un état modifié de conscience perçu comme un état de relaxation, de plaisir et même d'euphorie. Elle intensifie les expériences sensorielles ordinaires, manger, écouter de la musique ou regarder un film. Le plus souvent, elle baisse le niveau d'anxiété. À hautes doses, elle engendre une baisse de la motivation et de la spontanéité, une léthargie généralisée, et occasionnellement de la confusion, des hallucinations et des nausées. Certains effets peuvent s'installer et durer trois ou quatre heures.

Pour des raisons neurologiques, fumer un joint provoque une petite fringale que les anglophones appellent « les munchies ». Des scientifiques italiens en ont récemment isolé la cause : dans le cerveau, la marijuana opère sur l'hypothalamus, qui régule l'appétit.

Parce qu'il agit sur le cervelet, non seulement le THC fait « planer », mais il est aussi responsable du manque de coordination et des pertes d'équilibre des consommateurs de cannabis. Par ailleurs, son action sur les zones sensorielles du cerveau rend l'élocution laborieuse, déforme les images et donne la sensation de ralentir le temps ou de l'accélérer.

J'en arrive à l'effet le plus important à mes yeux : chez les adolescents, le THC perturbe le développement des circuits neuronaux. Parce que, dans le cerveau adolescent, la matière blanche est en construction et le câblage incomplet, les conséquences de ces perturbations sont bien plus graves que dans le cerveau adulte : je résume plus loin les études corrélant la consommation de marijuana à l'adolescence avec des baisses du QI, des troubles de la mémoire plus conséquents et des risques accrus de développer une schizophrénie ou d'autres maladies mentales, notamment la dépression.

En tant que parent, il est particulièrement important de prendre connaissance de ces études, parce que l'herbe d'aujourd'hui n'est pas l'herbe que vous avez peut-être fumée quand vous étiez étudiant(e). En 1985, la concentration de THC dans la marijuana ne dépassait pas les 4 %. En 2009, cette même concentration approche les 10 %.

Comment le cannabis agit sur le cerveau

En 1988, Allyn Howlett et William Devane ont réalisé une avancée majeure en identifiant dans le cerveau des rats les sites récepteurs du THC, par lesquels il se lie aux neurones[1]. Dès 1990, les scientifiques de l'Institut américain de la santé mentale[2] ont déterminé l'emplacement de ces récepteurs chez les humains. Un peu partout dans le cerveau, mais surtout dans les aires impliquées dans la régulation de l'humeur, la mémoire, l'appétit, la douleur, la cognition et les émotions, ils ont découvert la présence d'un endocannabinoïde naturel, le neurotransmetteur anandamide, du mot sanskrit « ananda », béatitude.

Cet endocannabinoïde ressemble énormément à un autre composé naturel, connu pour être l'analgésique préféré du corps : les endorphines, découvertes au milieu des années 1970, trophée tant attendu des chercheurs qui se creusaient la tête pour comprendre pourquoi le cerveau disposait de récepteurs pour l'opium, opiacé le plus connu de l'époque. Extrait du pavot, l'opium procure des sensations d'euphorie et de plaisir et contient de la morphine et de la codéine à l'état naturel.

Les scientifiques ont même pensé pendant un temps que les endorphines produisaient la fameuse « ivresse du coureur ». Ils s'accordent aujourd'hui pour dire que cette sensation d'euphorie et de relaxation associée à l'exercice intense est plus compliquée à expliquer. En sélectionnant une lignée de souris dépourvues du gène de la production d'endocannabinoïdes, des chercheurs obtiennent des souris qui courent 40 % moins que

---

1. William A. Devane, Allyn C. Howlett *et al.*, « Determination and Characterization of a Cannabinoid Receptor in Rat Brain », *Molecular Pharmacology 34*, N° 5 (novembre 1988).
2. National Institute of Mental Health. (*NdT*)

les souris pourvues de ce même gène. Si motivation pour l'exercice intense et ivresse du coureur sont liées, alors les endocannabinoïdes jouent à coup sûr un rôle primordial. Du point de vue évolutif, cela tombe sous le sens : dans les sociétés primitives, les individus doués pour la course d'endurance auraient eu de meilleures chances de succès que les autres quand ils pourchassaient une proie ou voulaient échapper à un péril quelconque.

Une fois les endocannabinoïdes mis au jour, les chercheurs en ont trouvé partout, en densité particulièrement forte dans les zones du cerveau impliquées dans la cognition, la mémoire, les émotions, la coordination motrice et la motivation. Lors de l'inhalation ou de l'ingestion de cannabis, le THC inonde le cerveau et se dirige droit vers les récepteurs d'endocannabinoïdes particulièrement abondants dans l'hippocampe, l'amygdale, les ganglions de la base, le cervelet et le noyau accumbens. Là, il affecte les processus chimiques du cerveau en inhibant certaines activités et en en stimulant d'autres. Parce qu'il se lie quatre fois mieux aux récepteurs d'endocannabinoïdes que les endocannabinoïdes produits naturellement par le cerveau, le THC peut submerger les sites de réception et modifier le fonctionnement normal du cerveau. Dans le cervelet, par exemple, il interrompt la bonne marche du cortex moteur : cela explique l'apathie avachie des fumeurs d'herbe, leur lenteur à la détente en cas de danger. Lors de consommation chronique, cette absence de réactivité conduit les fumeurs de cannabis à devenir incapables d'apprendre de leurs expériences néfastes.

La sensation de ravissement provoquée par le cannabis est due à une petite zone de l'amygdale particulièrement dense en récepteurs de cannabinoïdes. Dans l'amygdale, cette même zone aide aussi à séparer les informations nouvelles des autres, nous permettant de réagir avec une conscience accrue aux stimuli nouveaux. Quand elle baigne dans le THC, l'amygdale réagit de manière excessive, d'où les sensations fortes des fumeurs d'herbe : ils déclarent voir de plus belles couleurs, entendre de la musique plus envoûtante et avoir un goût plus affûté, parce que pour le centre émotionnel de leur cerveau, à ce moment précis, tout a l'air nouveau.

Chez les ados, consommer du cannabis a des conséquences plus graves que chez l'adulte

Comment l'addiction s'installe chez l'adolescent

Dans un message publié sur le blog du site *The420Times*, qui se proclame être un magazine spécialisé dans la « marijuana thérapeutique et autres processus naturels de guérison », un homme partage sa frustration après avoir découvert l'addiction de sa fille à la marijuana[1] :

> Je suis un père de trente-cinq ans, CSP+. J'ai fumé quelquefois, mais je n'ai pas aimé ça. Je ne bois pas d'alcool non plus. Je soutiens les efforts de la légalisation des drogues, mais seulement si c'est encadré et fait de manière responsable.
>
> Ma fille a quinze ans. Elle a toujours été une élève exceptionnelle et tout le monde lui fait confiance. Au lycée, elle enchaîne les A et s'autodiscipline à merveille.
>
> Nous lui avons toujours accordé énormément de champ libre. Mais nous avons récemment découvert qu'elle fume de l'herbe et boit avec ses copains. Cela fait deux mois qu'elle nous ment. Pour l'instant, et jusqu'à nouvel ordre, elle est privée de sortie. Le problème n'est pas tant qu'elle fume, mais qu'elle nous ment et se cache depuis plusieurs mois.
>
> Quand nous lui avons annoncé que la marijuana, c'était terminé pour elle, elle a fondu en larmes et nous a décrété qu'elle en « avait besoin » et qu'elle ne pourrait pas s'en passer. Voilà une excellente preuve à mes yeux qu'elle ne devrait pas en consommer.

Quand les parents me demandent pourquoi leurs enfants adolescents affirment qu'ils ont « besoin » de fumer de l'herbe pour se détendre, je leur explique ce qui se joue au niveau de l'hippocampe et de l'amygdale.

---

1. « Ask an Old Hippie : Help ! My Teenage Daughter Is Smoking Marijuana ! » *420 Times*, 19 août 2011, http://the420times.com/2011/08/ask-an-old-hippie-help-my-teenage-daughter-is-smoking-marijuana

Comme le cerveau adolescent s'active plus rapidement et plus intensément que le cerveau adulte, il subit aussi plus de stress. Cet afflux de stress augmente le besoin de soulagement qu'éprouvent les ados. Et hop, un joint ! Les scientifiques ont découvert que le THC modifie le mécanisme de répression de la douleur, ou mécanisme d'analgésie, dont on pense qu'il permet aux humains de survivre aux situations de vie ou de mort[1]. Quel est ce mécanisme ? En 2011, les chercheurs de l'université nationale d'Irlande à Galway en ont découvert la clé : la production d'endocannabinoïdes dans l'hippocampe. Ils ont aussi observé que l'hippocampe joue un rôle prépondérant dans la réduction de la douleur en cas de stress élevé.

Quid de l'amygdale des ados ? On l'a vu, quand elle baigne dans le THC, elle surréagit et augmente les sensations corporelles, en faisant passer pour « nouveaux » les stimulus ressentis. Comme le cerveau des adolescents est en état quasi constant de conscience aiguë, les ados sont particulièrement touchés par cette surstimulation de l'amygdale et ont davantage de difficultés que les adultes à se sevrer du cannabis.

En effet, pour l'amygdale, les problèmes se prolongent le lendemain d'une consommation de cannabis. Une fois surstimulée au THC, l'amygdale dispose de moins de sites récepteurs de cannabinoïdes. Il lui faut donc plus de stimulation que la normale pour motiver le cerveau à apprendre quelque chose de nouveau. Comment ? En fumant encore plus d'herbe, bien sûr. C'est pourquoi chez les adolescents, une amygdale « saturée » de marijuana mène vite à l'addiction.

Plus les jeunes fument de l'herbe tôt, plus leur cerveau trinque

Plus les jeunes consomment du cannabis tôt, plus ils en ressentiront les effets nocifs de manière prononcée. Quand on cherche

1. David Finn *et al*, « A Role for the Ventral Hippocampal Endocannabinoid System in Fear-Conditioned Analgesia and Fear Responding in the Presence of Nociceptive Tone in Rats », *Pain 152*, N° 11 (novembre 2011).

à déterminer ce qui maximise le risque de lésions cérébrales chez les fumeurs d'herbe, l'âge des premiers joints apparaît comme le facteur le plus significatif. Comparés à des jeunes qui ne consomment pas de marijuana, on observe chez ceux qui commencent à fumer au début de l'adolescence un volume du cerveau plus petit, moins de matière grise et une matière blanche plus gravement endommagée. D'après les scientifiques, ces dégâts sont encore visibles dans l'imagerie cérébrale des très jeunes consommateurs chroniques bien après qu'ils ont atteint l'âge adulte.

En outre, les consommateurs qui commencent à fumer au début de leur adolescence ont deux fois plus de risque de développer une addiction que les autres. Ceux qui commencent avant d'avoir seize ans ont plus de difficultés avec leur focus et leur attention. Ils font deux fois plus d'erreurs lorsque l'on teste leur capacité d'organisation, leur flexibilité et leur pensée abstraite.

Plus un jeune commence à fumer de l'herbe tôt, plus il ou elle fumera. En clair : plus ils en usent tôt, plus ils en abusent.

L'influence néfaste du cannabis sur la mémoire dure plus longtemps chez les ados que chez les adultes

Tous âges confondus, les troubles de la mémoire associés à la consommation de cannabis sont les déficiences cognitives les mieux documentées. Le THC a un impact sur la LTP et fait baisser le niveau d'activation des récepteurs de glutamate qui construisent les synapses pendant le mécanisme de mise en mémoire.

Pour le démontrer, les chercheurs ont observé l'impact d'une exposition au cannabis sur la LTP en plongeant des coupes de cerveau de rat dans du 2-AG, un cannabinoïde synthétique. Ils y ont observé une très faible LTP, voire aucune. Ils ont obtenu une bonne LTP dans les coupes de cerveau rat laissées en contrôle, à l'état naturel. On sait désormais que le cannabis affecte la LTP en deux endroits du processus de construction de la synapse : d'abord, il empêche le signal de quitter l'axone, puis il bloque la machine qui produit de nouvelles protéines synaptiques pour renforcer la synapse.

Après exposition au cannabis, les troubles de la mémoire sont similaires chez les adultes et les adolescents, mais chez les ados, ils durent bien plus longtemps. Quand on fait passer des tests à de gros consommateurs de marijuana âgés de trente à cinquante-cinq ans, les études montrent invariablement que dans les jours ou semaines qui suivent l'ingestion de cannabis, ces adultes gros consommateurs ont une moins bonne mémoire et des capacités d'apprentissage inférieures. Mais dès le vingt-huitième jour, leurs défaillances cognitives sont résorbées. À l'inverse, chez les adolescents, il suffit d'une exposition très courte au cannabis pour provoquer une altération cognitive semblable à celle des adultes consommateurs chroniques, et de plus, en cas de consommation continue de cannabis, le dysfonctionnement cognitif ne se résorbe pas complètement. Pour certains, il peut durer des mois, voire des années.

La consommation précoce de cannabis est corrélée à une baisse de QI et à un plus fort risque de développer des maladies mentales

Toujours plus inquiétant : la consommation chronique de cannabis pendant l'adolescence est corrélée avec une baisse du QI. Ces cinq dernières années, plusieurs études ont plus spécifiquement démontré que le QI verbal diminue chez les personnes ayant commencé à fumer de l'herbe tous les jours avant d'avoir dix-sept ans, ce qui n'est pas le cas chez celles qui ont commencé plus tard. Les résultats de ces études m'intéressent d'autant plus qu'ils montrent comment, sous IRMf, lors d'une prise de décision, le cerveau de ces adeptes précoces du cannabis ne s'active pas de la même manière que le cerveau de consommateurs plus âgés[1].

1. M. H. Meier *et al.*, « Persistent Cannabis Users Show Neuropsychological Decline from Childhood to Midlife », *Proceedings of the National Academy of Sciences 109*, N° 40 (2012).

Chez les adultes comme chez les ados, le cannabis est aussi connu pour inhiber le fonctionnement des zones corticales jouant un rôle critique dans la reconnaissance des erreurs, particulièrement au sein des pensées et comportements. Or les neurologues et les neuroscientifiques ont corrélé l'incapacité à détecter certaines erreurs avec plusieurs psychopathologies, dont les délires psychotiques de la schizophrénie. Ils ont ainsi découvert que les schizophrènes ont moins de matière blanche que les gens normaux[1], ce qui est aussi le cas des personnes qui ont beaucoup fumé d'herbe pendant leur adolescence. Chez ces dernières, le risque de la schizophrénie est deux à cinq fois plus élevé que la norme.

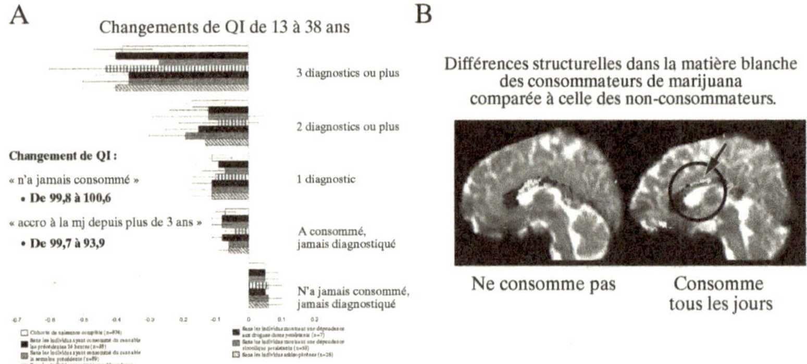

Fig. 21. Les effets à long terme du cannabis sur la matière grise et la matière blanche des adolescents : A. La consommation chronique de cannabis avant l'âge de dix-sept ans peut engendrer une baisse de QI (plus la consommation chronique dure, plus le QI baisse). B. Des études par imagerie cérébrale de cerveaux humains montrent que la matière blanche du corps calleux (la zone qui relie les deux hémisphères du cerveau l'un à l'autre) est plus fine, moins myélinisée, chez les personnes qui ont eu une consommation chronique de cannabis à l'adolescence.

1. Matthijs G. Bossong *et al.*, « Adolescent Brain Maturation, the Endogenous Cannabinoid System and the Neurobiology of Cannabis-Induced Schizophrenia », *Progress in Neurobiology* 92, N° 3 (novembre 2010).

En 2010, dans un article publié dans le *Toronto Star*, la journaliste Nancy J. White raconte[1] :

> Don Corbeil avait dix-sept ans quand il a repéré les caméras qui l'espionnaient pour la première fois, alors qu'avec ses amis, il fumait de l'herbe. Il s'est alors persuadé qu'une puce radioactive avait été implantée dans sa tête. « Je croyais que j'étais comme un rat de laboratoire en observation », explique-t-il.
>
> L'idée que le cannabis était en train d'abîmer son cerveau ne lui a jamais traversé l'esprit. Corbeil fumait de l'herbe depuis qu'il avait quatorze ans et par la force de l'habitude, en était arrivé à fumer environ dix joints par jour.
>
> Il s'est mis à entendre des voix. À un moment, il a cru qu'il était le Messie. Un jour, la police l'a récupéré complètement incohérent dans la rue et l'a amené à l'hôpital, où les médecins ont diagnostiqué une psychose induite par les drogues.
>
> Corbeil avait un peu tâté à d'autres drogues, notamment à l'acide et à l'ecstasy, mais il était avant tout un inconditionnel de la marijuana.

En 2011, une étude a montré que la consommation de cannabis est un facteur important dans le déclenchement d'une schizophrénie et multiplie par deux le risque de développer une psychose en moins de dix ans[2]. Pour prouver ce dernier point, l'étude a suivi près de deux mille adolescents allemands pendant dix ans, jusqu'à l'âge adulte. Une autre étude conclut que la consommation de marijuana dès la fin de l'enfance et au tout début de l'adolescence peut accélérer de trois ans le déclenchement d'un comportement psychotique. L'analyse d'une des plus vastes collectes de données, en Suède, pendant plus de dix ans, auprès de dizaines de milliers de jeunes soldats, montre comment les plus gros consommateurs, c'est-à-dire ceux affirmant avoir fumé de la

1. Nancy J. White, « Marijuana Can Send a Brain to Pot », *Toronto Star*, 9 juillet 2010.

2. Rebecca Kuepper *et al.*, « Continued Cannabis Use and Risk of Incidence and Persistence of Psychotic Symptoms : 10 Year Follow-up Cohort Study », *British Medical Journal 342* (1er mars 2011).

marijuana plus de cinquante fois, courent six fois plus le risque de développer une schizophrénie que ceux qui n'ont jamais fumé de marijuana.

Ce n'est pas tout. Outre la psychose et la schizophrénie, la consommation de cannabis est corrélée à d'autres troubles mentaux. Au Canada, en interrogeant plus de quatorze mille personnes, un scientifique du Centre de toxicomanie et de santé mentale a découvert que celles qui fument du cannabis presque tous les jours courent non seulement deux fois plus le risque de développer une psychose, mais elles sont aussi deux fois plus vulnérables à l'anxiété et aux troubles de l'humeur, notamment à la dépression. En 2010, le Centre néerlandais de la santé mentale et de l'addiction a publié une analyse des données collectées lors de l'étude par l'Organisation mondiale de la santé de cinquante mille adultes répartis sur dix-sept pays. Les chercheurs néerlandais ont notamment conclu que le risque de souffrir après dix-sept ans d'un épisode de dépression clinique augmente de 50 % en cas de consommation précoce de cannabis[1].

Le cannabis rend le cerveau adolescent plus sensible à toutes les drogues

Pourquoi toutes ces maladies mentales se déclenchent-elles ? La recherche fondamentale nous a déjà fourni la réponse : l'exposition du cerveau adolescent au cannabis altère les récepteurs synaptiques dans de multiples zones cérébrales. Dans l'hippocampe et le cortex, on l'a vu, il en résulte des processus cognitifs modifiés. Plus grave encore, dans le noyau accumbens, les altérations induites par le cannabis augmentent la sensibilité du cerveau à l'addiction aux

1. Ron de Graaf, James C. Anthony *et al.*, « Early Cannabis Use and Estimated Risk of Later Onset of Depression Spells : Epidemiologic Evidence from the Population-Based World Health Organization World Mental Health Survey Initiative », *American Journal of Epidemiology 172*, N° 2 (15 juillet 2010).

autres drogues. Il se passe d'ailleurs exactement le même phénomène avec le tabac : la nicotine présente dans les cigarettes change elle aussi un certain nombre de récepteurs de cannabinoïdes dans le cerveau et rend ce dernier plus sensible aux effets du cannabis.

Depuis que l'on débat sur la marijuana, tout le monde se demande s'il s'agit d'une drogue « d'introduction » aux drogues plus dures. Fumer de l'herbe peut-il mener à la consommation de drogues dures ? Un expert de l'impact de la drogue chez les adolescents a partagé avec moi sa conviction que l'herbe est effectivement une porte d'entrée vers les drogues dures, mais son raisonnement n'est pas conventionnel. D'après lui, le processus est piloté non pas par la pression sociale des pairs de l'adolescent, mais plutôt par l'exposition à ces mêmes pairs.

« Prenons un ado de treize ans qui commence à fumer de l'herbe, m'explique-t-il. Quand on observe ce type de gamin à ce moment précis, il fréquente des gens qui essaient d'autres trucs. Sa capacité à dire non aux autres drogues est plus faible parce que ses lobes frontaux sont encore en cours de développement. De toute façon, en toute probabilité, il plane, alors se laisser emporter par l'herbe vers une autre drogue n'a pas l'air si méchant que ça. »

Peu de gens le savent, mais les deux composants abrasifs de la fumée d'un joint, le goudron et le monoxyde de carbone, se retrouvent en quantité deux à cinq fois supérieure dans la fumée inhalée par les consommateurs de cannabis par rapport aux consommateurs de tabac. D'après l'Association américaine du poumon[1], fumer cinq joints revient à fumer un paquet complet de cigarettes. La fumée de la marijuana, que ses consommateurs tentent de conserver dans leurs poumons le plus longtemps possible, contient aussi 50 à 70 % de substances chimiques cancérogènes de plus que la fumée de cigarette. (L'utilisation d'un bong, cette pipe qui permet de filtrer le cannabis avec de l'eau, ne protège en rien contre ces

1. American Lung Association. (*NdT*)

produits chimiques dangereux : dans la marijuana, l'ingrédient cancérogène principal est le benzopyrène, qui ne se dilue pas dans l'eau.)

Ce que peuvent faire les parents

Partout dans le monde, les services publics devraient communiquer à tous les parents les résultats de ces études sur le cannabis et le cerveau adolescent. Le message est clair comme de l'eau de roche : pour ce qui est du cannabis, le cerveau des adolescents n'est pas aussi résistant que le cerveau des adultes. La phase critique du développement de leur cortex frontal et préfrontal rend les adolescents particulièrement vulnérables à cette drogue. Ces deux zones, les plus sophistiquées de leur cerveau, sont aussi les plus touchées par la marijuana. L'impact dépasse l'anecdote ou le symbole. Ces zones cérébrales servent au quotidien pour toutes les tâches cognitives de base, qu'il s'agisse de formuler des pensées abstraites, se donner la capacité de modifier son comportement en fonction de nouvelles exigences de l'environnement ou d'inhiber des réactions inappropriées.

Si vous avez grandi dans les années 1960 ou 1970, vous avez probablement tâté du cannabis à un niveau ou à un autre. Mais vous savez désormais que l'herbe d'aujourd'hui n'est pas l'herbe d'hier. Elle est exponentiellement plus puissante, et pour cette seule raison, exponentiellement plus séduisante et dangereuse. Avant de vous aider à éloigner vos enfants de la « beuh », je voudrais d'abord partager avec vous ce qu'il vaut mieux éviter de faire : prendre le sujet à la rigolade, minimiser le danger. Même si vous croyez que fumer un petit peu d'herbe ne vous a pas fait de mal. Même si vous craignez de découvrir que votre fils ou votre fille s'adonne déjà au hasch, je vous conjure d'éviter d'évoquer pour rire avec votre conjoint(e) ou vos amis vos propres expériences de jeunesse avec cette drogue : vos enfants en prennent note. Rien ne leur échappe. Ils archivent tout ce qu'ils entendent.

D'après certaines recherches récentes, le principal facteur de dissuasion pour qu'un adolescent ne se drogue pas est la peur de perdre la confiance et le respect de ses parents[1]. Vos ados ne vous le diront pas, bien évidemment. Mais lorsque des chercheurs leur demandent ce qui les empêche de tester une substance illicite, la majorité des jeunes qui ne se droguent pas disent qu'ils décevraient leurs parents s'ils en prenaient. Vous pouvez exercer cet ascendant sur vos fils et filles, qu'ils en aient conscience ou non. Autant que possible, quand vous leur parlez de la drogue, privilégiez le concret. Quels sont leurs objectifs ? Qu'est-ce qu'ils apprécient plus que tout ? Rappelez-leur qu'être admis dans une grande université, obtenir une bourse, entrer dans une équipe de championnat, passer son permis de conduire… toutes ces choses deviennent plus difficiles s'ils commencent à fumer de l'herbe. Pour être convaincant, vous avez aussi besoin de connaître les effets du cannabis sur le cerveau. C'est là où ce livre tombe à pic. Vous aurez besoin de savoir quoi répondre à vos ados quand ils vous annonceront que fumer de l'herbe est sans danger, que cela leur fait du bien, qu'ils n'en ressentent aucun effet négatif. Par exemple, si votre fils vous affirme que fumer un pétard le détend et le débarrasse de son anxiété, votre job de parent consiste à lui rappeler qu'il aura des pics d'angoisse tout au long de sa vie et qu'il ne pourra pas, chaque fois, chercher son salut dans le cannabis. Il est important de comprendre d'où vient son anxiété et d'en affronter la cause, plutôt que de l'endormir avec cette drogue.

Inutile de mentir pour autant à vos enfants. S'ils vous demandent si vous vous êtes déjà drogué, si vous avez déjà fumé un joint quand vous aviez leur âge, alors soyez honnête. Mais en resituant le contexte : dites-leur que l'herbe d'aujourd'hui est plus puissante et plus facile d'accès notamment grâce aux réseaux sociaux. Rappelez-leur qu'à votre époque,

---

1. Stephen N. Campbell, « Substance Abuse in Children and Adolescents : Information for Parents and Educators », *National Association of School Psychologists*, 2004.

les scientifiques étaient loin de comprendre tout ce qu'ils comprennent aujourd'hui sur les effets du cannabis sur le cerveau : vos enfants ont l'avantage de disposer de ces connaissances quand ils prennent leurs décisions.

Les ados ont beau s'en plaindre, je suis convaincue que la répétition est bonne pour leur esprit. Ne vous croyez pas sorti d'affaire en abordant avec eux le sujet du cannabis juste une fois. C'est loin d'être assez. Chaque fois que je peux, autant de fois que possible, j'utilise ce que j'entends aux infos, ou l'histoire de l'ado d'un voisin, ou une nouvelle étude scientifique pour créer une « leçon de choses », une occasion de parler à mes garçons des ravages que l'herbe, les cigarettes, l'alcool et les drogues dures font aux autres, ravages dont ils ne sont aucunement protégés. Même si vous croyez qu'ils ne vous écoutent pas, ils sont tout ouïe. N'évitez pas les discussions.

Les recherches actuelles démontrent les répercussions profondes du cannabis sur le cerveau adolescent. Fumer de la marijuana à l'adolescence, c'est interrompre le développement de son cerveau à un stade important. Cela peut changer l'entière trajectoire de sa croissance et créer des déficits, certains n'apparaissant que bien plus tard dans la vie. Si nous, les parents, enseignants ou tuteurs, faisons la sourde oreille à ce que nous enseigne la science, alors nous mettons en péril nos propres enfants.

10

Les drogues dures

Depuis 2006, tous les ans, des centaines d'Américains ordinaires se rassemblent pour une triste cérémonie aux chandelles devant le siège de la DEA (Drug Enforcement Administration), à Arlington, en Virginie. Cette cérémonie, initiée par huit couples, s'appelle la Vigile de la promesse non tenue, en mémoire de ceux que la drogue a tués[1]. Chaque année ce soir-là, des gens se retrouvent en souvenir de ceux qu'ils ont aimés. Une proportion étourdissante de ceux dont on honore alors la mémoire sont des adolescents ou jeunes adultes de moins de trente ans, tués par la MDMA, la cocaïne, l'héroïne ou les médicaments. Sur un mur virtuel hébergé par le site Internet Vigil for Lost Promise, plus de cent cinquante noms sont inscrits, tous désignant des victimes de la drogue.

Tous les jours, on annonce de nouvelles découvertes scientifiques expliquant et démontrant le danger pour les adolescents des drogues de type ecstasy, cocaïne ou héroïne. Au fondement de toutes ces découvertes, on retrouve le même constat : parce que le cerveau des adolescents n'est pas arrivé à maturité, il est particulièrement vulnérable aux drogues qui en modifient directement les processus chimiques. De manière générale, le cerveau des adolescents est plus motivé pour obtenir la récompense offerte par ces drogues : il est donc plus difficile aux adolescents de s'en

1. The Vigil for Lost Promise : Remembering Those Who Have Died from Drugs. (*NdT*)

priver complètement. Leur addiction se déclenche plus vite et plus fortement que chez les adultes et ils rechutent aussi plus facilement. Ces résultats se traduisent par une très forte proportion de toxicomanes déclarant avoir pris leur première dose alors qu'ils n'avaient pas encore dix-huit ans : neuf drogués sur dix.

La MDMA endommage les synapses dans pratiquement toutes les zones, tous les systèmes du cerveau adolescent

Pour Irma Perez, jeune Californienne de quatorze ans, comme pour de nombreux autres adolescents et jeunes adultes, il a suffi d'une seule mauvaise décision[1]. Imelda, sa sœur, raconte comment, le 23 avril 2004, pendant une fête, on a offert à Irma une pilule de MDMA (3,4-méthylènedioxy-méthamphétamine), une amphétamine de synthèse et hallucinogène aussi appelée ecstasy. Après l'avoir avalée, Irma a réagi immédiatement, « vomissant, se tordant de douleur ». Mais, de peur d'avoir des ennuis, ses amis ont retardé le moment d'appeler les secours et de l'emmener aux urgences. Sur www.nationalparentvigil.com, site Internet qu'elle a cofondé, Imelda raconte comment ces mêmes amis ont aggravé la situation :

> Ils ont voulu lui faire prendre de la marijuana, ils pensaient que cela la détendrait et l'aiderait, parce qu'ils avaient entendu dire que l'herbe avait des propriétés thérapeutiques. Irma a souffert pendant des heures et n'est arrivée à l'hôpital que le lendemain matin. Elle allait très mal. Cinq jours plus tard, les médecins ont débranché les systèmes d'assistance respiratoire et elle est morte… Comment est-elle morte, précisément ? Le docteur Leslie Avery et le docteur Peter Benson, médecin légiste, disent que le cerveau d'Irma a gonflé parce qu'il a manqué d'oxygène. Dans un article du *San Mateo Daily Journal*, Benson

1. A Vigil for Lost Promise, non daté, http://www.nationalparentvigil.com/irma.html

a expliqué que « son cervelet s'est liquéfié sous la pression produite par son cerveau qui essayait de s'échapper de sa prison ».

En 2011, alors que la consommation de drogues baissait régulièrement chaque année depuis dix ans, un sondage américain cosponsorisé par l'association à but non lucratif Partnership for drug free kids (Partenariat pour des enfants libérés de la drogue) et la fondation des assurances MetLife a révélé que la consommation d'ecstasy avait augmenté de 67 % chez les adolescents. Au départ, l'ecstasy, que l'on ingère en général en comprimés, est une substance brevetée en tant que médicament coupe-faim. À ce jour, son usage médical ou thérapeutique n'a pas été approuvé. Aux États-Unis, on la nomme aussi molly sous sa forme en poudre. En France, elle porte différents petits noms, plomb, xeu ou taz, entre autres, et on réserve l'appellation MDMA (ou MD) à la version en poudre ou en cristaux. Elle doit sa popularité auprès des adolescents et jeunes adultes à ses capacités d'intensifier les émotions et de procurer une sensation d'empathie, de connexion avec les autres. Le gouvernement américain l'a classée, en tant que drogue réglementée, dans la catégorie des substances à haut potentiel de risque d'abus, sans application thérapeutique possible, dont la possession illégale peut mener à quinze ans de prison. En Europe, elle est très répandue dans les raves et autres fêtes où se joue de la musique techno. Dans ces milieux, on gobe de l'ecstasy et on tripe : ces voyages produisent un état d'euphorie mouvante en phase avec la pulsation de la techno, incessante, quasi hypnotique. Trop concentrée, l'ecstasy peut être fatale. Comme personne ne sait ce qu'il ou elle achète, les fêtards apportent souvent un kit d'analyse aux raves.

L'ecstasy entraîne des effets secondaires considérables : confusion, agitation, pulsation cardiaque irrégulière, attaques, trouble du sommeil, lésions hépatiques et cérébrales, et bien sûr, décès. En septembre 2013, après avoir consommé du MDMA, deux jeunes sont morts au festival de musique

Electric Zoo de New York, quatre autres ont fini hospitalisés[1]. À cause des décès et malgré le prix des billets, 179 dollars par jour, les organisateurs du festival ont annulé les concerts du dernier jour et ont remboursé les festivaliers. Les derniers mots d'Olivia Rotondo avant de s'écrouler devant un secouriste : « Je viens de prendre six doses de MD. » Elle décédait quelques heures plus tard.

Au-delà d'effets mortels imprévisibles, une consommation régulière d'ecstasy endommage la mémoire à court terme, freine les apprentissages et réduit la production de sérotonine dont on a un besoin vital pour réguler notre humeur. Voici les études scientifiques qui le prouvent.

En 2008, des chercheurs néerlandais ont observé des dégâts substantiels produits par l'ecstasy, même à faibles doses, sur le processus de maturation de la matière blanche et sur le développement de l'hippocampe, à la fois chez les humains et chez les animaux. Comme le cerveau des adolescents est en train de fabriquer sa matière blanche, il est plus sensible aux effets destructifs de l'ecstasy que le cerveau adulte. Une fois adultes, les rats exposés pendant leur « adolescence » au MDMA, ou à d'autres amphétamines, voient leur mémoire de travail endommagée de manière significative et les fonctions du cortex préfrontal perturbées. Ce n'est pas le cas chez les rats exposés au MDMA ou à d'autres amphétamines uniquement à l'âge adulte.

Mais voici ce qui complique le problème chez les adolescents : ils ont une réactivité neuronale plus élevée que les adultes aux drogues tout en étant moins vulnérables à leurs effets physiques secondaires, notamment aux difficultés de coordination motrice. Les conclusions des études ne vous étonneront pas : une sensibilité moindre aux effets secondaires est un des facteurs prédictifs d'une addiction. Les adolescents qui ne souffrent d'aucune réaction indésirable lorsqu'ils expérimentent une drogue pour la première fois auront davantage

1. Richard Zitrin *et al.*, « City Cancels Final Day of Electric Zoo Dance Music Festival After Deaths of Two Concertgoers, Possible Sexual Assault », *New York Daily News*, 1[er]septembre 2013.

tendance à consommer cette drogue encore une fois, et puis encore une, et encore une…

Toutefois, les effets secondaires immédiats du MDMA passent au second plan derrière ses conséquences à long terme. Des expériences en laboratoire ont montré qu'au sein d'un cerveau d'adolescent exposé au MDMA, les synapses sont modifiées dans pratiquement toutes les zones, tous les systèmes, y compris les systèmes de production de la sérotonine. Or une baisse de la sérotonine augmente le risque de dépression et de stress. Le stress, à son tour, altère les récepteurs du glutamate régulant les apprentissages et la mémoire.

La cocaïne modifie définitivement la façon dont le cerveau adolescent traite l'information

Dans de nouvelles expériences avec des rats, le cerveau des sujets adolescents s'est avéré sensible à de plus faibles doses de cocaïne que les sujets adultes. Ces plus faibles doses ont provoqué des symptômes plus sévères. Une expérience canadienne, toujours avec des rats, a notamment montré que les rats adolescents courent plus vite que les rats adultes quand ils sont exposés aux mêmes doses de cocaïne.

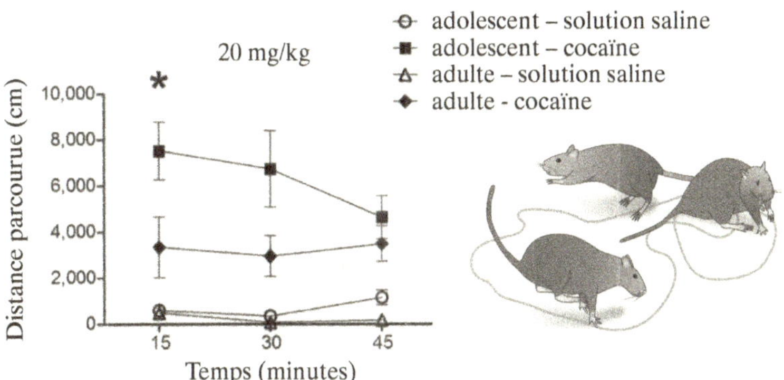

Fig. 22. La cocaïne a plus d'effet sur le comportement de rats adolescents : les rats sous cocaïne courent plus vite, qu'ils soient adolescents ou adultes, mais les sujets adolescents courent plus vite que les adultes et vont plus loin.

La cocaïne est un stimulant que les adolescents et les adultes n'assimilent pas de la même manière. D'abord, elle stimule une plus forte libération de dopamine dans le cerveau adolescent que dans le cerveau adulte. Ensuite, dans le cerveau adolescent, elle agit tout particulièrement en deux endroits : le noyau accumbens, qui, rappelez-vous, pilote les circuits de la récompense, et le striatum dorsolatéral, structure au sein des ganglions de la base où se créent les habitudes. Dans ces deux zones du cerveau, la concentration de dopamine est plus élevée chez les adolescents cocaïnomanes que chez les adultes cocaïnomanes[1]. Or ces deux zones forment ce qu'une chercheuse de l'hôpital McLean, à Belmont, dans le Massachusetts appelle « l'autoroute chimique » du cerveau adolescent. Cette « autoroute chimique », qui se dissout à l'âge adulte, semble offrir aux adolescents une « remarquable capacité à former de fortes associations avec tous stimuli prédictifs d'une récompense[2] ».

Les adolescents deviennent accros à la cocaïne plus vite que les adultes parce que dans le cerveau des jeunes, le circuit de la récompense est beaucoup plus actif, et c'est précisément ce circuit de la récompense que vise ce type de drogue. Comme le pilote de ce circuit, le noyau accumbens, n'est pas encore mature, il recherche un maximum d'excitation pour un minimum d'effort investi. Du coup, en moins de trois mois, les adolescents passent d'une consommation expérimentale de la cocaïne à une consommation hebdomadaire.

Toujours plus préoccupant : d'autres expériences avec des rats montrent qu'une surabondance de dopamine dans le cerveau adolescent modifie définitivement la façon de traiter l'information, rendant le cerveau plus propice aux addictions à l'âge adulte. Les chercheurs canadiens dont vous avez

1. Heather C. Brenhouse et Susan L. Andersen, « Delayed Extinction and Stronger Reinstatement of Cocaine Conditioned Place Preference in Adolescent Rats, Compared to Adults », *Behavioral Neuroscience 122*, N° 2 (avril 2008).

2. Heather C. Brenhouse et Susan L. Andersen, *Ibid.* http://www.sciencedaily.com/releases/2008/04/080421133021.htm

découvert l'expérience d'administration de cocaïne à des rats adolescents ont aussi observé chez ces mêmes rats des changements définitifs dans de nombreuses structures cérébrales, dont le noyau accumbens, le striatum, le cortex insulaire, le cortex orbitofrontal et le faisceau médian du téléencéphale, structures impliquées dans les addictions. Après un mois d'abstinence complète, ces modifications structurelles étaient toujours visibles, ce qui laisse supposer que la cocaïne modifie le cerveau de manière définitive.

Les autres drogues, amphétamines, méthamphétamines, médicaments et héroïne

Les drogues de type cocaïne et les stimulants en vogue que sont les amphétamines et les méthamphétamines tentent le cerveau tels des appâts irrésistibles. Comme la cocaïne, ces stimulants augmentent la concentration de dopamine dans le cerveau et produisent une euphorie planante. Un quart des lycéens américains avouent avoir pris du « speed », autrement dit des « amphét ». Dans le Sud-Ouest et le Midwest rural américains, le pourcentage d'adolescents sous amphétamines est le double de la moyenne nationale.

Les adolescents consomment aussi de plus en plus de médicaments prescrits pour traiter les troubles de déficit de l'attention avec ou sans hyperactivité (TDAH), non pas pour se soigner, mais pour s'empêcher de dormir et étudier la nuit. Ces médicaments, la ritaline ou le concerta, procurent un regain d'énergie et augmentent la concentration des jeunes pour leurs devoirs et dissertations maison. Ce sont aussi des stimulants susceptibles de piéger les adolescents dans un cycle d'accoutumance menant à l'addiction.

Chaque année, depuis dix ans, l'abus de médicaments augmente. Aujourd'hui, 15 % des lycéens américains déclarent prendre des calmants sans prescription médicale, principalement du Valium, du Témesta, du Rivotril et du Xanax[1]. Les chercheurs de l'université Rockefeller ont découvert que l'OxyContin[2], l'antalgique à base d'oxycodone, peut provoquer des lésions cérébrales à vie dans le cerveau adolescent, du fait de modifications permanentes du circuit de la récompense[3]. Pendant l'élagage neuronal qui se produit à l'adolescence (cf Chapitre 4), l'oxycodone fait croire au cerveau qu'il a besoin de plus de récepteurs de dopamine que nécessaire. Cet antalgique active les récepteurs d'opioïdes du cerveau et libère davantage de dopamine dans le centre de la récompense.

Mais dans les lycées américains, la drogue connaissant l'essor le plus rapide est l'héroïne. Prenons l'exemple d'Ian Eaccarino, dont la mère, Ginger Katz, raconte l'histoire sur le site internet Courage to speak (Le courage de parler)[4]. Ian est tombé accro à toutes sortes de drogues dès le collège, en quatrième, et a passé les deux dernières années de sa vie à tenter de s'en sortir. Puis il a replongé :

« Pendant sa deuxième année universitaire et neuf mois avant sa mort, Ian et deux amis ont sniffé de l'héroïne pour la première fois. Ça a fait peur à un des copains et ça a rendu l'autre malade. Mais ça a plu à Ian. Quand il est parti en cure de désintoxication, il m'a dit : "Maman, à la fac, c'est le festival de la drogue. Si on n'a pas d'argent, ils nous fournissent gratos et puis tu deviens accro." »

Un matin, Ginger a découvert le corps sans vie de son fils dans son lit, après une overdose accidentelle d'héroïne.

« La veille de sa mort, j'ai compris qu'il avait rechuté. Il savait à quel point ça me faisait peur, à quel point ça me fai-

1. Certaines des molécules de ces médicaments (diazépam, lorazépam, clonazépam, alprazolam) sont commercialisées sous d'autres marques aux États-Unis et au Canada : Valium, Ativan, Klonopin, Xanax. (*NdT*)

2. Au Canada, l'oxycodone est commercialisée sous les marques Supeudol, Percocet, Percodan, OxyNEO.

3. Mary Jeanne Kreek, Yong Zhang *et al.*, « Behavioral and Neurochemical Changes Induced by Oxycodone Differ Between Adolescent and Adult Mice », *Neuropsychopharmacology 34*, N° 4 (mars 2009).

4. Ginger Katz, « Ian's Story », The Courage to Speak, non daté, https :// www.couragetospeak.org/AboutUs/CouragetoSpeakStories/IansStory.aspx

sait du mal. Il m'a dit : "Maman, j'irai voir le médecin demain matin. Je ne pars plus vivre chez mes potes." On est tombé d'accord. Plus tard, il est monté me voir et il m'a juste dit : "Je suis désolé, Maman." Je l'entends encore. Je n'ai pas pensé une seconde qu'il descendrait sniffer encore une fois. Il avait beau être pris de remords, les drogues ont eu le dessus. »

Un administrateur d'une clinique de désintoxication du Connecticut m'a expliqué qu'il avait dû surmonter son propre alcoolisme contracté à l'âge de treize ans. Avec le recul de ses cinquante ans, il m'a dit qu'il voyait de nombreux gamins sportifs tomber dans les drogues dures après avoir pris des antalgiques pour soigner une blessure. « Collectivement, face à la souffrance, nous sommes des chochottes, m'a-t-il déclaré. Les parents ne veulent pas que leur enfant souffre, alors ils s'arrangent pour que le médecin lui prescrive un antalgique. Le gamin prend du Percocet[1], par exemple, et même quand il n'a plus mal, il continue à en prendre, parce qu'il est un peu accro, physiquement. Au bout d'un moment, il n'a plus de Percocet, mais il arrive à se procurer de l'oxycodone sous le manteau. L'oxy, bien sûr, c'est cher, alors quand on lui propose de l'héroïne, moins chère, il a du mal à résister. Comme il ne se perçoit pas comme un drogué et ne se piquerait jamais, il sniffe l'héroïne, qui est dix fois plus forte et dix fois moins chère que l'oxycodone. En un clin d'œil, un gamin qui s'est fait mal en pratiquant un sport est accro à la blanche et il est perdu. Quand il comprend que ça lui revient encore moins cher de se piquer à l'héro, il tombe au fond du trou. » Constat macabre que ce directeur de clinique a pu confirmer maintes et maintes fois.

Comment parle-t-on aux adolescents de ce genre de danger ? Ils feront sans doute la sourde oreille, mais d'après ce directeur de clinique, plus ils s'identifient avec ce qui est arrivé à d'autres personnes piégées par la drogue, plus ils entendent

1. Analgésique puissant associant les effets de l'oxycodone à ceux du paracétamol, commercialisé aux États-Unis. Cette association de molécules n'est pas commercialisée en France et ne peut pas être prescrite. (*NdT*)

d'histoires d'addiction proches de leur univers familier, plus le message préventif passe.

L'addiction des adolescents est particulièrement pernicieuse parce qu'au fil du temps, le cerveau réagit à l'hyperactivité de la dopamine en réduisant les récepteurs de dopamine. Une baisse de récepteurs engendre une baisse de stimulation, d'où le phénomène appelé « tolérance ». L'ado drogué doit augmenter les doses de drogue pour obtenir l'effet de sa première prise. En parallèle, comme son circuit de la récompense est hypersensible à la stimulation, il éprouve des sensations de manque plus fortes que les adultes. Conséquence : l'ado drogué est davantage prédisposé à l'anxiété, à l'irritabilité et à la dépression. Il risque donc encore plus de recommencer à se droguer.

Voilà ce qui me fait froid dans le dos : à l'adolescence, ce qui se joue dans le cerveau rend non seulement cette période difficile à vivre, mais augmente aussi le risque de se droguer. L'immaturité du cortex préfrontal entraîne un manque de contrôle des comportements impulsifs, une moindre compréhension des conséquences de chaque décision et restreint le nombre d'outils accessibles pour mettre un terme à un comportement. L'immaturité du noyau accumbens, plus actif que chez l'adulte, pousse les adolescents à rechercher comme par automatisme les activités à haut risque, forte récompense, n'importe quoi tant que cela demande un moindre effort pour un maximum de gain.

Que peuvent faire les parents ?

Désormais, on connaît les dangers de la drogue, on en connaît les conséquences mortelles. Mais les répercussions d'une seule mauvaise décision, d'un seul choix impulsif, sont multiples. Elles ne traumatisent pas que les familles des toxicomanes. Tel un effet domino, elles dévastent tout l'entourage, y compris, et surtout, d'autres adolescents. Après l'enterrement d'Irma Perez, la jeune Californienne morte d'avoir avalé une seule pilule d'ecstasy, cinq autres jeunes ont dû faire face aux conséquences de leurs actes, soit pour lui avoir fourni la drogue, soit pour avoir manqué de lui donner accès aux soins médicaux nécessaires. Deux filles de quatrième ont plaidé coupable sur deux chefs d'accusation : vente d'une substance à usage contrôlé à un enfant, et cruauté avec risque de préjudice corporel ou de mort[1]. Pendant les poursuites judiciaires des trois autres jeunes, elles ont été forcées de collaborer avec le procureur puis envoyées huit mois dans une clinique de désintoxication pour jeunes filles. Un jeune homme de vingt ans, Anthony Rivera, a été reconnu coupable d'avoir vendu l'ecstasy à la jeune Calin Fintzi, dix-sept ans, qui l'a ensuite revendue à Irma et à ses deux amies de collège. Rivera avait aussi fourni le cannabis, pensant soulager la souffrance d'Irma suite à sa réaction à l'ecstasy. Il a écopé de cinq ans de prison. Et la cinquième personne, Angelique Malabey ? Elle a passé six mois en prison pour avoir aidé Rivera à cacher la drogue après la mort d'Irma.

J'insiste sur ce point : l'adolescent est biologiquement préformaté pour être plus irrésistiblement attiré par les drogues qu'un adulte. Nous pouvons aider un toxicomane adolescent par une approche énergique et ferme de son addiction, mais nous devons sans doute aussi lui adresser plus d'empathie qu'à un toxicomane adulte. Un adolescent peut encore changer et guérir de par notre intervention agressive. N'importe quel « chouette » gamin peut avoir de « mauvaises » fréquentations et tomber très facilement dans le piège de la drogue. Donc, parents, enseignants et même copains du même âge, nous devons tous garder un œil sur les signes d'une addiction. Un repli sur soi, des changements spectaculaires dans l'appétit, une irritabilité excessive ou un manque d'hygiène personnelle, parmi d'autres signes, devraient nous alerter.

Nous pouvons demander à d'autres adultes dans l'entourage de notre ado s'ils observent les mêmes symptômes. Cela

---

1. Michelle Durand, « Teenager in Ecstasy Death Takes Deal », *Daily Journal* (San Mateo, CA), 8 juillet 2004.

me gêne de vous le dire aussi brutalement : face à ces symptômes, n'hésitez pas à fixer un seuil de tolérance assez bas vous permettant de soupçonner rapidement une addiction. Vous rendrez service à votre enfant. Si vous devez endosser les manières d'un détective et fouiller sa chambre en son absence, faites-le... pour lui, pour elle. Si vous trouvez des preuves d'une addiction, vous devez en parler à votre médecin. L'addiction est un problème médical, et non pas seulement un « comportement délinquant ». L'addiction est une maladie qui se soigne. Il existe des sites internet pour vous guider, vous et votre ado, vers des services d'accompagnement gratuits. Pour un premier pas, si vous résidez en France, vous pouvez commencer par le site Drogues Info Service, www.drogues-info-service.fr. La plupart des départements français offrent des services et des groupes de paroles qui vous apporteront de l'aide. Si vous avez le moindre soupçon, vous devez les contacter. Il est possible que vous sauviez ainsi la vie de votre enfant.

11

Le stress

Tous les jours ou presque, les parents et les enseignants ont droit à une démonstration de la versatilité des adolescents : il ne se passe pas une journée sans que ces derniers ne se mettent en rogne, fondent en larmes, boudent, se referment comme des huîtres et s'énervent ou deviennent franchement hostiles. D'un autre côté, ils sont aussi enclins à la surexcitation et aux bouffées d'enthousiasme. On me demande souvent comment savoir quand ils franchissent un seuil et ne vont vraiment pas bien : comment distingue-t-on une crise d'angoisse passagère d'un tourment plus sombre, plus inquiétant ? Il est déjà si difficile de savoir ce qu'ils ont mangé à la cantine, alors leur faire cracher le morceau s'ils sont déprimés ou anxieux, ce n'est pas de la tarte ! Après, il faut encore les amener à articuler le problème, à en parler… Autant soulever une montagne !

Je me souviens parfaitement de ce que j'ai ressenti adolescente quand mon petit ami du lycée m'a plaquée et quand, plus tard, je n'ai pas eu la note escomptée à un cours de la fac : j'étais anéantie. Je n'oublierai pas plus mon émotion quand j'ai appris mon admission en fac de médecine : l'euphorie. Les émotions forment le baromètre de notre bien-être psychique. Un monde sans émotion, franchement, serait difficile à imaginer. Pendant l'adolescence, plus qu'à n'importe quel autre moment, les émotions règnent sur nos vies. Les adolescents sont au plus haut ou au plus bas, mais rarement quelque part entre les deux. De notre point de vue de parents, ils semblent avoir perdu le contrôle et cela nous effraie. Parce qu'ils n'ont pas encore les moyens de se calmer avec leurs lobes frontaux, il nous faut leur fournir l'apaisement, le filtre, la régulation que leur cerveau ne peut pas encore leur procurer.

Comment savoir si un déferlement émotionnel, un changement d'humeur, un acte impulsif, une grosse déception relèvent du comportement adolescent ordinaire ou de symptômes dont on doit s'inquiéter, manifestant les prémices d'une dépression ou d'un trouble anxieux ? Certains signes annoncent différentes sorties de route, à différents niveaux et à divers degrés, mais avant de nous y plonger au chapitre 12 (Les maladies mentales), je dois d'abord faire un détour par le monde des émotions et du stress adolescent.

L'adolescent est un chaudron émotionnel

L'émotion et non la raison pilote les réactions des adolescents à leur environnement. C'est en partie ce qui rend l'adolescence si difficile à traverser. Les adultes le savent, les ados aussi. Souvent, ces derniers décrivent leur vie comme un « film », selon les circonstances « trop horrible » ou « trop génial ».

Comme pour les adultes, ce « film » dépend fortement de l'amygdale, d'où proviennent les émotions et réactions les plus primitives : la peur, la colère, la haine, la panique, la tristesse. La différence principale entre la vie émotionnelle des adultes et celle des adolescents se situe au niveau de l'utilisation des lobes frontaux : les adolescents les activent nettement moins que les adultes quand ils se confrontent à une émotion, surtout dans une situation de crise.

Toute crise produit une réaction de stress, qu'elle surgisse à cause de facteurs externes liés à l'environnement, ou de facteurs internes, tels les pensées et les sentiments. Dans le chapitre 1, nous avons vu que les adolescents sont moins bien protégés du stress que les adultes parce qu'ils ne réagissent pas de la même manière au THP, l'hormone apaisante produite en cas de stress. Au lieu de calmer les adolescents, cette hormone augmente leur anxiété. Les adolescents diffèrent émotionnellement des adultes pour une autre raison : pas encore capables d'accéder totalement à leurs lobes frontaux, il arrive qu'ils perdent le contrôle sur d'autres zones cérébrales impliquées dans la réaction aux menaces extérieures, ce qui amplifie la sensation de danger et la peur.

La peur, comme toutes les émotions primaires, active l'axe hypothalamo-hypophyso-surrénalien (HHS). Face à une situation de stress, l'amygdale réagit en premier. Elle transmet des hormones du stress à l'hypophyse qui transmet à son tour d'autres substances aux glandes surrénales situées juste au-dessus des reins, déclenchant la libération d'adrénaline (aussi appelée épinéphrine). Dans des situations de stress très élevé, le rôle des glandes surrénales consiste à préparer le corps à réagir : elles augmentent le rythme cardiaque, dilatent les vaisseaux sanguins, augmentent le taux d'oxygène et redirigent le sang du tube digestif vers les muscles et les membres pour nous aider à fuir en courant. Si notre instinct nous dicte de rester et de lutter, alors nos pupilles se dilatent, notre vue s'affine, notre perception de souffrance diminue, le tout pour mieux nous préparer au « combat ». Dans cet état d'alerte maximale, le moindre stimulus présente un péril que notre corps s'apprête à encaisser.

Les menaces de vie ou de mort immédiates sont nettement moins nombreuses aujourd'hui que pour nos ancêtres chasseurs-cueilleurs. Mais la réaction de lutte ou de fuite est toujours en nous, encodée dans nos gènes. Les adolescents, dont les lobes frontaux contrôlent moins bien l'amygdale, ont tendance à répondre aux situations de stress avec une réactivité émotionnelle nettement plus intense que les adultes, qui peuvent compter sur leur cortex préfrontal pour contrôler leur colère et leur peur.

Dans le chaudron émotionnel de l'adolescent, en sus de l'adrénaline, on trouve une autre substance neurochimique, le cortisol. Normalement, le niveau de cortisol fluctue sur un cycle de vingt-quatre heures, atteignant un pic le matin au réveil. Les émotions douloureuses, le stress, l'inquiétude, l'anxiété, la colère et la solitude, ont toutes été corrélées de manière significative à un niveau plus élevé de cortisol. Dans la journée, le niveau de cortisol augmente de 50 à 60 % puis chute, d'abord brusquement, puis plus lentement dans l'après-midi et le soir, pendant plusieurs heures, jusqu'à atteindre son minimum vers minuit. Les études montrent qu'entre le milieu et la fin de l'adolescence, surtout chez les filles, les niveaux de cortisol s'élèvent un peu au-dessus des niveaux moyens observés au sein de la population adulte normale. Voilà pourquoi, chez l'adolescent, la solitude est aussi corrélée à une augmentation de l'anxiété et du stress.

Émotions fortes et stress vont main dans la main. Pour les adolescents, les facteurs de stress sont partout, dans la salle de cours et en dehors, qu'ils craignent de prendre la parole devant les autres, de se faire rejeter ou brutaliser. Aujourd'hui, dans un contexte socialement problématique composé de vies familiales chaotiques, d'exposition à toutes sortes de sollicitations via Internet et aux vicissitudes inhérentes aux réseaux sociaux, l'anxiété des enfants se développe dans des proportions astronomiques. Nos gamins si sympas, si normaux, éprouvent de sérieuses difficultés à s'en sortir quand ils sont stressés. Or plus tard dans la vie, les situations de stress et traumatismes émotionnels qu'ils auront vécus à l'adolescence peuvent avoir un impact grave sur leur santé mentale et émotionnelle.

Comparés au reste de la population, les adolescents courent un risque particulièrement élevé de vivre un traumatisme émotionnel, avec des conséquences parfois désastreuses sur le développement de leur cerveau. En 2010 en Caroline du Nord, une grosse étude a montré qu'avant d'atteindre leur seizième année, un quart de tous les adolescents traversent une expérience « de grande intensité » ou un « stress extrême », qu'il s'agisse d'un accident grave, d'une maladie, du décès d'un parent, d'un abus sexuel, de violences familiales, d'une catastrophe naturelle, d'une guerre, de terrorisme. Les événements de faible intensité incluent une séparation ou un divorce des parents, une rupture avec une amie ou un petit copain[1]. Un tiers des adolescents sondés avaient vécu un événement de faible intensité au moins une fois pendant les trois mois précédant l'étude.

Le stress n'a pas le même effet chez l'adolescent

Chez les adolescents, le stress n'a pas le même effet que chez les adultes[2] : les conséquences du stress sur leur capacité d'apprentissage et leur mémoire peuvent les prédisposer à des troubles psychiques, notamment la dépression et le trouble de stress post-traumatique (TSPT). Il arrive aussi que le stress les pousse à piquer dans la pharmacie parentale et à s'automédicamenter en stimulants ou en anxiolytiques, ouvrant la porte à l'addiction.

Voyons d'abord l'impact du stress sur les apprentissages. Vous le savez déjà, trop de stress nuit aux apprentissages des adultes comme des adolescents. Un petit peu de pression nous motive, mais trop de pression fait chuter l'attention et nous rend incapables d'apprendre quoi que ce soit. Nous avons tous vécu la scène de l'enfant figé d'effroi qui ne sait plus épeler un mot simple. Ce « gel » de la mémoire est un phénomène réel. Tout simplement, l'hippocampe, entre autres, cesse de fonctionner. Pourquoi ? Pendant une réaction de stress, l'afflux de cortisol interfère avec la mémoire. Voici une des expériences qui le prouvent : dans des conditions normales, les rats sont d'excellents élèves pour apprendre à naviguer dans un labyrinthe. Mais si on place un chat à l'extérieur de leur cage, ces mêmes rats s'immobilisent et deviennent incapables d'apprendre à sortir de leur labyrinthe.

1. John Fairbank *et al.*, « Building National Capacity for Child and Family Disaster Mental Health Research », *Professional Psychology, Research and Practice* 41, N° 1 (1er février 2010).

2. Sheryl S. Smith, « The Influence of Stress at Puberty on Mood and Learning : Role of the α4βδ $GABA_A$ Receptor », *Neuroscience* 249 (septembre 2012).

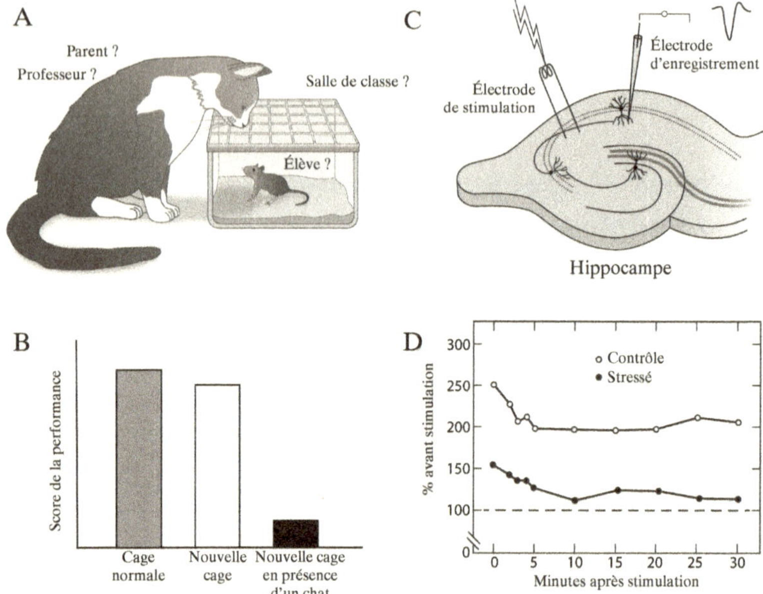

Fig. 23 : Le stress diminue à la fois capacité d'apprendre et PLT. A et B : les rats obtiennent de bonnes performances quand ils apprennent à réaliser une tâche dans leur cage sous conditions normales ou quand on les change de cage. Mais dès qu'un chat est positionné de l'autre côté de leur nouvelle cage, les rats se figent fréquemment et sont incapables d'apprendre. C et D : dans des coupes d'hippocampes issues des rats « stressés », les pics de stimulation ont engendré une PLT bien plus faible que dans les coupes d'hippocampes issues de rats appartenant au groupe de contrôle, ce qui démontre l'effet des hormones du stress sur les synapses.

En cas de stress chronique, une des structures cérébrales les plus endommagées est l'hippocampe, dont on a vu le rôle critique dans l'apprentissage et la mémorisation (Chapitres 3 et 4). Le stress chronique produit des effets en cascade sur l'apprentissage, à commencer par une diminution de la PLT et l'élimination de connexions synaptiques.

À nous de rester attentifs à ce que les adolescents considèrent comme stressant. Pour eux, le collège et le lycée équivalent parfois à la cage de l'expérience ci-dessus, avec les parents et les enseignants dans le rôle du chat ! De manière générale, dans de telles circonstances, la pensée devient moins agile.

Dans d'autres expériences avec des animaux, les chercheurs ont découvert que le cerveau des sujets adultes se remettait d'une période de stress en moins de dix jours environ. En revanche, chez les sujets adolescents, les effets du stress se prolongeaient sur une durée d'environ trois semaines, suggérant non seulement des conséquences longue durée, mais aussi, peut-être, irrévocables. Voilà de quoi nous faire réfléchir, quand on pense à nos ados et à tous les facteurs de stress qui peuvent les faire craquer.

Le stress a-t-il d'autres conséquences structurelles sur le cerveau adolescent ? La recherche commence tout juste à apporter des éléments de réponses. Des expériences avec des rats montrent que les rats adolescents stressent en cas d'isolement social. À Boston, une équipe de chercheurs de McLean a découvert que dans ces situations d'isolement, les rats adolescents ont tendance à obtenir de moins bonnes performances aux tests du labyrinthe et affichent un comportement que les chercheurs interprètent comme de l'impuissance[1]. À l'examen du cerveau de ces rats, les chercheurs observent un nombre inférieur de synapses et une quantité moindre de myéline, notamment dans les lobes frontaux et l'hippocampe. L'amygdale semble avoir grossi, peut-être dans l'effort de gérer le défi. Clairement, le stress altère le processus de maturation des cerveaux des rats adolescents stressés !

Désormais, grâce aux IRM, nous pouvons observer la matière blanche et la matière grise du cerveau des humains. Sur la base de ces observations, il semble que la même chose se produit chez nos adolescents que chez les rats. Chez les humains aussi, le cortex préfrontal, l'hippocampe et l'amygdale jouent un rôle très important de régulation de la réaction au stress. Tout comme l'hippocampe du rat, l'hippocampe de l'adolescent stressé rétrécit (ce qui n'est bon ni pour la mémoire ni pour les apprentissages) et l'amygdale grossit.

---

1. Melanie P. Leussis, Susan L. Andersen, *et al.*, « Depressive-Like Behavior in Adolescents After Maternal Separation : Sex Differences, Controllability and GABA », *Developmental Neuroscience* 34, N° 2-3 (2012).

Une augmentation du fonctionnement de l'amygdale pourrait expliquer les réactions extrêmes constatées lors de TSPT (Trouble de stress post-traumatique).

L'adolescent est plus exposé au risque d'un TSPT

Quand le traumatisme est sévère et prolongé, l'adolescent a plus de risque de former un TSPT qu'un adulte. Normalement, une personne développe un TSPT lorsqu'un incident ou un événement mettent sa vie en danger. Or tous les adolescents, même s'ils ne subissent aucun stress anormal, ont une amygdale dont le fonctionnement est exagéré. Et donc, des réactions au stress exagérées, elles aussi.

À l'Institut Sackler de l'université Cornell, B. J. Casey et son équipe ont utilisé l'IRMf pour comprendre la réaction du cerveau face à un stimulus effrayant[1]. Ces chercheurs ont montré l'image d'un visage effrayé à quatre-vingts personnes âgées de huit à trente-deux ans. Leurs résultats montrent que chez les adolescents exposés à des images stressantes, l'amygdale s'active davantage que chez les enfants ou les adultes.

Chez l'adolescent, l'exposition au stress d'un circuit de la peur déjà hyperactif peut faire des ravages. Sans thérapie, les adolescents souffrant d'un TSPT peuvent devenir sujets à une peur et à une anxiété paralysantes tout au long de leur vie. Leurs symptômes et problèmes incluent la peur et l'anxiété, mais pas uniquement : ils ressentent aussi davantage de tristesse, de colère, de solitude, manquent de confiance et ont du mal à se fier aux autres. Leurs problèmes comportementaux varient sur toute la gamme des possibles : isolement social, performances scolaires médiocres, agressivité, hypersexualité, automutilation, toxicomanie, alcoolisme.

1. B. J. Casey *et al.*, « Biological Substrates of Emotional Reactivity and Regulation in Adolescence During an Emotional Go-Nogo Task », *Biological Psychiatry* 63, N° 10 (15 mai 2008).

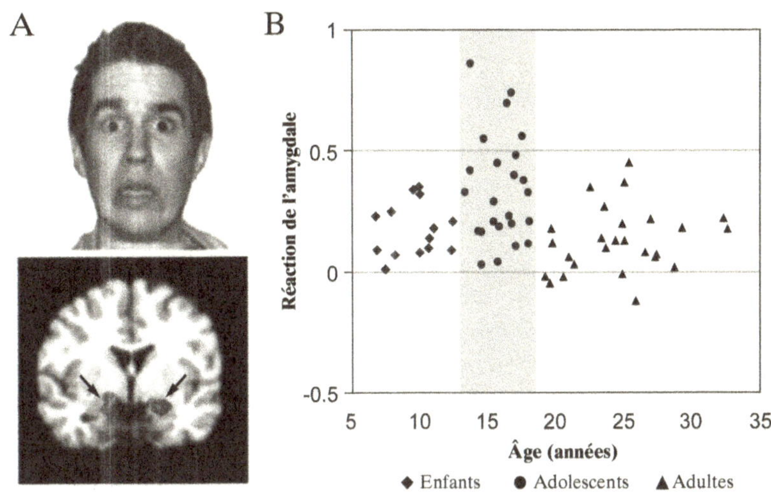

Fig. 24. Comparée aux enfants et aux adultes, la réaction à un stimulus de stress est plus forte chez les adolescents. A. Les chercheurs exposent les participants à deux types d'images : des visages effrayés et des visages non effrayés. B. Par IRMf, ils observent l'activation du circuit de la peur dans l'amygdale. Les réactions des adolescents étaient globalement plus fortes que celles des sujets plus jeunes ou plus âgés.

Quand ils souffrent d'un TSPT, adolescents et enfants ont tendance à rejouer leur traumatisme dans leurs jeux et production artistique. Ils se montrent aussi plus impulsifs et plus agressifs que les adultes atteints d'un TSPT. Les études suggèrent qu'une simple confrontation avec une autre personne éprouvant colère ou peur déclenche une activité anormalement élevée dans les centres émotionnels de leur cerveau.

Pour la majorité des gens, TSPT et anciens combattants vont de pair. Comme la plupart des femmes et des hommes envoyés au combat ont entre dix-huit et vingt-cinq ans, leur cerveau est plus touché que ceux des adultes plus âgés. Les scientifiques du Centre national de l'étude des vétérans basé à l'université de l'Utah[1] ont observé que 46 % des soldats déployés en Irak ou en Afghanistan (dont une majorité a

1. National Center for Veteran's Studies, University of Utah. (*NdT*)

participé aux combats) déclaraient avoir des pensées suicidaires[1]. Ce taux est exceptionnellement plus élevé que le taux moyen des étudiants à l'université déclarant songer sérieusement au suicide : 6 %. Le risque que les jeunes vétérans passent à l'acte est sept fois plus élevé que chez les étudiants à l'université n'ayant jamais participé à un conflit armé.

D'après l'Association psychiatrique américaine, les deux facteurs les plus prédictifs d'un TSPT chez l'adolescent sont l'exposition à la violence et la mort soudaine d'un proche. Le déclencheur le plus courant des deux ? Le décès inattendu d'un proche. Malgré tout, les chercheurs observent que les professionnels de santé négligent souvent la possibilité d'un TSPT adolescent, sans doute parce que l'adolescent enchaîne les hauts et les bas émotionnels, les désobéissances, les replis sur soi, les grosses bêtises, les dépressions et autres comportements typiques de cette étape du développement. Mais chacun de ces comportements typiques peut aussi indiquer un TSPT, à la différence près qu'un adolescent souffrant d'un TSPT exhibera plus de peur et d'agitation, moins de versatilité dans son humeur, moins de repli sur lui-même, qu'un adolescent dépressif. Par ailleurs, vous ne serez pas surpris d'apprendre que les troubles anxieux sont plus fréquents chez les enfants et adolescents exposés à un traumatisme.

Traumatismes et stress ne font de cadeau ni au cerveau des adolescents ni au cerveau des enfants plus jeunes. Des années avant l'adolescence, voire même in utéro, ils peuvent provoquer des modifications cérébrales. Chez les jeunes de dix-sept ans dont la mère a subi un stress anormal pendant la grossesse (un divorce, un licenciement ou le décès d'un proche), le niveau des hormones du stress est plus élevé que la normale, même au repos. Les garçons sont plus exposés que les filles aux facteurs de stress traumatique, mais les études montrent que, si elles sont exposées à un événement traumatisant, les filles encourent plus de risques de développer un TSPT.

---

1. Craig Bryan, « Understanding and Preventing Military Suicide », *Archives of Suicide Research* 16, N° 2 (2012).

Le stress sévère et chronique va aussi de pair avec la violence psychologique. Les chercheurs de l'université College de Londres ont observé sous IRMf le cerveau de vingt enfants et jeunes adolescents apparemment en bonne santé mais ayant subi des maltraitances. Pendant le scan, quand ils leur montraient une photo de visages en colère, l'activité dans l'amygdale et l'insula antérieure, connue non seulement pour son implication dans la détection de menaces, mais aussi dans l'anticipation de la douleur, s'intensifiait de la même manière que chez un soldat déployé sur le terrain.

En fin d'année 2011, une autre étude réalisée par les scientifiques de l'université de Yale a révélé que chez les adolescents, la maltraitance physique, la violence psychologique ou la négligence provoquait des dégâts cérébraux importants, même en l'absence d'un diagnostic de troubles mentaux : les adolescents maltraités disposent de moins de matière grise dans le cortex préfrontal[1]. Or les chercheurs estiment qu'une activité moindre du cortex préfrontal pourrait perturber leur motivation, le contrôle de leur impulsivité, ainsi que leur capacité à se concentrer, à mémoriser et à apprendre. Chez les adolescents victimes de négligence émotionnelle, les chercheurs observent aussi une diminution de l'activité dans les zones cérébrales régulant les émotions. Parmi ceux ayant souffert de maltraitances physiques, les garçons montrent une réduction plus importante de l'activité cérébrale dans les zones associées au contrôle des impulsions et de l'addiction : ces garçons ont donc plus de risque de devenir alcooliques ou toxicomanes. Les filles, elles, montraient une baisse de l'activité cérébrale dans les zones associées à la dépression. Cependant, les scientifiques soulignent que ces déficiences ont fort peu de chance d'être permanentes, en grande partie grâce à la plasticité du cerveau adolescent.

1. Erin Edmiston *et al.*, « Corticostriatal-Limbic Gray Matter Morphology in Adolescents with Self-Reported Exposure to Childhood Maltreatment », *Archives of Pediatric and Adolescent Medicine* 165, N° 12 (décembre 2011).

Ce que peuvent faire les parents

De nos jours, il est clair que la vie des adolescents est soumise à un stress sans fin. Leur usage des nouvelles technologies est tel qu'il est impossible de les protéger de l'exposition aux violences, tueries et catastrophes quasi quotidiennes déversées par les médias. Travailler sur les conséquences d'un traumatisme devient d'autant plus important, que ce dernier soit vécu par de nombreuses personnes en même temps, comme cela a pu être le cas en avril 2013, lors de l'explosion de deux bombes à l'arrivée du marathon de Boston, ou qu'il ne touche qu'une seule personne, brutalisée physiquement ou persécutée en ligne, par exemple. Les adolescents sont très sensibles au harcèlement et aux critiques et ont du mal à comprendre le manque d'argument ou de logique derrière les accusations de leurs persécuteurs. Les équipes enseignantes et les parents doivent prendre le harcèlement au sérieux, car il n'est en rien anodin pour ses victimes.

L'Association américaine de psychologie recense plusieurs façons d'aider les adolescents ayant vécu un traumatisme d'envergure médiatisé[1] :

- Trouver un lieu sûr où placer les adolescents à l'abri des regards et des médias.
- Éloigner les adolescents avec douceur et fermeté du lieu où s'est produit l'événement traumatique, des éventuels blessés graves ou de menaces persistantes.
- Réconforter les adolescents montrant des signes de panique ou de grande affliction : tremblements, agitation, refus de parler, sanglots violents ou accès de fureur. Rester auprès d'eux jusqu'à ce qu'ils aillent mieux.
- Aider les adolescents à se sentir en sécurité en privilégiant la communication verbale et non verbale de notre compassion. Il est très important de les rassurer.

1. American Psychological Association, « Children and Trauma », Groupe de travail créé par le président américain sur le TSPT et les traumatismes des enfants et des adolescents, 2008.

- Informer les adolescents au sujet de l'événement traumatique en utilisant un langage qu'ils peuvent comprendre. En comprenant ce qui s'est passé, ils se sentiront davantage maîtres d'eux-mêmes.

Heureusement, la résilience des adolescents est indissociable de leur vulnérabilité. Prenons l'exemple des jeunes ayant survécu à l'explosion des bombes, lors du marathon de Boston : quelques semaines, quelques mois après cet événement traumatisant, certains participaient à la fête annuelle de leur lycée ou retournaient sur les bancs de l'université. La résilience n'est pas un cadeau de naissance dont on bénéficie ou pas. En fait, elle s'apprend. C'est pourquoi les adolescents, malgré leur forte vulnérabilité aux effets négatifs du stress, sont aussi mieux équipés que la plupart des adultes pour apprendre à réagir positivement au stress. En tant qu'adulte, vous êtes parfaitement bien placé pour l'expliquer à vos ados et pour les encourager à prendre soin d'eux-mêmes (en mangeant correctement et en dormant suffisamment), à prendre les rênes de leur vie (en se fixant des objectifs, même petits, qu'ils chercheront à atteindre pas à pas), et à l'apprécier (en se débranchant de temps en temps d'Internet, des SMS, des réseaux sociaux pour prendre le temps de parler de leurs problèmes avec quelqu'un de confiance).

Vous pouvez leur montrer à quel point vous êtes mature et sage en acceptant que cette personne de confiance ne soit pas nécessairement vous, mais un autre adulte, une tante, un oncle, une grand-mère ou un grand-père, voire même une amie particulièrement équilibrée du même âge. Qui que soit cette personne, il est indiscutable qu'adultes et encadrement familial de qualité jouent un rôle important dans la vie des adolescents, surtout ceux vivant un stress intense.

12

Les maladies mentales

Souvent, pour accompagner nos enfants dans la traversée de la tempête adolescente, il nous suffit de naviguer à leurs côtés et de garder le cap par gros temps jusqu'à l'accalmie. Mais l'adolescence est une période propice aux humeurs versatiles et aux comportements erratiques. Il est d'autant plus important que les parents, enseignants et tuteurs comprennent les besoins émotionnels des adolescents, besoins spécifiques à cette phase, notamment pendant une crise ou un épisode de stress, quand la vulnérabilité face aux troubles mentaux est maximale.

Pour savoir si votre adolescent traverse une difficulté passagère ou si quelque chose de plus grave est en train de se passer, voici deux principes de base. Premièrement, tout changement de comportement qui s'ajoute à d'autres changements ou à d'autres symptômes doit augmenter vos soupçons. Votre adolescent n'est sans doute pas « juste en train de faire le difficile ». Deuxièmement, mieux vaut prévenir que guérir. Si le changement, radical ou progressif, que vous observez chez votre ado vous inquiète d'une quelconque manière, alors mieux vaut demander de l'aide pour votre enfant.

Chez les adolescents, un comportement difficile ou erratique s'exprime via une grande variété d'états émotionnels, allant de la mauvaise humeur et de la tristesse au conflit, à la colère et à l'agressivité. Il est difficile de placer précisément une ligne de démarcation entre ces états émotionnellement chargés, mais naturels à l'adolescence et les « vraies » maladies mentales. Pourquoi ? Parce que ces comportements extrêmes, attendus à cet âge, sont identiques chez les adolescents ne souffrant d'aucun trouble de la personnalité ou de l'humeur et chez les adolescents atteints de troubles plus graves, comme la dépression sévère, le trouble bipolaire ou la schizophrénie. Il est notamment très difficile de repérer les signes d'une dépression chez les adolescents dont on partage la vie au quotidien ! Nous nous efforçons de comprendre s'ils sont juste renfermés ou sévèrement dépressifs, mais ils nous compliquent la tâche. D'abord, parce qu'ils ne se séparent jamais de leurs engins électroniques et semblent plus introvertis comparés aux adolescents d'il y a vingt ans, et aussi parce qu'ils participent à moins d'activités de groupe que quand ils étaient petits.

Les « vraies » maladies mentales doivent être diagnostiquées et la plupart se soignent. Mais comment savoir si vos ados en souffrent ?

Quand faut-il commencer à s'inquiéter ?

En 2010, j'étais membre du bureau de la Société des neurosciences, un des plus grands regroupements de neuroscientifiques au monde. À San Diego, lors de notre rassemblement annuel, j'ai eu le privilège de rencontrer l'actrice Glenn Close, la célèbre star de nombreux films, notamment *Le Meilleur*, *Le Monde selon Garp*, *Liaison Fatale* puis *Les Liaisons dangereuses*. Nous avions invité Glenn à prononcer le discours d'ouverture de notre rassemblement du fait de son engagement pour la santé mentale et pour la recherche en neurosciences. Glenn est une personne chaleureuse, souriante et terre à terre, avec un très grand sens de l'humour. Elle est aussi infatigable. En 2009, elle a créé l'association caritative Bring Change 2 Mind (Changez les esprits) dans le but de promouvoir une meilleure compréhension des maladies mentales. Devant une audience captivée de neuroscientifiques, elle a expliqué comment elle avait puisé l'énergie de cet engagement au sein de sa famille :

« J'appartiens à la douzième génération d'une famille Yankee du Connecticut très collet monté, rentre ta chemise, tais-toi et obéis, pour l'amour du ciel ne montre rien de tes sentiments à personne, travaille dur, ne te plains jamais, gagne de l'argent, mais ne le dépense pas, joue pour gagner, maîtrise le backgammon, le bridge et le golf, brille en société. Nous étions aussi une famille totalement dépourvue de vocabulaire dès qu'il s'agissait de parler de maladie mentale. »

Glenn s'est attelée à la tâche quand elle a découvert que sa sœur Jessie et son neveu étaient en guerre constante, « à la vie, à la mort », contre un trouble bipolaire et un trouble schizoaffectif. Jessie et Glenn ont suivi leurs études au début des années 1970, dans une école privée (Rosemary Hall, aujourd'hui Choate Rosemary Hall). Glenn raconte comment, au collège, Jessie a subitement manifesté des comportements et des émotions problématiques. Jessie avait des changements d'humeur violents et, dans ses phases maniaques, agissait souvent impulsivement, relevant par exemple le défi lancé par ses copines de balancer le chat de la responsable de l'internat dans la conduite du linge sale. Au fil de ses sautes d'humeur, ses notes se sont dégradées et elle a redoublé sa troisième. Elle a arrêté ses études en seconde et tout a périclité à partir de ce moment. Elle a tenté de se suicider, a été hospitalisée, s'est mariée, le tout plusieurs fois. Elle n'a vraiment été diagnostiquée et suivie médicalement qu'à l'âge de quarante-cinq ans.

Jessie s'est aussi adressée à l'assemblée de neuroscientifiques et a expliqué que quand elle était ado, elle ne comprenait pas vraiment ce qui lui arrivait, sa famille non plus. Des années plus tard, à sa grande surprise, alors qu'elle se battait elle-même contre la maladie mentale, elle n'a pas su en reconnaître les symptômes chez son fils Calen.

« La maladie mentale n'est pas facile à déceler quand on n'a aucune expérience, a-t-elle déclaré. En 1999, lors de la descente aux enfers de Calen, je croyais qu'il faisait juste l'ado difficile. Calen est mon fils aîné et je n'avais aucune idée de ce qui était "normal" pour un ado. Si seulement j'avais su reconnaître certains signes. Tout ce que je savais, c'est que Calen n'était plus vraiment Calen. Je me sentirai toujours coupable, j'aurai toujours honte de n'avoir rien compris à ce qui arrivait à mon fils, de n'avoir pas cherché l'aide dont il avait besoin. »

Lors de cette conférence, Calen, vingt ans, s'est exprimé, lui aussi[1]. Il a parlé de la brutalité du démarrage de la schizophrénie, qui se développe au moment précis où le groupe de pairs (les autres ados) manque d'empathie et de conscience, et donc n'est d'aucune aide. Le malade est alors socialement isolé, ce qui ajoute un sentiment d'humiliation à la souffrance, en plein milieu de l'adolescence.

Sa mère a avoué qu'avec le recul, les symptômes de son fils ne correspondaient pas à une simple angoisse d'adolescent, mais bien à une maladie mentale sous-jacente. Rétrospectivement, comment le sait-elle ? Certes, Calen changeait d'humeur constamment et était très replié sur lui-même, mais son comportement sortait de l'ordinaire, car il se prenait soit pour Jésus soit pour « la créature la plus vile qui ait jamais marché sur terre ». Dans la salle d'attente des urgences de l'hôpital d'Helena, dans le Montana, où son père avait fini par l'emmener, il répétait en boucle « carré bleu, carré rouge, carré bleu, carré rouge… » en fixant les formes géométriques du papier peint de la salle. C'était un code, nous a-t-il expliqué, pour l'aider à revenir à « la réalité ». Une fois admis dans un service de soins psychiatriques intensifs, il a cru qu'il devait se battre pour en sortir :

« J'ai commencé par me prosterner et j'ai prié. J'ai demandé à Dieu de me donner le courage de supporter la bataille que je devais livrer. Je n'avais pas d'autre choix. Pour une raison que j'ignore, ce jour-là, j'étais persuadé que je devais me battre pour survivre. Voyant que j'avais visiblement besoin de me calmer, le personnel a appelé la sécurité. Je me suis senti en danger et j'ai attrapé une chaise de l'espace commun puis me suis placé dos au mur. Devant moi, une infirmière s'est précipitée pour fermer une porte à clé. J'étais acculé. Il a fallu

1. Calen Pick, « Bringing Change to Mind on Mental Illness », Conférence annuelle de la Society for Neuroscience, San Diego, 15 novembre 2010.

quatre gardes pour me clouer au sol et m'attacher les bras et les jambes.

« Pendant que je me débattais, j'ai levé les yeux et j'ai vu un vieil homme, près de moi, avec sa barbe et ses cheveux blancs. Je l'ai appelé à l'aide, je l'ai supplié, je pensais que c'était Dieu et je ne comprenais pas pourquoi il ne faisait rien. Mais ce n'était pas sa bataille, c'était la mienne. Ils m'ont emporté et m'ont attaché à un lit avec une ceinture de sécurité à quatre points. Ils ont terminé en m'injectant une forte dose d'Haldol et je me suis évanoui. »

Pour dépister une maladie mentale, on peut observer le comportement des adolescents sur deux critères : l'intensité de l'humeur et le changement d'habitudes. Au niveau de l'humeur, voici les signes de problèmes psychiatriques possibles : une amplification des sautes d'humeur ou la prééminence d'une humeur sur les autres, surtout s'il s'agit de colère, de tristesse ou d'irritabilité et si cette prévalence dure plus de deux semaines. Autres alertes : les changements d'habitudes au niveau du sommeil, de l'alimentation, une tendance à faire plus de grosses bêtises, à prendre plus de risques, à passer moins de temps en famille, à rompre ses amitiés, à ne plus avoir une seule activité extrascolaire.

Une autre grosse différence entre un comportement à problème ordinaire et un comportement à problème inquiétant : si les adolescents ne souffrent pas d'une maladie mentale, les comportements problématiques banals restent en général isolés, circonscrits, et n'interfèrent pas avec les parcours scolaires ou extrascolaires. En résumé, si vous constatez de fortes émotions et comportements bizarres sur plus de deux semaines, y compris une toxicomanie, si les notes de votre ado dégringolent, s'il affiche une solitude et une apathie extrêmes, refuse de se lever le matin et rate l'école, tombe plus souvent malade ou prend plus de risques que d'habitude, alors il est possible qu'il y ait un problème : stress psychologique, dépression ou autre maladie mentale.

Mais en cas de trouble mental majeur, trouble émotionnel ou trouble de l'humeur, on ne peut pas identifier un symptôme spécifique, unique, désignant la maladie. La dépression, par exemple, s'accompagne non seulement d'une tendance à pleurer pour un rien, mais aussi de changements dans les habitudes alimentaires (et donc d'une prise ou d'une perte de poids) ou d'un retrait de la vie de famille. La dépression sévère se manifeste aussi par l'automutilation, l'alcoolisme ou la toxicomanie, l'autodénigrement, la violence et bien sûr les tentatives de suicide.

Alors que les adolescents sont jugés sur tout, performances scolaires, sportives et sociales, leur sensibilité aux critiques est parfois exacerbée, ce qui peut avoir des conséquences particulièrement néfastes. Mais on ne peut craindre une dépression clinique que si cette sensibilité aux critiques s'accompagne de problèmes « somatiques » : des douleurs fréquentes, des nausées et autres symptômes physiques dont ils ne sont pas toujours conscients.

L'adolescence est le terrain d'émergence de nombreuses maladies mentales

L'adolescence est une période remarquable de la vie à plus d'un titre, et notamment parce qu'elle marque le moment où certaines maladies mentales se manifestent pour la première fois. Voilà qui peut surprendre : pour développer un trouble mental, nous avons « besoin » d'un cerveau suffisamment mature. En effet, dans de nombreux troubles de l'humeur et troubles émotionnels, on observe un fonctionnement anormal des lobes frontaux et surtout du cortex préfrontal. Prenons l'exemple de la schizophrénie : comment pourrait-elle s'installer avec des lobes frontaux pas encore connectés au reste du cerveau ? Voilà pourquoi elle ne se développe pas pendant l'enfance, mais plus tard, vers la fin de l'adolescence et au début de l'âge adulte.

Autre point essentiel à mes yeux, chez l'adolescent, les maladies mentales sévères sont plus courantes que l'asthme ou le diabète. Un ado sur cinq souffre d'un trouble mental ou comportemental suffisamment grave pour affecter sa vie quotidienne. Encore plus alarmant : environ la moitié de tous les troubles mentaux adultes commencent à l'adolescence.

En Angleterre, des chercheurs ont suivi plus de mille enfants de la petite enfance à l'âge de vingt-six ans[1]. Ils ont observé que 76,1 % des adultes suivant un traitement psychiatrique ont été diagnostiqués avant d'avoir dix-huit ans et 57,5 % avant d'avoir quinze ans. Pour les jeunes adultes en soins psychiatriques intensifs, les taux sont plus élevés : 77,8 % avaient été diagnostiqués avant l'âge de dix-huit ans, 60,3 % avant l'âge de quinze ans.

Dans la plupart des cas, la maladie diagnostiquée à l'adolescence est aussi celle pour laquelle ces personnes sont soignées à l'âge adulte. L'étude anglaise montre que si un adolescent a souffert d'anxiété ou de dépression alors il risque aussi d'en souffrir une fois adulte. Cependant, tout le monde ne suit pas ce schéma : l'apparition d'une schizophrénie à l'âge adulte est souvent précédée d'un vaste éventail de symptômes psychiatriques juvéniles. Les premières manifestations d'une schizophrénie émergent le plus couramment à partir du milieu de l'adolescence et jusque vers trente-cinq ans. En revanche, les troubles psychotiques, parfois précurseurs d'une dépression ou d'un trouble bipolaire et un des premiers symptômes d'une schizophrénie, font leur apparition plus tôt.

Les problèmes comportementaux moins graves, tels que les troubles des conduites (TC) et les troubles oppositionnels avec provocation (TOP) qui apparaissent en général à l'adolescence semblent eux aussi précéder toute une gamme de troubles psychiatriques à l'âge adulte[2]. Dans l'étude anglaise,

1. J. Kim-Cohen, A. Caspi *et al.*, « Prior Juvenile Diagnoses in Adults with Mental Disorder : Developmental Follow-Back of a Prospective- Longitudinal Cohort », *Archives of General Psychiatry* 60, N° 7 (juillet 2003).

2. Kathleen R. Merikangas, Ronald C. Kessler *et al.*, « The National Comorbidity Survey Adolescent Supplement (NCS-A) : I. Background and Measures », *Journal of the American Academy of Child and Adolescent Psychiatry* 48, N° 4 (avril 2009).

20 % des adolescents de onze à dix-huit ans ont été diagnostiqués avec des troubles du comportement, mais une fois adulte, ces 20 % d'ados représentaient 25 à 45 % des adultes souffrant d'une maladie mentale. Voilà de bonnes raisons de s'inquiéter des TC et TOP des adolescents – troubles que la psychiatrie a plutôt tendance à ignorer. J'insiste sur ce point : un problème psychiatrique, même mineur, et d'autant plus s'il est majeur, doit être traité le plus tôt possible parce qu'il augmente le risque de développer une maladie mentale plus tard dans la vie. Il serait bon que parents et enseignants, et même les adolescents, prennent conscience de ce risque.

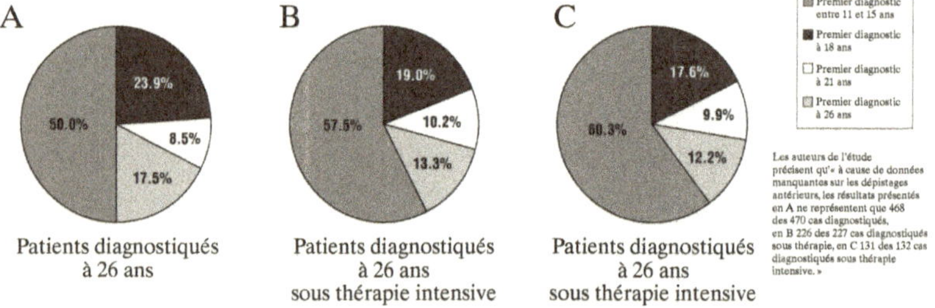

Fig. 25. Diagnostics effectués à l'adolescence des adultes souffrant de maladies mentales. A. Âge du premier diagnostic, tous troubles psychiatriques confondus, des patients souffrant de maladies mentales à vingt-six ans. B. Environ trois quarts des patients diagnostiqués avant l'âge de vingt-six ans avaient déjà obtenu le même diagnostic avant l'âge de dix-huit ans. C. Près de 80 % des patients souffrant de maladies psychiatriques graves, requérant une thérapie intensive, ont été diagnostiqués avant l'âge de dix-huit ans.

Les troubles du comportement : trouble des conduites et trouble oppositionnel avec provocation

Euphémisme : les TC et TOP perturbent les vies de famille. D'après les Instituts américains de la santé, entre 2 et 5 % des adolescents sont diagnostiqués avec un tel trouble comportemental. Or ces jeunes ont davantage tendance à adopter des comportements à risque : par exemple, ils s'adonnent au binge drinking, ont des relations sexuelles non protégées, conduisent sous l'emprise de l'alcool ou de la drogue. Heureusement, cette corrélation étant désormais reconnue, le diagnostic d'un TC ou d'un TOP doit sonner l'alerte et vous pousser à organiser une thérapie intensive pour votre ado.

Les TC coûtent énormément à la société, aux familles, aux établissements scolaires et médicaux, ainsi qu'aux services de justice des mineurs. En 2008, une étude publiée par l'université de Californie, à San Francisco, a estimé que les frais médicaux d'un enfant ou d'un adolescent souffrant d'un TC revenaient à 14 000 dollars, comparés aux 2 300 dollars que coûtent en soins médicaux un enfant ou un adolescent ne souffrant pas de trouble comportemental[1].

Aux États-Unis, de nombreux programmes de management de ces troubles du comportement existent, pour un usage à domicile ou en classe. Il est possible de les contacter dès le moindre soupçon d'un tel diagnostic. Dans les programmes dédiés aux parents, les thérapeutes expliquent comment interagir efficacement avec les enfants et dans quelles circonstances favoriser le renforcement positif ou le renforcement négatif pour encourager un comportement approprié. Des cours en ligne sont disponibles, en anglais, sur des sites tels que www.thereachinstitute.org. Des établissements scolaires américains publient des instructions et conseils, à destination des parents et des enseignants. Les TC, finalement, sont des formes extrêmes de comportement inappropriés fréquents chez les adolescents.

1. Renee Hsia et Myron Belfer, « A Framework for the Economic Analysis of Child and Adolescent Mental Disorders », *International Review of Psychiatry* 20, N° 3 (juin 2008).

Les troubles anxieux

Nous avons vu au chapitre 11 que le stress affecte le cerveau adolescent plus que le cerveau adulte. Il n'est donc pas surprenant que l'anxiété soit très répandue à l'adolescence. Des données récentes américaines suggèrent que les adolescents doivent faire face à une réelle épidémie d'anxiété et de ses troubles associés, notamment l'anorexie, le trouble obsessionnel compulsif (TOC), le trouble panique, l'agoraphobie et autres phobies sociales. Aux États-Unis, selon les études, entre 2 et 9 % des adolescents américains souffrent d'une de ces formes de trouble anxieux, avec plus ou moins d'importance selon le sexe : chez les filles, les taux sont plus élevés. Chez les garçons, les troubles anxieux s'installent à un âge plus avancé que chez les filles.

Souvent, il en faut peu pour qu'une simple nervosité, agitation ou crainte se transforme en trouble anxieux généralisé. Enclins par nature à se faire du souci et à s'irriter, de nombreux adolescents décrivent une sensation d'inquiétude chronique, sans raison apparente, sans menace ni facteur de stress spécifique. Mais pour être cataloguée comme trouble, leur anxiété doit affecter leur fonctionnement au quotidien. S'ils sont excessivement anxieux, il arrive qu'ils ne participent plus aux activités courantes, se replient sur eux-mêmes, deviennent craintifs et hésitent à se lancer dans de nouvelles expériences. À moins qu'ils ne versent dans la réaction opposée, vers davantage de prise de risques, en s'initiant aux drogues ou en ayant des rapports sexuels non protégés, comme s'ils voulaient surmonter, diminuer ou simplement nier la peur. Dans certains cas, une anxiété excessive se traduit aussi par des symptômes physiques : des maux de tête, de ventre, de la fatigue, des tremblements ou des suées et même une hyperventilation.

50 à 75 % des adultes diagnostiqués avec un trouble anxieux ou un trouble des habitudes et impulsions en ont manifesté les premiers signes pendant l'adolescence. L'Institut américain de la santé a recensé plusieurs types de trouble anxieux non spécifiques aux adolescents.

La principale différence entre un adulte et un adolescent souffrant d'un trouble anxieux est sa source. Pour les adultes, il s'agit le plus souvent de problèmes de santé ou d'argent, de difficultés professionnelles ou familiales. Pour les adolescents, l'anxiété est liée aux amis ou à la scolarité. Elle dépend de leur degré d'intégration sociale, de leurs performances scolaires. La différence entre une angoisse adolescente ordinaire et un trouble anxieux sérieux provient non pas de son objet, mais de l'intensité de ses manifestations. En 2000, une étude a interrogé des jeunes patients hospitalisés pour un trouble anxieux sur ce qui les angoissait le plus fortement et le plus fréquemment. Leurs réponses sont semblables à celles de jeunes ne souffrant d'aucun trouble anxieux.

Top 5 des inquiétudes les plus fréquentes :

1. Les amis
2. Les camarades de classe
3. L'école
4. La santé
5. La performance

Top 5 des inquiétudes les plus intenses :

1. La guerre
2. Une blessure grave
3. Une catastrophe
4. L'école
5. La famille

En revanche, les adolescents diagnostiqués d'un trouble anxieux ressentent un niveau de stress plus élevé d'une manière constante à travers le temps. Par rapport à un groupe de contrôle, l'imagerie cérébrale de ces jeunes montre une activité continuellement plus forte du système limbique et des zones du cerveau gérant les émotions, notamment la peur, tout particulièrement l'amygdale. Les chercheurs ont invariablement trouvé une corrélation positive entre l'activité de l'amygdale gauche et l'anxiété (l'amygdale gauche est responsable de la détection des stimuli émotionnels, tandis que l'amygdale droite est, elle, corrélée avec un état dépressif).

Les adolescents, par nature, subissent déjà les effets d'une amygdale hyperactive. Ils ont donc davantage besoin de leur cortex préfrontal pour maîtriser leurs émotions. Les adolescents les plus exposés au risque d'un trouble anxieux ne sont pas encore capables d'exercer ce type de contrôle « top-down », qui n'est possible que lorsque les zones cérébrales parviennent à « se parler ». Sur la base de l'étude d'animaux, les chercheurs ont établi qu'au sein d'un cerveau adolescent, les différentes zones « ne se parlent pas » autant que dans un cerveau adulte. Tout simplement parce que les voies neuronales manquent de myéline : les signaux ne voyagent pas assez vite d'une zone à l'autre.

Les adolescentes sont plus susceptibles de souffrir d'anxiété, comme des autres troubles de l'humeur (notamment l'anorexie) que les garçons. Non seulement elles déclarent plus de facteurs de stress dans leurs vies, mais elles manifestent aussi une plus grande détresse en réaction au stress. Il est possible que leur sensibilité soit exacerbée parce que, sur la surface inférieure de leurs lobes frontaux, la plupart des filles bénéficient d'une meilleure connectivité de part et d'autre de la ligne médiane du cerveau. En temps normal, par rapport aux garçons du même âge, grâce à cette connectivité inter médiane, les filles bénéficient d'une analyse plus fine des relations sociales et interpersonnelles.

En 2009, les chercheurs de l'Institut américain de la santé mentale ont observé que les circuits émotionnels du cerveau des filles s'activent davantage que chez les garçons, dans des situations toutes simples où elles se jaugent les unes les autres[1]. À l'adolescence, comme elles s'intéressent davantage à ce que leurs pairs pensent d'elles, le stress des relations interpersonnelles peut les faire basculer dans un trouble anxieux.

Diagnostiqués avec un trouble ou pas, les adolescents souffrant d'une forte anxiété versent souvent dans l'auto-

1. National Institute of Mental Health, « Brain Emotion Circuit Sparks as Teen Girls Size Up Peers », 15 juillet 2009, http://www.nimh.nih.gov/news/science-news/2009/brain-emotion-circuit-sparks-as-teen-girls-size-up-peers.shtml.

médication. Dans le cadre d'une étude appelée la Cohorte de la santé mentale adolescente, un groupe de chercheurs finlandais a suivi un groupe de 903 garçons et 1 167 filles de quinze et seize ans[1]. 4 % des deux mille jeunes Finlandais de cette cohorte ont été diagnostiqués avec un trouble anxieux. Pour leur étude, les chercheurs ont notamment rassemblé des données sur la fréquence de la consommation d'alcool. En 2011, ils ont partagé les observations suivantes : au début de l'étude, seulement 10 % des ados déclaraient boire de l'alcool toutes les semaines. Mais au bout de deux ans, pour les ados souffrant d'un trouble anxieux, ce taux était passé à 65 %, soit un triplement du risque par rapport aux jeunes non anxieux (l'étude n'a pas communiqué les différences entre les filles et les garçons).

L'anorexie

Les troubles anxieux sont fortement corrélés aux facteurs de stress environnementaux. C'est notamment le cas de l'anorexie, le trouble alimentaire le plus fréquent. L'anorexie apparaît à l'adolescence et se rencontre plus couramment chez les filles que chez les garçons.

On m'a récemment raconté l'histoire d'une jeune fille de quinze ans qui a décidé en début d'année 2009 de commencer un régime avec sa mère, pour perdre les quelques kilos qu'elles avaient pris pendant les vacances de Noël. Au bout de cinq ou six semaines, la mère avait perdu ses kilos en trop et arrêté son régime, mais pas la jeune fille. En février 2010, l'entraîneur de l'équipe de natation a alerté l'infirmière scolaire, qui a contacté les parents. Apparemment, la jeune fille était devenue experte dans l'art de cacher à tout le monde la quantité réelle de nourriture qu'elle consommait. Elle en

1. Sari Frojd *et al.*, « Associations of Social Phobia and General Anxiety with Alcohol and Drug Use in a Community Sample of Adolescents », *Alcohol and Alcoholism* 46, N° 2 (mars-avril 2011).

cachait dans ses manches puis jetait tout à la poubelle, une fois à l'abri des regards.

Sa mère l'a d'abord emmenée consulter le médecin de famille, qui a proposé un suivi médical, puis une psychothérapeute, qui a mis en place une thérapie avec des rendez-vous réguliers. Mais rien ne semblait donner de résultats. En août 2010, cette jeune fille d'un mètre soixante-dix ne pesait plus que quarante et un kilos. Hospitalisée pendant plusieurs mois, elle a repris onze kilos et a pu rejoindre sa famille à l'occasion des fêtes de fin d'année. Comme elle ne pouvait pas reprendre sa scolarité avant la rentrée suivante, elle a pris un petit boulot à mi-temps à cinq kilomètres de chez elle. Six semaines plus tard, elle s'est écroulée et a de nouveau été hospitalisée. Ses parents ont alors découvert qu'elle allait travailler à pied et non en bus et qu'elle ne mangeait pas le déjeuner que sa mère lui préparait tous les matins.

Les médecins ont diagnostiqué un ulcère perforé nécessitant une opération chirurgicale, mais ils ne savaient pas si elle aurait la force de survivre à l'intervention. Elle a survécu. Quelques jours plus tard, ses organes vitaux lâchaient : affaissement des poumons, paralysie, lésions cérébrales. Elle est morte d'une crise cardiaque le 26 mars 2010, âgée de seize ans, un peu plus d'un an après avoir décidé de perdre quelques kilos de trop avec sa mère.

L'anorexie, comme la boulimie, frappe vite et fort. Ces diagnostics comportent un autre risque majeur : certaines études montrent que près de la moitié des adolescents souffrant d'une anorexie mentale ont songé au suicide et que près de 10 % sont passés à l'acte ! Une étude allemande publiée en 2013 observe que la moitié des adolescents anorexiques souffrent d'une autre maladie psychiatrique diagnostiquée, principalement la dépression. Les chercheurs pensent que traiter les troubles des conduites alimentaires le plus tôt possible réduit la gravité des troubles psychiatriques ultérieurs. Comme pour le trouble des conduites, le diagnostic d'une anorexie fournit un signal d'alerte à ne pas rater. Quelles que soient vos réticences, il est nécessaire de prévenir votre médecin et de lui décrire les symptômes que vous constatez.

La dépression

Troubles anxieux et troubles de l'humeur, dépression et trouble bipolaire compris, sont les maladies psychiatriques les plus fréquemment diagnostiquées à l'adolescence. La dépression, plus fréquente à l'adolescence que pendant l'enfance, est de plus en plus reconnue comme un gros problème. Chez l'adolescent, elle augmente par trente le risque d'un suicide. Entre 20 et 30 % des adolescents américains reconnaissent avoir vécu au moins un épisode de dépression sévère et cela suffit pour augmenter considérablement le risque de traverser un autre épisode de dépression à l'âge adulte. Les scientifiques observent que ce même risque augmente même si l'adolescent manifeste juste des symptômes dépressifs sans aller jusqu'à l'épisode clinique généralisé.

Que se passe-t-il vraiment dans le cerveau d'un adolescent au moment où il déclenche une maladie mentale, la dépression par exemple ? Le principal coupable était le sujet du chapitre précédent : le stress. Au fur et à mesure de la maturation du cerveau, les sollicitations augmentent sur l'axe hypothalamo-hypophyso-surrénalien (HHS) des adolescents, leur principal mécanisme de réaction au stress. Or l'axe HHS se dérègle parfois progressivement, entre l'enfance et l'adolescence, lorsque trop de cortisol est libéré dans le cerveau. Les chercheurs ont prouvé que ce dérèglement graduel provoque la dépression clinique : un niveau trop élevé de cortisol précède et prédit le développement d'une dépression à l'adolescence et à l'âge adulte. Ils ne savent pas encore pourquoi certaines personnes libèrent plus de cortisol que d'autres et espèrent mieux déterminer les processus psychologiques en œuvre chez les patients dépressifs, notamment au moyen d'un test physiologique ou biologique permettant de mieux diagnostiquer une dépression. Ils ont bon espoir d'en créer un, en mesurant le niveau de cortisol présent dans la salive comme index du stress, par un simple prélèvement au moyen d'une paille.

Chez les adolescents, la dépression ne se manifeste pas de la même manière que chez les adultes : elle a plus tendance à être chronique[1]. Tandis que les adultes dépressifs coupent fréquemment les ponts avec leurs amis, les adolescents, eux, tendent à passer encore plus de temps avec les jeunes de leur âge. Les causes ? Non seulement les adolescents sont plus sociables, à ce stade de leur vie, mais ils croient aussi que seuls leurs amis peuvent comprendre l'intensité et l'ampleur de leur souffrance.

Suite au diagnostic d'une dépression, deux autres grosses différences ressortent, entre adultes et adolescents. D'abord, le positif : les adolescents dépressifs sous traitement allopathique semblent se remettre plus rapidement de leur dépression que les adultes et croient plus volontiers en leur rétablissement. Ensuite, le négatif : les scientifiques ont prouvé que les adolescents réagissent différemment aux antidépresseurs de type Prozac, Zoloft ou Zyban, et sont davantage exposés au risque de développer des pensées et comportements suicidaires. Ces antidépresseurs appartiennent à une catégorie spécifique de médicaments : les inhibiteurs sélectifs de la recapture de la sérotonine (ISRS), qui stimulent la production de sérotonine dans le cerveau.

Un de mes collègues m'a raconté l'histoire d'un couple d'amis qui avaient deux garçons, tous les deux jeunes ados. Du Zoloft a été prescrit au plus âgé, dépressif, avant qu'il ne plonge dans un désespoir suicidaire, causé, d'après ses parents, par la prise de ce médicament. Un jour, alors que son petit frère était dans la chambre voisine, il s'est pendu dans son placard. Pendant qu'il mourait par strangulation, ses pieds ont heurté le mur par réflexe. De l'autre côté de ce même mur, son frère a entendu le vacarme sans en connaître la cause. Dix ans plus tard, à l'âge de vingt-quatre ans, ce frère, lui aussi

1. Centers for Disease Control and Prevention, « Suicide Prevention : Youth Suicide », janvier 2014, http://www.cdc.gov/ViolencePrevention/suicide/youth_suicide.html

sous antidépresseurs, s'est pendu. Il est impossible de savoir si l'un ou l'autre des garçons a souffert d'une réaction aux médicaments. Même si c'était le cas seulement pour l'aîné, savoir que le grand frère s'est pendu dans la chambre d'à côté a pu suffire à empoisonner la vie du plus jeune et à rendre une dépression suicidaire quasiment inévitable.

Aujourd'hui, la FDA oblige les compagnies pharmaceutiques à apposer un message d'avertissement sur toutes les boîtes des antidépresseurs prescrits spécifiquement aux jeunes Américains, et notamment sur les deux ISRS que sont le Prozac et l'Escitalopram[1], spécifiquement approuvés pour le traitement de la dépression chez les enfants et les adolescents[2].

Les changements soudains d'humeur, de comportements, de pensées, d'actes et de sentiments, surtout s'ils sont drastiques, peuvent signaler un effet indésirable en réaction à la prise d'un antidépresseur. Aux États-Unis, les médecins prescripteurs de ces médicaments doivent expliquer les risques associés, à la fois aux jeunes patients et aux parents. Heureusement, il existe d'autres antidépresseurs, dont le fonctionnement est différent des ISRS, pour traiter les troubles infantiles et adolescents de l'humeur.

Le trouble bipolaire

Entre 20 et 60 % des adultes avec un trouble bipolaire ont connu les premiers symptômes de la maladie avant d'avoir vingt ans. Les adolescents diagnostiqués avec un trouble bipolaire manifestent toute une gamme de symptômes différents des adultes. Ils ont moins d'épisodes purement maniaques et

1. Aux États-Unis, l'Escitalopram est commercialisé sous la marque Lexapro. (*NdT*)

2. National Institute of Mental Health, « Anti-Depressant Medications for Children and Adolescents : Information for Parents and Caregivers », mise à jour, http://www.nimh.nih.gov/health/topics/child-and-adolescent-mental-health/antidepressant-medications-for-children-and-adolescents-information-for-parents-and-caregivers.shtml

davantage d'épisodes alliant à la fois manie à dépression. Ils manifestent davantage d'irritabilité et d'agressivité dans leurs comportements, dans les phases maniaques comme dans les phases dépressives de la maladie. Pendant les épisodes maniaques aigus, ils manifestent davantage de symptômes psychotiques, tels ceux de la paranoïa. Le cycle d'alternance de leurs épisodes est plus rapide que celui des adultes : moins de temps s'écoule entre un épisode maniaque et un épisode dépressif. En plus de leur trouble bipolaire, ils souffrent souvent d'un autre problème de santé mentale, la toxicomanie par exemple.

Le trouble bipolaire et la manie ne sont pas des troubles de l'humeur aussi répandus chez les adolescents que la dépression : le diagnostic frappe moins de 1 % des jeunes de onze à dix-huit ans. En général diagnostiqué vers seize ou dix-sept ans, le trouble bipolaire touche autant les filles que les garçons, contrairement à la dépression.

Le suicide

Que les antidépresseurs en soient la cause ou non, le suicide est le plus grand danger sur la route mouvementée des adolescents. D'après les Centres américains pour le contrôle et la prévention des maladies, il est la deuxième cause de décès à l'adolescence et au début de l'âge adulte, après les accidents de voiture. Parmi les jeunes de douze à seize ans, 20 % des filles et 10 % des garçons ont songé au suicide. Une étude d'envergure nationale de lycéens américains a fait l'effet d'un électrochoc en révélant que 16 % d'entre eux songeaient au suicide et que 8 % avaient tenté de se suicider. Les filles passent à l'acte environ trois fois plus que les garçons, mais les garçons sont plus souvent efficaces, en grande partie parce qu'ils utilisent des armes à feu davantage que les filles. Quand on pense à la facilité d'accéder sur Internet aux « meilleures méthodes » pour se suicider, en regard de ces effroyables taux, il y a de quoi faire des cauchemars.

Après un suicide d'adolescent, trop souvent, les parents et les enseignants avouent qu'ils n'avaient aucune idée de ce qui se passait dans la tête de la victime. Il est certes très difficile de se mettre dans la peau d'un ado, qu'il cherche à nous tromper ou soit tout simplement renfermé, replié sur ses sentiments les plus intimes. Mais en gardant un canal de communication ouvert avec nos enfants, au quotidien, nous nous donnons toutes les chances de savoir ce qui leur arrive, dans leur vie, dans leur tête.

Parfois, il est vrai, cela ne suffit pas. Avec le recul, il est impossible de savoir ce qui aurait pu empêcher Elizabeth Shin, dix-neuf ans, étudiante originaire du New Jersey, de se suicider. Le 9 avril 2000, la veille de son suicide par immolation, Shin a allumé quelques bougies dans sa chambre universitaire, sur le campus du Massachusetts Institute of Technology, puis s'est installée devant son ordinateur et a mis à jour son journal intime[1]. « J'ai beau être dingue de yoga », écrit-elle, en référence aux exercices auxquels elle s'adonnait régulièrement pour se détendre et se changer les idées, « je ne peux pas passer toute ma vie dans une posture de yoga. À moins que… ? »

Une note légère et drôle ne donnant aucune raison de s'inquiéter et ne laissant rien transparaître de ses idées noires de la veille, où elle avait songé à se planter un couteau dans le cœur. Mais après s'être moquée de sa dévotion au yoga, elle adopte un ton subitement plus sombre. Elle écrit le début d'un poème à son ex-petit ami, qui vient de la quitter : « Puis-je avoir des roses blanches quand je serai morte, mon amour/ les poseras-tu sur ma tombe ? » Puis, comme si elle reprenait ses esprits, elle endosse de nouveau son rôle d'observatrice objective, intelligente et drôle qui se moque d'elle-même : « Hum, hum ! Je suis d'humeur morbide… Ma poésie ne parle de mort que quand je suis morbide et c'est de la poésie de bas étage de toute façon… Et me voilà, appuyant sur des touches sans raison, espérant exorciser mes démons. Zut alors ! On

1. Deborah Sontag, « Who Was Responsible for Elizabeth Shin ? », *New York Times*, 28 avril 2002.

dirait que j'exerce plus mes démons que je les exorcise. Sont-ils en meilleure forme que moi ? »

Plus tard dans la journée, ses parents et sa petite sœur lui ont rendu une visite surprise. Ils arrivaient du New Jersey pour déposer un nouveau poste de télé, des packs d'eau de source, des boîtes de céréales et de nouilles chinoises. Le soir, au dîner dans un restaurant, Elizabeth a parlé du voyage en Corée, pays d'origine de ses parents, prévu pour l'été suivant et des photos d'identité qu'elle devait faire pour son passeport. Elle a aussi proposé à sa petite sœur de venir passer un week-end avec elle. Puis tout le monde est rentré, chacun chez soi. Elizabeth est retournée dans sa chambre. Plus tard dans la nuit, elle a annoncé à une amie qu'elle voulait se suicider en avalant une boîte de comprimés de paracétamol avec de l'alcool. Mais elle s'est endormie. Vingt-quatre heures plus tard, un porte-parole de l'université du MIT appelait ses parents au milieu de la nuit et leur annonçait : « Il y a eu un incendie. »

La mort d'un enfant est une épreuve atroce. Quand il s'agit d'un suicide, c'est pire encore. L'auto-immolation d'Elizabeth Shin surprend en même temps qu'elle peut sembler banale. Le mode opératoire du suicide étonne ; mais l'acte est banal dans le sens où il est impulsif tout en étant préparé, le produit d'une angoisse adolescente, mais aussi d'une véritable dépression. Avant tout, il traduit l'incapacité de la jeune fille à voir au-delà des murs de sa propre détresse.

La schizophrénie

La schizophrénie est moins courante que la dépression, le trouble bipolaire ou le trouble anxieux. Mais elle n'est pas rare : elle touche environ une personne sur cent. Dans « schizophrénie », on entend le « schisme », le détachement de la réalité, qui caractérise cette maladie. Un schizophrène ne souffre pas d'une double personnalité ; il est coupé du monde réel.

On l'a vu, la schizophrénie ne se développe qu'une fois le cerveau mature, donc plutôt vers la fin de l'adolescence ou au début de l'âge adulte. Les signes avant-coureurs d'une schizophrénie peuvent ressembler à ceux d'une dépression. Le jeune semble replié sur lui-même, socialement isolé, triste. Ses habitudes alimentaires et son hygiène changent. Quelques signes distinctifs peuvent sonner l'alerte : des hallucinations, une façon bizarre de parler. La psychose peut se manifester par un état très agité et s'accompagner d'un comportement paranoïaque et d'un délire de persécution ou de grandeur. La schizophrénie est une maladie chronique pour laquelle, surtout au tout début de son développement, le traitement thérapeutique est critique.

Si votre enfant vous parle de ses hallucinations, vous pouvez soupçonner une schizophrénie, mais il est plus probable, surtout chez un ado, qu'il subisse les effets de drogues telles que le LSD ou la PCP, ou même la conséquence d'une très grande consommation de substances plus courantes, comme l'alcool ou le cannabis. Si c'est le cas, il manifestera aussi des signes de sédation, un manque de coordination et de la confusion. Dans une schizophrénie, les hallucinations ne présentent aucun de ces effets secondaires et symptômes.

Comme pour les troubles de l'humeur et troubles anxieux, le stress est un des principaux facteurs de risque pour la schizophrénie. Il en existe au moins deux autres : un âge paternel avancé à la conception et la consommation fréquente de cannabis à l'adolescence. Les chercheurs de l'Institut néerlandais de la santé mentale et de l'addiction ont suivi deux mille patients tout au long de l'adolescence. Ils ont découvert que les adolescents les plus à risque, avec une chance sur dix de développer une schizophrénie, ont un des membres de leur famille proche souffrant d'une schizophrénie ou d'un autre trouble psychotique. Ils observent aussi que la consommation de cannabis au début de l'adolescence peut accélérer l'installation d'une psychose et augmenter le risque d'une schizophrénie[1]. S'ils fument du cannabis, le risque double chez les jeunes adolescents dont un membre de la famille est malade : une chance sur cinq. D'après les chercheurs, les adolescents n'appartenant pas à une famille à risque ont sept chances sur mille de développer une maladie psychotique. Ils doublent ce risque s'ils fument régulièrement du cannabis.

Ce que peuvent faire les parents

Je ne peux qu'insister sur la vulnérabilité des adolescents face aux maladies psychiatriques et troubles émotionnels. Du fait même de leur étape de développement, ils sont individuellement hypersensibles au stress. Inaptes à l'autoanalyse, ils ne savent pas prendre du recul sur eux-mêmes. Dans le même temps, ils appartiennent à un groupe de pairs incapables d'interpréter les signes précurseurs de la maladie et d'offrir l'empathie nécessaire. Pour vous et pour tous les adultes de leur entourage, il est pertinent de maintenir votre vigilance, de développer vos compétences pour poser les bonnes questions, de sonder vos ados, de garder le contact avec eux, et plus important encore, de vous fixer un seuil de tolérance assez bas avant de demander conseil à votre médecin pour tout symptôme sortant de l'ordinaire. Comme les jeunes passent énormément de temps connectés, seuls dans leur chambre, sur Internet, au téléphone, les signes d'alerte sont parfois difficiles à repérer. Il y a quelques années, on détectait mieux les ados en rupture sociale : personne ne venait jamais s'asseoir à côté d'eux, à la cantine, dans les bus de ramassage scolaire ou dans les tribunes des matches de foot. Aujourd'hui, vous ne saurez rien tant que vous ne chercherez pas à savoir. À vous de faire votre place dans la vie de vos enfants, chez vous. Vous ne pouvez compter ni sur votre adolescent ni sur ses copains, pour donner l'alerte.

1. Helene Verdoux, « Cannabis Use and Psychosis : A Longitudinal Population-Based Study », *American Journal of Epidemiology* 156, N° 4 (17 avril 2002).

13

L'invasion digitale du cerveau adolescent

Un après-midi du mois de mai 2012, j'ai ouvert le mail d'un inconnu, simplement intitulé « Addiction à l'ordinateur ». Un jeune homme me l'envoyait après avoir lu mon travail sur le cerveau adolescent. Il me racontait comment, depuis ses quinze ans, la solitude et la difficulté à s'ouvrir aux autres l'avaient poussé à passer le plus clair de son temps libre sur son ordinateur, dans des *chatrooms* pour adolescents où il était pour lui plus facile de « rencontrer » des gens et de leur parler anonymement de ses centres d'intérêt. Ses conversations l'avaient vite obsédé et ses rencontres « online » étaient devenues plus réelles, plus plaisantes que ses expériences « offline ». Au moment où il m'écrivait, à vingt-six ans, il savait que sa vie avait basculé à ce moment, vers quinze ans : « Je me suis engagé dans une spirale destructrice. » Il était tellement devenu « accro » aux discussions par clavier interposé qu'il avait coupé sa vie en deux, avec d'un côté son identité cybernétique et, de l'autre, son vrai lui-même. En onze ans, son addiction à son ordinateur avait pris le dessus. Elle le torturait. Il me demandait mon point de vue et un peu de recul sur ce qui lui arrivait. J'espère l'avoir aidé…

Je lui ai répondu que, dans son cerveau, son addiction touchait le même centre de la récompense que les drogues. D'un point de vue neurologique, en tant qu'adolescent, il était plus vulnérable à l'addiction, peu importe laquelle, donc il n'était pas surprenant qu'il soit devenu accro. Le monde digital lui avait simplement offert un moyen d'interagir avec les autres à un moment où c'était très compliqué pour lui. Il n'avait donc aucune raison de se sentir coupable. Après tout, il avait cherché à se construire tout seul sur ce nouveau territoire, sans aucune aide.

La tendance naturelle des adolescents à verser dans l'addiction arrive au moment même où ils partent explorer le monde et essaient de prendre leurs propres décisions. Seul dans sa chambre, mon correspondant, en explorateur du monde virtuel, manquait de recul. Son isolement social avait suffi pour déclencher un stress qu'il évacuait par ses rencontres virtuelles.

Technobsédés

Les adolescents d'aujourd'hui et leurs aînés de vingt ans et plus forment la première génération de jeunes ayant grandi avec un nombre époustouflant d'occasions de distractions électroniques. Ils sont exposés à une armada de nouvelles influences. Attirés par la nouveauté, dotés d'un cerveau très facile à stimuler, la technologie leur ouvre un monde d'opportunités. N'importe quel gadget électronique dernier cri suffit à détourner leur attention. Dans le cerveau, la sortie du dernier iPhone provoque le même effet que l'alcool, le cannabis, le sexe ou la vitesse : elle déclenche des processus neurologiques en cascade qui activent le circuit de la récompense et procurent les plaisirs d'un boost de dopamine. Par certains côtés, la technologie est une drogue.

La cinquième édition du *Diagnostic and Statistical Manual of Mental Disorders* (Manuel du diagnostic et des statistiques des maladies mentales), publié en 2013, mentionne en annexe le trouble de la dépendance au jeu vidéo et signale un manque d'études scientifiques sur le sujet, mais ni l'Association américaine de psychologie, ni l'Association psychiatrique ne reconnaissent l'addiction à Internet en tant que maladie mentale.

Ces deux organisations professionnelles américaines me semblent un peu à la traîne sur ce terrain. Il existe de plus en plus de preuves montrant que trop d'Internet affecte l'humeur des adolescents. Plusieurs études établissent la corrélation entre dépression, mauvaises performances scolaires et incapacité à réduire le temps passé en ligne. De plus en plus de gros utilisateurs d'Internet se décrivent comme addicts. Certains cherchent même à se faire aider par leur médecin. En 2009, la première clinique américaine dédiée au traitement de « l'addiction à Internet » a ouvert à Fall City, commune rurale de l'État de Washington.

Aujourd'hui, les adolescents font autorité en matière de technologie. Ils sont en même temps les utilisateurs les plus avertis et les plus vulnérables. Il suffit de lire les gros titres :

« *L'addiction à la technologie sévit chez les adolescents.* »

« *Les adolescents sont accro aux médias dans le monde entier.* »

« *Technobsédés !* »

En 2010, Susan Moeller, professeure à l'université du Maryland et membre du Centre international des médias et de l'agenda public (ICMPA), a mis en place une expérience avec les deux cents élèves de son cours d'éducation aux médias. Elle leur a demandé quelque chose d'inhabituel : pendant vingt-quatre heures, ils devaient se passer de tous leurs outils et jouets électroniques et n'accéder à aucun média. L'expérience a été couverte par les journalistes du monde entier, poussant cette professeure à en réaliser une seconde, bien plus vaste, avec l'aide de l'Académie de Salzburg sur les médias et le changement global[1]. Les étudiants devaient suivre les mêmes consignes pour les deux expériences :

> Votre tâche consiste à trouver une période de vingt-quatre heures pendant laquelle vous vous engagez solennellement à renoncer à tous les médias : pas d'Internet, pas de journaux ni de

1. Susan Moeller, « 24 Hours : Unplugged », International Center for Media and the Public Agenda et la Salzburg Academy on Media & Global Change, 2011.

magazines, pas de télé, pas de téléphones mobiles, pas d'iPod, pas de musique, pas de films, pas de Facebook, pas de Playstation, pas de jeux vidéos, etc.

Si vous craquez par erreur (par exemple, vous répondez à un appel par distraction), alors ne laissez pas tomber. Prenez note de votre écart et poursuivez jusqu'à la fin de vos vingt-quatre heures. Si vous ne tenez pas jusqu'au bout, soyez honnêtes, dites-le. Combien de temps avez-vous tenu ? Que s'est-il passé ? Qu'est-ce que cela révèle à votre sujet ?

Vous avez sans doute besoin de votre ordinateur pour vos devoirs ou votre travail : choisissez une période de vingt-quatre heures pendant laquelle vous pouvez vous en passer. Cela signifie sans doute que vous devez organiser votre travail de manière à l'avoir terminé avant de commencer ou après avoir fini vos vingt-quatre heures. Vous ne serez pas évalués sur le fait que vous ayez tenu vingt-quatre heures ou pas, mais nous nous attendons à ce que chacun d'entre vous y parvienne, sur la durée complète, sans utiliser une seule forme de média.

La seconde expérience d'abstinence médiatique a eu lieu dans douze pays, États-Unis inclus, avec mille étudiants[1]. Une fois les vingt-quatre heures terminées, ils ont pu déverser leurs angoisses :

« Je suis devenu fou. »

« Je me suis sentie paralysée, presque handicapée dans mon aptitude à vivre. »

« Je me suis senti mort. »

À travers le monde, ils ont partagé les mêmes affres.

Au Royaume-Uni :

« Le vide. Le vide m'écrase. »

« Déconnectée… comme débranchée du respirateur qui me maintenait en vie. »

En Chine :

« Je me suis assise sur mon lit et j'ai regardé dans le vide. Je n'avais rien à faire. »

1. Roman Gerodimos, « Going "Unplugged" : Exploring Students' Relationship with the Media and Its Pedagogic Implications », Centre for Excellence in Media Practice, université de Bournemouth, mars 2011.

« J'ai eu la sensation de tomber dans le néant… comme si j'avais perdu quelque chose d'important. »

En Ouganda :

« J'ai cru que quelque chose débloquait chez moi. »

« J'ai compté chaque minute et je me suis assuré de ne pas dépasser le temps d'une seule seconde. »

« Je me suis sentie si seule. »

Au Mexique :

« Mon anxiété a duré toute la journée. Divers scénarios ont pris forme dans ma tête, ça allait du kidnapping à l'invasion d'extraterrestres. »

Aux États-Unis :

« J'ai complètement paniqué. »

« C'était comme si on me torturait. »

De nombreux étudiants ont emprunté leur vocabulaire à celui de la toxicomanie et ont comparé leur expérience d'abstinence des médias au phénomène du manque produit par un sevrage alcoolique ou narcotique. Un étudiant américain : « Ne pas pouvoir me servir de mon téléphone, ça me démangeait de partout, comme un accro au crack. » Un étudiant mexicain : « Il était assez tard et tout ce qui tournait dans ma tête, c'était : (voix d'un psychopathe) “Je veux Facebook.”, “Je veux Twitter.”, “Je veux YouTube.”, “Je veux la télé.” » Un étudiant britannique : « C'est comme si j'étais malade, comme si j'étais addict. Je suis devenu un boulimique des médias. Après m'être privé de médias pendant quinze heures d'affilée, j'ai craqué, je me suis tapé une ventrée : je me suis empiffré de mails, de SMS, du iPlayer de la BBC, de 4oD, de Facebook. Je me disais que je ne pourrais plus jamais revenir en arrière, que ça ne servirait plus à rien. Je suis accro, je le sais, et je n'en ai pas honte. » Il est ironique de noter que pendant l'expérience, les mêmes sites Internet qui avaient alerté l'opinion sur l'addiction des jeunes et leur « technobsession » leur ont fourni quantité de liens, de plateformes et choix interactifs pour « Suivre », « Partager », « Aimer » sur Facebook, tweeter, obtenir des alertes et « contribuer à l'article », envoyer des corrections, des conseils, des photos, des vidéos, ou laisser des commentaires. Pas étonnant que pendant leur abstinence de vingt-quatre heures, de nombreux étudiants se soient sentis émotionnellement et psychologiquement perturbés :

« J'étais à cran, irrité. »

« Je suis devenue vraiment angoissée et anxieuse. »

« J'étais inquiet, énervé et je me sentais mal dans ma peau. »

« J'ai ressenti une anxiété bizarre. »

Moeller n'est ni psychiatre ni neuroscientifique. Son expérience est plus sociologique que neurologique. Mais il est difficile de lire les réponses des participants sans se demander ce qui se passe exactement, à l'intérieur du cerveau de ces jeunes gens nourris à la technologie digitale. D'après une étude de 2011 du Centre de recherche Pew sur Internet et la vie américaine, 95 % des jeunes âgés de douze à dix-sept ans utilisent Internet, 93 % ont un compte Facebook, 41 % en ont plusieurs[1]. Ils sont très attachés à leur téléphone mobile. Dans un article écrit pour un hebdomadaire pour ados, des lycéens de Chicago racontent comment ils s'y prenaient pour cacher leur smartphone des yeux des enseignants et des surveillants : « Quand j'étais en première, tous les matins, je cachais mon téléphone dans mon sandwich. Je l'enveloppais dans une serviette en papier marron et je le glissais entre deux tranches de pain. Quand j'arrivais au lycée, je posais mon sandwich et ma bouteille de jus d'orange sur le dessus du détecteur de métaux et je passais, tout simplement. » Une autre étudiante coiffait ses cheveux longs en chignon avant de partir à l'école et cachait son téléphone dedans : « Quand le détecteur de métaux se déclenchait, ils ne trouvaient jamais mon téléphone. » Une étudiante de terminale s'est confiée aux auteurs de l'article : « Dans mon téléphone, il y a toute ma vie. Si je le perdais, je crois que j'en mourrais. »

Notre téléphone mobile fait tellement partie de nous-mêmes que les deux tiers d'entre nous le sentent vibrer ou l'entendent sonner alors qu'il ne vibre pas du tout et ne sonne

1. Amanda Lenhart *et al.*, « Social Media and Mobile Internet Use Among Teens and Young Adults », Pew Research Center, 3 février 2010.

pas plus. Les chercheurs se sont mis à appeler ce phénomène « les vibrations fantômes ». Maintenant que vous avez lu les commentaires des étudiants sevrés de technologie, vous ne serez pas surpris d'apprendre que les accros à Internet manifestent les mêmes comportements que les toxicomanes : ils dissimulent leur addiction, mentent, négligent les autres activités et s'isolent socialement.

Les effets de l'addiction aux technologies sur le cerveau

Le besoin compulsif d'être connecté électroniquement se manifeste sur deux plans, comportemental et biochimique. Chaque sonnerie, bip, ping et jingle provoque un moment « oh, waouh ». Dans le cerveau, quand on ouvre un nouveau SMS ou un mail, cela fait le même effet qu'un cadeau : chaque message libère un boost de dopamine très plaisant[1]. D'ailleurs, les chercheurs accumulent les preuves montrant que l'addiction à Internet ressemble à une addiction aux drogues. Via des IRMf, ils ont récemment observé que chez les adolescents, la dépendance à la cocaïne ou à la méthamphétamine et l'addiction à Internet modifient les mêmes schémas de connectivité entre les deux hémisphères du cerveau, ainsi que d'autres voies neuronales entre des zones importantes utilisant la dopamine comme neurotransmetteur. Incroyable, mais vrai : contrairement aux toxicomanes utilisant des substances pour se droguer, les addicts à Internet obtiennent le même effet neurobiologique sans rien « prendre ». Chez les accros du net, « l'esprit l'emporte sur la matière » ! Avec l'étude du cerveau des addicts à Internet, les chercheurs sont peut-être sur le point de découvrir les circuits les plus purs de l'addiction, et donc de poser les bases des futures thérapies de désintoxication.

1. Dave Mosher, « High Wired : Does Addictive Internet Use Restructure the Brain ? » *Scientific American*, 17 juin 2011.

Les jeunes sont particulièrement obsédés par les jeux vidéo en ligne, une des activités les plus dévoreuses de temps. Ils accèdent à ces jeux de partout : de leur ordinateur, iPad, iPhone, Xbox, Gameboy… Ces jeux ne sont pas si récents, car, si on doit dater leur invention, on peut remonter au 18 octobre 1958, journée portes ouvertes d'un des endroits les plus sérieux des États-Unis, le Laboratoire national de Brookhaven à Long Island. Pour fournir un peu d'éducation ludique, le physicien nucléaire William Higinbotham, chef du département Instruments, a eu l'idée de créer ce qui est devenu le premier vrai jeu électronique interactif : *Tennis for two*. Une ligne verticale au milieu de l'écran schématisait un court de tennis, un point lumineux laissant une trace derrière lui symbolisait la balle, et sa trajectoire, tandis qu'elle rebondissait de part et d'autre du « filet ». Les joueurs utilisaient une console équipée d'interrupteurs et de boutons à cran pour définir l'angle du rebond depuis une raquette invisible à l'écran. Si je vous dis qu'en 1958, des centaines de personnes ont fait la queue pour jouer à *Tennis for two*, cela vous surprend ?

Contrairement à la plupart des études que j'ai résumées dans ce livre, ce que nous savons des effets des jeux vidéos sur le cerveau nous vient presque exclusivement de recherches avec des humains, car il serait plutôt compliqué de simuler une séance de jeu avec des animaux de laboratoire. Vous imaginez un rat avec un joystick, devant *Grand Theft Auto* ? Peu probable. Les conséquences des jeux vidéos sur le cerveau ont donc été mesurées au moyen de tests psychologiques et d'IRMf du cerveau de « gamers ». Les chercheurs ont pu identifier les zones cérébrales qui s'activent ou se désactivent chez les joueurs et les non-joueurs et comparer les tailles des différentes zones.

En 2012, des chercheurs chinois ont publié une étude comparative de dix-sept adolescents addicts aux jeux vidéo et vingt-quatre ados non joueurs de même sexe, même âge et même niveau d'éducation[1]. D'abord, ils ont observé que les

1. Fuchin Lin, Hao Lei *et al.*, « Abnormal White Matter Integrity in Ado-

« gamers » obtenaient un score nettement plus élevé sur les tests mesurant la prise de risque. Ensuite, leur IRMf montrait moins de connectivité avec les lobes frontaux, mais davantage de connectivité dans les zones connues pour être activées lors d'une addiction à la nicotine, par exemple. D'autres chercheurs ont confirmé ces résultats dans une étude mesurant l'épaisseur des connexions avec les lobes frontaux. Des scientifiques coréens ont ensuite annoncé, sur la base de l'observation de quinze gamers diagnostiqués avec une addiction à Internet, que les joueurs avaient une zone corticale orbitofrontale plus petite que les non-joueurs[1]. Or cette zone corticale, qui sert à moduler la prise de risque, est aussi plus petite chez les personnes souffrant d'un trouble obsessionnel compulsif.

Les jeunes, notamment les garçons, jouent en moyenne dix mille heures de jeux vidéo avant d'atteindre leur vingt et unième année. Voilà beaucoup de temps consacré à une activité qui n'est directement ni monnayable ni éducative. Dans son livre *Tous Winners, Comprendre les logiques du succès*[2], Malcolm Gladwell explique pourquoi dix mille heures sont nécessaires pour devenir un expert dans n'importe quel domaine. Donc nos jeunes deviennent des experts dans un domaine qui a peu d'applications extrinsèques, sauf bien sûr pour ceux qui deviennent des professionnels de l'industrie du jeu ou de la simulation informatique.

Les jeux vidéos à dose raisonnable font-ils du bien au cerveau ? La réponse n'est pas claire à 100 %. En résumé, il semblerait qu'à dose modérée, le jeu vidéo soit bénéfique, comme tout autre apprentissage. Un joueur amateur se comporte différemment d'un gamer « hardcore ».

---

lescents with Internet Addiction Disorder : A Tract-Based Spatial Statistics Study », *PLoS ONE* 7, N° 1 (2012).

1. Soon-Beom Hong, Soon-Hyung Yi *et al.*, « Reduced Orbitofrontal Cortical Thickness in Male Adolescents with Internet Addiction », Behavioral and Brain Functions 9, N° 11 (mars 2013).

2. Traduction de *Outliers* par Les éditions Transcontinental, Québec 2009, sous le titre *Les Prodiges*. (Paris : Flammarion, 2014)

Comme la lecture et toute autre forme de stimulation « équilibrée » du cerveau, le développement d'aptitudes supérieures aux jeux vidéos a ses bons côtés. En Allemagne, les scientifiques de l'Institut Max Planck ont montré que chez les joueurs, certaines zones du cerveau se développaient et devenaient plus grandes que chez les non-joueurs, en particulier le cortex entorhinal, l'hippocampe et les lobes occipitaux et pariétaux. Ces zones sont importantes pour la mémoire de travail et les aptitudes visuospatiales. Voilà une information qui devrait faire plaisir aux nombreux enseignants et formateurs utilisant des simulations vidéos dans leurs cours, pour apprendre à piloter un avion, par exemple. Certaines simulations ressemblent beaucoup à des jeux, tout en permettant d'acquérir de l'expérience concrète. C'est le cas de certaines formations médicales qui utilisent des simulations vidéos de patients frappés d'une crise cardiaque ou d'une attaque cérébrale.

Mais l'obsession adolescente du jeu vidéo, quand elle exclut toute autre activité, semble provoquer des effets négatifs sur le cerveau, effets à la fois immédiats et durables, comme ceux des autres addictions.

Des scientifiques chinois ont découvert des modifications dans le cerveau d'étudiants à l'université qui passaient environ dix heures par jour, six jours sur sept, à jouer en ligne. Chez ces joueurs, les scientifiques ont localisé des changements dans de petites zones de la matière grise aux vastes responsabilités, allant du langage à la mémoire, en passant par le contrôle moteur, les émotions, la définition des objectifs et l'inhibition des comportements impulsifs et inappropriés. Ils ont aussi découvert que plus les adolescents passaient de temps en ligne, plus leur matière grise diminuait, jusqu'à moins 20 % de sa taille d'origine. Ce n'est pas tout : quand les scientifiques ont focalisé leurs scanners sur la matière blanche, ils ont repéré des malformations, particulièrement là où la matière blanche connecte les centres de la mémoire du cerveau, surtout dans le gyrus parahippocampique de l'hémisphère droit. Ils ont émis l'hypothèse que, chez les gamers compulsifs, l'augmentation de la densité de la substance blanche dans cette zone indiquait à la fois un problème de mise en mémoire temporaire de l'information et de l'accès à cette information[1]. Autre hypothèse, la diminution de la substance blanche dans d'autres zones proches les empêcherait de prendre des décisions, y compris celle d'éteindre leur ordinateur et de prendre leurs distances avec les jeux vidéos ! Toutes ces zones cérébrales altérées jouent par ailleurs un rôle identifié en cas d'addiction des adolescents à l'alcool, à l'héroïne, à la cocaïne ou au cannabis.

Ce n'est pas tout. En 2006, une étude citée dans les *Annals of General Psychiatry* (Annales de psychiatrie générale) a analysé le lien entre les jeux vidéos et les symptômes de Trouble de déficit de l'attention avec ou sans hyperactivité (TDAH) chez les adolescents[2]. Cette étude a découvert des symptômes plus nombreux et plus sévères de TDAH chez les adolescents qui jouaient aux jeux vidéos plus d'une heure par jour.

Double peine pour les jeux de hasard en ligne

Sur Internet, les adolescents risquent de tomber dans un piège encore plus effrayant, celui des jeux de hasard et du poker en ligne. Ils sont alors doublement exposés : à l'addiction aux jeux de hasard, d'une part, et à l'addiction à la technologie, d'autre part. Plusieurs études s'accordent pour dire que 70 à 80 % d'entre eux ont parié de l'argent sur Internet au moins une fois. Il faut avoir dix-huit ans pour parier dans un casino, mais des gamins de dix ans s'inscrivent sur des sites Internet de poker qui offrent des séances d'entraînement gratuites. Sur ces sites de paris en ligne accessibles

1. Simone Kuhn et Jurgen Gallinat, « Amount of Lifetime Video Gaming Is Positively Associated with Entorhinal, Hippocampal and Occipital Volume », *Molecular Psychiatry* (20 août 2013).

2. Philip A. Chan et Terry Rabinowitz, « A Cross-Sectional Analysis of Video Games and Attention Deficit Hyperactivity Disorder Symptoms in Adolescents », *Annals of General Psychiatry* 5, N° 16 (2006).

vingt-quatre heures sur vingt-quatre et sept jours sur sept, il n'est pas difficile de tricher sur son âge et de parier de manière relativement anonyme. Ces sites ouvrent n'importe où dans le monde, là où il n'existe pas de restriction d'âge pour accéder aux jeux en ligne. Tant qu'ils n'installent pas leur siège social aux États-Unis, n'importe qui peut passer ses journées sur leurs pages à jouer au poker, y compris des adolescents américains. Il arrive aussi que les gamins deviennent addicts aux jeux d'argent à travers des applications gratuites téléchargeables depuis iTunes.

Le Centre international d'étude sur le jeu et les comportements à risque chez les jeunes a annoncé que 8 % des mineurs se débattent avec des problèmes de paris et jeux d'argent compulsifs, comparés à seulement 3 % des adultes. D'après un article du magazine *Forbes* daté de 2013, Morgan Stanley prévoit qu'en 2020, le marché du jeu d'argent en ligne pèsera aux États-Unis autant que Las Vegas et Atlantic City réunis, soit plus de 9 milliards de revenus. Les tentations ne vont faire qu'augmenter pour les adolescents !

Comment détecter une addiction aux technologies

Les addictions comportementales sont aussi perfides que les addictions aux substances chimiques parce qu'elles utilisent les mêmes voies neuronales. Qu'il s'agisse de parier en ligne, d'interagir sur les réseaux sociaux ou de sniffer de la coke, les ados sont particulièrement vulnérables aux bouffées de plaisir que leur procure la stimulation des centres de la récompense du cerveau. D'après le CRC Health Group, le plus gros fournisseur américain de services de santé spécialisé dans la santé mentale et comportementale, l'addiction à Internet existe bel et bien. Sur son site web et dans les revues qu'il publie, on trouve une liste des indices comportementaux et physiologiques les plus courants :

- L'enfant passe la plupart du temps non scolaire devant l'ordinateur ou à jouer aux jeux vidéos.
- Il s'endort à l'école.
- Il prend du retard sur son travail scolaire.
- Son bulletin scolaire se dégrade.
- Il ment sur le temps qu'il passe devant l'ordinateur ou à jouer aux jeux vidéos.
- Il préfère rester devant l'ordinateur ou la console de jeux pour jouer à ses jeux vidéo plutôt que de voir ses amis.
- Il cesse ses activités sociales (clubs ou équipes sportives).
- Il est irritable quand il ne joue pas à un jeu vidéo ou quand il n'est pas sur ordinateur.
- Il souffre d'un syndrome du canal carpien (douleur articulaire dans les doigts, les mains et les poignets due aux mouvements répétitifs d'un usage excessif du clavier).
- Il est insomniaque.
- Il se prive de nourriture pour rester connecté.
- Il néglige son hygiène personnelle et son apparence pour rester connecté.
- Il a mal à la tête, au dos et à la nuque.
- Il a les yeux secs et se plaint de problème de vue.

Ce que cache le multitâche des adolescents

Les études s'accordent de plus en plus sur l'augmentation du phénomène d'addiction des adolescents aux nouvelles technologies. En revanche, elles divergent sur une question : l'invasion digitale de leur environnement abaisse-t-elle la capacité des adolescents à se concentrer ? Les adultes pensent que oui. Les adolescents, eux, pensent que non : si on leur pose la question, ils s'autoproclament performants quand ils sont en mode multitâches et déclarent qu'ils sont même plus efficaces quand ils font plusieurs choses en même temps. Les adolescents seraient-ils plus performants que les adultes en terme de multitâche ? Après tout, ils sont plus performants pour apprendre, alors peut-être le sont-ils aussi pour faire plusieurs choses en même temps ? Oui et non.

On l'a vu au chapitre 2, les études montrent que faire plusieurs choses en même temps abaisse les capacités d'apprentissage des adolescents. Il leur faut entre 25 % et 400 % de temps en plus pour terminer leurs devoirs s'ils sont en mode multitâche. Alors pourquoi disent-ils tous que le multitâche les aide ? Peut-être parce qu'il les satisfait émotionnellement. Lors d'un sondage, des chercheurs ont observé que les étudiants qui regardent la télévision tout en lisant se sentent plus satisfaits que ceux qui lisent poste éteint[1]. Zheng Wang, l'auteur principal de l'étude, explique le phénomène ainsi : « Ils sont contents, non pas du fait de leur efficacité dans leurs études, mais parce que leur addiction à la télévision rend l'étude plus divertissante. La combinaison de ces activités explique les sentiments positifs qu'ils éprouvent. »

Vous souvenez-vous du Minnesota et des études du Missouri prouvant que la distraction pendant la mémorisation et la restitution d'une information affecte négativement les performances (Chapitre 2) ? D'après les scientifiques, non seulement le multitâche nuit aux apprentissages, il peut aussi provoquer la libération d'hormones du stress, dont le cortisol et l'adrénaline. Un niveau chroniquement élevé de cortisol est corrélé avec une augmentation de l'agressivité et de l'impulsivité, des pertes de mémoire à court terme et même des maladies cardiovasculaires. En d'autres termes, le multitâche épuise, engendre la confusion et nous rend inflexibles.

Si nous continuons néanmoins à nous éparpiller en de multiples tâches, c'est uniquement par habitude. Pour les adolescents, cette habitude est particulièrement difficile à briser ; plus elle s'enracine, moins elle est facile à déloger. « C'est inquiétant, déclare aux journalistes le docteur Wang

1. Zheng Wang et John M. Tchernev, « The "Myth" of Media Multitasking : Reciprocal Dynamics of Media Multitasking, Personal Needs, and Gratification », *Journal of Communication* 62, N° 3 (juin 2012).

de l'université de l'État d'Ohio[1]. Les étudiants croient qu'ils ont besoin d'avoir la télé allumée, ou de vérifier constamment leurs messages sur le téléphone ou l'ordinateur pendant qu'ils étudient. Cela ne les aide pas du tout, mais ils obtiennent une récompense émotionnelle qui les pousse à continuer… Si vous adoptez le mode multitâche aujourd'hui, vous le conserverez demain, et vous renforcerez ce comportement à travers le temps. »

Bien qu'apportant une satisfaction émotionnelle aux adolescents, le multitâche a été corrélé avec les symptômes de la dépression et de l'anxiété. Pour l'instant, les chercheurs ne savent pas si davantage de multitâche augmente la prévalence de ces symptômes, ou si, à l'inverse, ces symptômes déclenchent une augmentation du recours au multitâche. Pour aider efficacement les adolescents à résister à cette tentation, il est bon de les encourager à poser des priorités et à structurer leur travail. Vous pouvez leur demander de faire des listes : la liste de ce dont ils ont besoin dans leur sac la veille des cours, la liste de ce dont ils ont besoin pour leurs devoirs, la liste de ce qu'ils doivent avoir terminé avant de se coucher. Ensuite, vous pouvez les aider à prendre l'habitude de rayer chaque item, point par point, au fur et à mesure de l'accomplissement des tâches sur leur liste. Quand vos enfants rentrent de l'école, vous pouvez leur proposer de vider leur sac, devant vous, puis les accompagner dans l'organisation de leurs devoirs : demandez-leur par quoi ils préfèrent commencer.

Ils protesteront à hauts cris, mais si vous posez l'organisation de la soirée comme une priorité, en refusant de leur donner accès à la télé, à l'ordinateur, au goûter, avant que certaines choses soient faites, alors vous augmentez leurs chances de succès. En temps normal, moins vous leur offrez de possibilités de se distraire, mieux c'est : assurez-vous que la télé est éteinte pendant les devoirs. Certains ados se détendent

1. Jeff Grabmeir, « Multitasking May Hurt Your Performance but It Makes You Feel Better », *Research and Innovation Communications*, université d'État de l'Ohio, 30 avril 2012.

plus facilement et se concentrent mieux s'ils écoutent de la musique avec des écouteurs pendant qu'ils travaillent. La seule façon d'en être sûr ? Les observer.

Les implications légales de la technobsession

Nous avons vu les conséquences cognitives et émotionnelles du bain technologique dans lequel les adolescents sont plongés. Les adolescents doivent aussi faire face aux ramifications légales de leur (sur)engagement dans le monde digital.

En janvier 2013, Jacob Cox-Brown, dix-huit ans, met à jour son statut sur sa page Facebook[1] : « J'ai pris le volant bourré... coup classique, ;) mais si c'est votre voiture que j'ai emboutie, je suis désolé. :P » La confession du jeune homme n'a pas suffi pour l'accuser formellement de conduite en état d'ivresse, mais la police a débarqué chez lui, l'a arrêté, puis assigné pour avoir manqué à ses devoirs fondamentaux de conducteur. Six mois plus tard, une jeune femme de dix-huit ans du Kentucky, arrêtée pour conduite en état d'ivresse après avoir percuté un véhicule, publie un message sur sa page Facebook racontant l'accident et conclut d'un « LOL » (Laughing Out Loud ou Mort De Rire, MDR). Le juge n'a pas apprécié ce ton désinvolte et l'a placée en garde à vue pendant quarante-huit heures[2].

Aux États-Unis, pour tout ce qui touche à l'utilisation d'un téléphone ou d'un autre engin électronique au volant, la loi varie d'un état à l'autre. Dans certains États, toute utilisation est interdite quand on conduit, même si on téléphone via des écouteurs ou un kit mains libres.

1. Christina Lopez, « Oregon Teen Arrested After Posting "Drivin Drunk" Facebook Status », ABCNews.go.com, 4 janvier 2013.
2. Kevin Dolak, « LOL Facebook Post After DUI Accident Lands Woman in Jail », ABCNews.go.com, 18 septembre 2012.

Internet, parfaite caisse de résonance pour les pires bêtises

Internet entre dans l'intimité des gens et leur apporte tout un éventail de stimulations diverses et variées. Chaque jour, il expose les adolescents à des dizaines d'expériences possibles, bien davantage que les générations précédentes. Corollaire : Internet offre aux actes d'un adolescent une énorme caisse de résonance et permet de toucher une communauté bien plus large que par le passé. Une blague d'ado, qui jadis restait confinée dans la cour du lycée, peut faire le buzz sur Internet et involontairement engendrer des conséquences sans nombre. Je l'ai compris à travers ce qui est arrivé à une de mes collègues, mère célibataire d'une fille de seize ans en première dans un lycée public de Philadelphie. Comme toutes ses copines, cette jeune fille a un téléphone portable et passe son temps libre sur Internet à envoyer des messages et des tweets. Un jour, une élève de sa classe a pris une photo de cette jeune fille à son insu, les yeux fermés et la tête penchée, visiblement endormie pendant un cours, puis l'a publiée sur Instagram avec un commentaire désobligeant. Il n'a pas fallu longtemps pour que la jeune fille comprenne ce qui lui était arrivé. Énervée, elle a appelé sa mère, qui a immédiatement contacté la direction du lycée. Avant la fin de la journée, la camarade qui avait pris la photo était exclue temporairement. Mais elle fulminait, prête à se venger.

Comme la fille de ma collègue aime tweeter tout ce qu'elle fait et où elle va, sa camarade temporairement exclue n'a eu aucun mal à la localiser après les cours. Elle a tweeté qu'elle allait lui « casser la figure », invitant tout le monde dans sa liste à la rejoindre au centre-ville de Philadelphie pour assister à la scène. Des dizaines de spectateurs se sont rassemblés et la bagarre a failli dégénérer en émeute. Quatre adultes et dix ados ont été arrêtés[1]. La fille de ma collègue n'a eu que

1. Sulaiman Abdur-Rahman, « 4 Adults, 10 Youths Charged in Center City Disturbance », *Philadelphia Inquirer*, 11 avril 2013.

quelques égratignures et quelques bleus. Depuis, ma collègue déteste les réseaux sociaux : « Trop de liberté. Les jeunes racontent n'importe quoi avec une grossièreté ! C'est une arène publique où tout est permis. » Quand je lui ai demandé comment sa fille s'était sortie de cette histoire, elle m'a avoué que ses notes avaient chuté un moment, tellement elle était mal au lycée, mais qu'elle avait fini par rebondir. « Elle dit que ça lui a beaucoup appris. J'espère vraiment que c'est le cas. »

Parfois, les conséquences d'un usage abusif des nouvelles technologies sont bien plus graves qu'une garde à vue ou une rixe[1]. Tyler Clementi, violoniste timide de dix-huit ans originaire de Ridgewood, dans le New Jersey, était en première année à l'université Rutgers depuis moins d'un mois, quand il a été victime d'un cyberscandale dont il n'était absolument pas responsable. Quelques semaines avant le scandale, ce rouquin longiligne, qui avait obtenu une place prisée au sein de l'orchestre de l'université, venait d'annoncer son homosexualité à ses parents. Il partageait sa chambre universitaire avec un étudiant autoproclamé geek en informatique, Dharun Ravi. Le 19 septembre 2010, Ravi, alors qu'il était sorti de la chambre, a subrepticement utilisé la webcam de son ordinateur portable pour espionner le rendez-vous amoureux de Clementi avec un homme. Non loin, dans la chambre de Molly Wei, étudiante en première année, Ravi a utilisé l'ordinateur de Wei pour se connecter au sien. Pendant une minute, Ravi, Wei et d'autres étudiants ont regardé Clementi et son ami s'enlacer et s'embrasser. Le lendemain, Clementi a tout découvert en lisant les tweets de Ravi et semble avoir encaissé l'affront, déposant juste une demande de changement de chambre. Mais deux jours après le premier incident, Clementi a appris que Ravi avait l'intention de l'espionner de nouveau.

Le 22 septembre, vers 18 h 30, à New Brunswick, New Jersey, Clementi est monté dans un bus pour New York. À 20 h 42, il publiait son dernier statut sur sa page Facebook :

1. Amy Ellis Nutt, « Teens Find World of Hurt at their Fingertips », *Star-Ledger* (Newark, NJ), 30 septembre 2010.

« Je saute du pont gw désolé. » On ne sait pas si Ravi a pris connaissance de ce message, mais cinq minutes plus tard, il envoyait un SMS d'excuses à son roommate : « Je suis désolé si tu as entendu quelque chose de déformé et de perturbant, mais je peux t'assurer que mes actes étaient bien intentionnés. » Le jour suivant, la police a récupéré le corps de Clementi dans les eaux glacées du fleuve Hudson, sous le pont George Washington. Six jours plus tard, Ravi et Wei étaient tous les deux accusés d'atteinte à la vie privée.

Le suicide et le scandale de la webcam ont fait les gros titres partout dans le monde, en Angleterre, en France, au Danemark, en Turquie, au Japon, en Indonésie, en Australie. Célébrités, personnalités politiques et animateurs d'émissions de télévision ont décrit l'incident en termes de cyber harcèlement, de crime haineux et pire encore. Sur Facebook, le combat opposait page à page les défenseurs de Ravi et Wei à leurs détracteurs. Après plusieurs menaces de mort, les deux étudiants de dix-huit ans ont été contraints de se cacher, puis, sous la pression et l'opprobre du public, ils ont abandonné leurs études.

Ravi a été condamné pour tentative d'intimidation avec préjugé, subornation de témoins et falsification de preuves. Wei a conclu un accord avec le juge et l'accusation et a écopé de trois cents heures de travail communautaire. Ravi, à travers son avocat, avait proclamé son innocence. D'après lui, cet incident n'était qu'une blague stupide sans préjugé. Il a refusé deux propositions d'accord. Son procès a commencé en février 2012. Trois semaines plus tard, sans avoir jamais témoigné, il a été reconnu coupable sur quinze chefs d'accusation, y compris celui de tentative d'intimidation avec préjugé. Il encourait une peine de dix ans de prison, mais il a été condamné à trente jours fermes et six cents heures de travail communautaire. De nombreuses personnes ont trouvé cette peine trop clémente, d'autres ont pensé qu'elle était trop sévère. Ce qui est sûr : la vie de Ravi et de Wei a irrévocablement changé et celle de Clementi a pris fin bien trop tôt. Peu de gens ont cru que Ravi était motivé par une homophobie ; la plupart pensaient qu'il voulait juste épater ses copains ou faire le voyeur. Personne ne saura jamais si Clementi vivait mal son homosexualité et si sa famille avait eu du mal à l'accepter.

Chaque jour apporte son lot de révélations de cyber intimidations, d'atteinte à la vie privée via Internet et de communications électroniques qui tournent mal. Souvent, si ce n'est chaque fois, ces annonces impliquent des adolescents. En 2008, à Cincinnati, Jessica Logan, dix-huit ans, s'est pendue après que son ex-petit ami eut envoyé à leurs camarades de classe des photos d'elle posant nue. En 2006, dans le Missouri, une élève de quatrième s'est tuée quand elle a découvert que le garçon dont elle était tombée amoureuse sur Internet n'existait pas. En 2001, un étudiant de l'université de l'État d'Oregon a été reconnu coupable d'atteinte à la vie privée pour avoir publié sur Internet la vidéo prise avec sa webcam, depuis son ordinateur portable, de son roommate et de sa petite amie en plein ébat sexuel. Depuis toujours, les adolescents agissent impulsivement, sans se soucier des conséquences. Aujourd'hui, les outils digitaux à leur disposition augmentent démesurément la portée et les conséquences de ces actes impulsifs, irréfléchis.

Ravi, qui se considérait comme un expert en informatique, n'a jamais pensé sérieusement aux conséquences de ce qu'il faisait avant qu'il ne soit trop tard. Clementi n'a pas réussi à prendre du recul sur l'incident, à trouver de l'aide face au désespoir accablant qui l'a envahi dans les heures précédant son saut dans l'eau glacée.

Ce que peuvent faire les parents

On ne peut plus revenir en arrière, à un monde moins digital. Mais nous pouvons prendre nos distances avec la technologie, au moins quelques minutes ou quelques heures par jour. Le plus tôt nous commençons à le faire avec nos enfants, le mieux c'est. Limiter l'accès à Internet d'un adolescent n'est pas facile, mais vous pouvez l'encadrer en sortant l'ordinateur des chambres de vos enfants et en l'installant dans un espace commun de la maison, où vous aurez plus facilement la possibilité de vérifier ce qu'ils fabriquent. Les logiciels de contrôle parental permettent de savoir quels sites vos enfants consultent et de bloquer l'accès à d'autres. Mais votre principale responsabilité est de parler avec vos adolescents, de vous familiariser avec ce qu'ils font en ligne, de connaître les sites ou services qu'ils trouvent irrésistibles et à quels moments (notamment quand ils font leurs devoirs de maths ou sont censés se préparer pour aller au lit). Vous gagnerez en efficacité si vous abordez le problème non pas dans l'idée de punir votre adolescent, mais plutôt pour l'aider à mener une vie équilibrée, épanouie, à l'abri de l'isolement social.

Croyez-le ou non, mais les pontes de l'industrie électronique commencent à comprendre que la connexion n'est pas toujours la panacée. En 2012, le *New York Times* a publié un article dans lequel un certain nombre de cadres sup de la Silicon Valley avouaient qu'ils approchaient du point de rupture avec le monde digital et avaient besoin de passer du temps déconnectés[1]. Stuart Crabb, directeur chez Facebook, a donné l'analogie suivante au journaliste du *Times* : « Mettez une grenouille dans de l'eau froide et chauffez l'eau progressivement : quand l'eau bout, la grenouille meurt. » D'après Crabb, il est important que chacun comprenne que le temps passé en ligne a un impact non seulement sur sa performance au travail, mais aussi sur la qualité de ses relations et, plus généralement, la qualité de sa vie. Ces pionniers du monde digital suivent-ils sérieusement leurs propres conseils ? Chez Cisco, Padmasree Warrior, directrice de la technologie, a déclaré au *Times* qu'elle recommandait régulièrement aux vingt-deux mille salariés sous ses ordres de se déconnecter et de prendre le temps de respirer. C'est ce qu'elle fait tous les soirs quand elle médite, ainsi que tous les samedis, quand elle peint et écrit de la poésie. Son téléphone ? Elle l'éteint.

1. Matt Richtel, « Silicon Valley Says Step Away from the Device », *New York Times*, 23 juillet 2012.

14

Question de genre

En 2007, j'ai proposé de donner ma première conférence sur le cerveau adolescent au lycée de mes fils, la Concord Academy. Le proviseur, le conseiller principal d'éducation et les professeurs avaient tellement aidé mes enfants à traverser les quelques années chaotiques de leur adolescence que je voulais offrir quelque chose en retour à l'équipe éducative pour les remercier. Mon idée, au départ une simple conférence, s'est vite transformée en un séminaire de deux jours, avec des sessions pour les enseignants, d'autres pour les parents, d'autres encore pour les jeunes. Deux de mes amis et collègues ont accepté d'être conférenciers avec moi : David Urion, neurologue et professeur associé de neurologie à la faculté de médecine de Harvard, qui s'occupe d'enfants souffrant de handicaps cognitifs, notamment d'autisme et de troubles de l'apprentissage ; et Maryanne Wolf, directrice du Centre de recherche sur la lecture et le langage à l'université Tufts[1].

David est un spécialiste du Trouble de l'attention avec ou sans hyperactivité (TDAH). Entre autres activités, il cherche à comprendre les conséquences des handicaps cognitifs sur les enfants et les adolescents. Maryanne consacre ses expériences et ses textes à l'étude approfondie de la lecture : comment les enfants apprennent à lire, comment filles et garçons traitent le langage différemment.

1. Center for Reading and Language Research, Tufts University. (*NdT*)

À la Concord Academy, Maryanne a commencé sa conférence avec une démonstration rapide de ces différences. D'abord, elle a demandé à deux volontaires de se lever, dans le public, une fille et un garçon du même âge, treize ans. Elle leur a expliqué qu'elle allait leur demander de lister le plus de mots possible commençant par une lettre spécifique, en moins d'une minute, et que la jeune fille passerait en premier. Elle a ensuite annoncé à la jeune fille : « Liste-moi autant de mots que tu peux commençant par la lettre P. » Et hop, c'était parti : « Potage, Potiron, Papillon, Public, Populaire... » En moins d'une minute, la jeune fille avait listé trente-cinq mots. Pendant ce temps, le garçon s'était entraîné, n'est-ce pas ? Évidemment, quand Maryanne s'est tournée vers lui et lui a demandé s'il était prêt, quelques gamins dans la salle ont ricané. Puis Maryanne lui a dit « Parfait, ta lettre, c'est le M. » Aussitôt, le garçon a jeté des coups d'œil autour de lui, comme s'il cherchait des indices pour trouver ses mots. Il n'en a pas trouvé, a enchaîné les heu ! et les hum ! et quand la minute s'est achevée, il en avait listé moitié moins que la fille. J'ai vu Maryanne faire cette expérience publique en trois occasions différentes, toujours avec le même résultat. Ensuite, elle explique que les filles de cet âge ont toujours une meilleure performance à ce test que les garçons, mais que quelques années plus tard, la différence disparaît. La capacité de trouver les mots demandés repose sur deux zones cérébrales distinctes : l'aire pariétotemporale, centre de traitement de la parole et du langage, et les lobes frontaux, qui pilotent la prise de décision. La tâche assignée aux deux adolescents requiert à la fois du langage et de la prise de décision. À treize ans, les filles sont simplement en avance sur les garçons parce que ces deux zones cérébrales sont déjà câblées entre elles.

Les scientifiques et les psychologues savent depuis longtemps qu'il existe des différences de développement entre les filles et les garçons et que les filles ont environ une année à une année et demie d'avance sur les garçons pour tout ce qui touche au langage et plus particulièrement à la lecture et à l'écriture. Si vous êtes parent d'un adolescent, vous hochez probablement la tête en lisant ces lignes. Je ne vous apprends rien. En revanche, vous ne savez peut-être pas que ces différences ne viennent pas uniquement d'une différence de vitesse dans le développement du cerveau. Pourquoi ? Parce qu'il existe vraiment des différences anatomiques, physiologiques entre le cerveau d'une adolescente et le cerveau d'un adolescent.

Les différences anatomiques entre cerveau fille et cerveau garçon

La plupart des différences cérébrales structurelles entre le cerveau d'un garçon et celui d'une fille sont minimes et du même ordre que la différence de taille entre le corps d'une fille et celui d'un garçon. Elles ne procurent aucun avantage ou désavantage : par exemple, le cerveau adulte d'un homme est en moyenne 6 à 10 % plus gros que celui d'une femme, mais des chercheurs de Harvard ont publié des données suggérant que le cerveau de cette dernière présente plus de connexions entre les deux hémisphères. À certaines phases du développement humain, la différence de volume entre le cerveau d'un garçon et celui d'une fille peut atteindre les 50 %, notamment pendant l'enfance, quand le cerveau accélère sa croissance. Quand on s'intéresse aux différences du fonctionnement cérébral entre les filles et les garçons, il est donc difficile, voire ridicule, d'émettre la moindre conclusion sur la base des différences anatomiques.

Néanmoins, personne ne conteste qu'il existe des différences anatomiques au niveau neuronal. On les trouve au début de la vie fœtale, car dès ce stade, les hormones modifient la destinée des zones du cerveau en fonction du sexe de l'embryon. Ce phénomène s'appelle le dimorphisme sexuel. L'hypothalamus est une des zones cérébrales profondément modifiées in utero par les différents niveaux d'hormone féminine (les œstrogènes) ou d'hormone masculine (la testostérone). Son altération jouera un rôle tout au long de la vie de l'individu, car l'hypothalamus, chez les hommes comme chez les femmes, a pour mission de réguler les hormones.

Sandra Witelson est professeure de psychiatrie et de neuroscience à l'université McMaster, dans l'Ontario, au Canada. Elle possède la plus grande collection au monde de cerveaux humains normaux, un total de cent vingt. En trente ans de recherche, elle a invariablement identifié des différences entre les cerveaux des hommes et ceux des femmes, des différences subtiles dont la relation à la fonction est souvent inattendue. Par exemple, la taille du corps calleux, ce morceau de tissu nerveux qui relie les hémisphères cérébraux entre eux, semble liée aux aptitudes verbales, telles que mesurées par un test de QI, uniquement chez les femmes, pas chez les hommes. (Et chez les filles adolescentes, le corps calleux est environ 25 % plus gros que chez les garçons adolescents.) Une autre étude montre que la mémoire des hommes est liée à la densité des neurones autour de l'hippocampe, ce qui n'est pas le cas chez les femmes. Les recherches basées sur des tâches cognitives ne trouvent aucune augmentation ou baisse des performances uniquement attribuable au sexe du sujet. Ces résultats soulignent la nécessité de rester intellectuellement ouverts avant de présenter des différences cérébrales spécifiques à un sexe, chez les hommes ou les femmes.

Plus récemment, Raquel Gur et ses collègues de l'université de Pennsylvanie ont observé la connectivité entre les zones cérébrales et ont comparé celle des hommes avec celle des femmes, au moyen de diverses technologies du type IRM, notamment l'IRM de diffusion, qui cartographie les connexions physiques dans le cerveau, et l'IRM fonctionnelle, qui repère quelles zones cérébrales s'activent de manière synchrone[1]. Quand Gur et ses collègues remarquaient qu'une zone cérébrale s'activait et en stimulait une autre, ils traçaient une ligne entre elles, obtenant

1. Racquel E. Gur, Ruben C. Gur *et al.*, « Sex Differences in the Structural Connectome of the Human Brain », *Proceedings of the National Academy of Sciences* 111, N° 2 (septembre 2013).

ainsi une carte du cerveau, un « connectome ». Ils ont comparé la connectivité entre les deux hémisphères et découvert que la grande majorité du câblage est identique entre une femme et un homme, mais que les hommes ont plus de connexions à l'intérieur des hémisphères tandis que les femmes ont une meilleure connectivité entre les hémisphères.

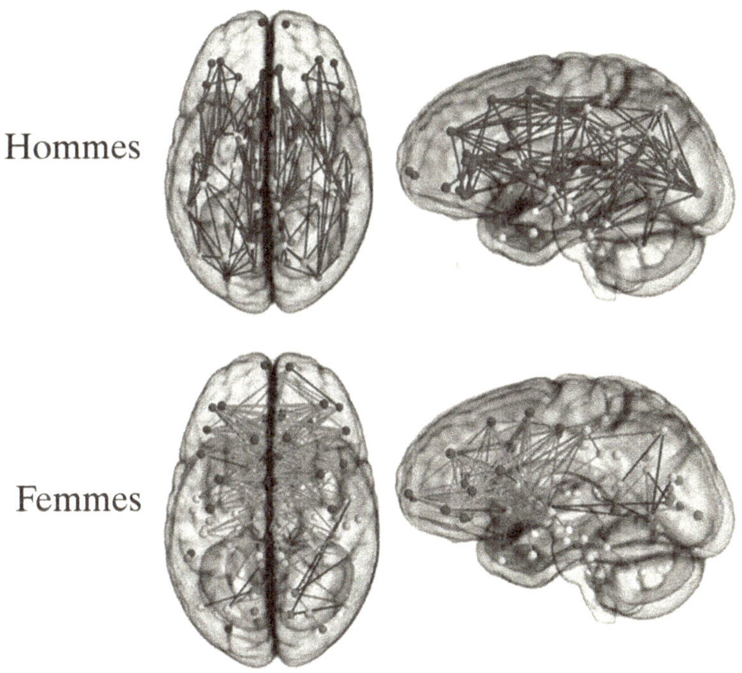

Fig. 26. Les hommes et les femmes n'ont pas les mêmes connexions cérébrales : l'IRM et l'IRM de diffusion montrent comment le cerveau est organisé et comment les différentes zones se connectent les unes aux autres. Les femmes semblent avoir plus de connexions entre les hémisphères que les hommes, mais les hommes semblent avoir de plus fortes connexions à l'intérieur de chaque hémisphère.

Au début de l'adolescence, l'amygdale, qui donne naissance à la plupart de nos émotions, se développe dix-huit mois plus tôt chez les filles que chez les garçons. L'hippocampe aussi se développe plus tôt, et différemment selon le sexe : les deux côtés sont asymétriques chez les garçons, symétriques chez les filles. Ces observations se recoupent avec les études montrant que chez les femmes, en général, les communications entre les deux hémisphères sont plus fortes que chez les garçons.

Les différences fonctionnelles entre le cerveau des filles et celui des garçons sont réelles

Dans le même temps, tout le monde tombe d'accord pour dire qu'à l'adolescence au moins, il existe de réelles différences fonctionnelles entre le cerveau d'un garçon et celui d'une fille. Du fait d'un corps calleux plus large, qui permet donc une meilleure communication entre les deux hémisphères cérébraux, les filles ont sans doute une plus grande capacité à passer d'une tâche à une autre que les garçons.

Nous avons vu dans les chapitres précédents que les filles et les garçons perdent de la matière grise entre six et dix-huit ans et gagnent de la matière blanche tout au long de l'adolescence et jusque vers vingt-cinq ans. Les garçons développent leur matière blanche plus vite que les filles, mais ils n'utilisent pas nécessairement les mêmes zones de leur cerveau pour une même tâche cognitive. En général, les adolescentes ont des capacités supérieures à celles des adolescents pour tout ce qui touche au langage. En 2008, les chercheurs de l'université Northwestern et de l'université d'Haïfa en Israël ont travaillé ensemble pour étudier comment garçons et filles traitent le langage[1]. D'après ces chercheurs, face à des tests de langage auditifs et visuels, les filles stimulent les zones cérébrales associées à la pensée abstraite à partir des zones du langage. Leur performance est corrélée au niveau de stimulation de ces zones. Les garçons activent les mêmes zones cérébrales, mais leur performance dépend non pas des zones du langage abstrait, mais des zones sensorielles, notamment l'écoute et la vue. De nombreuses autres études montrent que les hommes

1. James R. Booth *et al.*, « Sex Differences in Neural Processing of Language Among Children », *Neuropsychologia* 46, N° 5 (mars 2008).

et les femmes adultes utilisent différentes zones cérébrales pour prononcer des mots ou lire à haute voix : différentes voies peuvent mener aux mêmes résultats.

Amygdale et hippocampe font partie du système limbique, dont le fonctionnement peut être altéré par les hormones. Combien de fois me suis-je sentie totalement impuissante tandis que mes fils passaient leur temps à se morfondre, à traîner dans la maison, sans ouvrir la bouche pendant les repas, parce qu'ils n'avaient pas été invités à une soirée, avaient été éliminés d'une compétition sportive ou s'étaient séparés de leur petite amie ? Je me démenais telle une arracheuse de dents pour arriver à leur extraire la moindre explication ou le moindre sentiment. J'enviais mes amis dont les filles pouvaient encore partager leurs émotions avec leur père ou leur mère, alors qu'elles étaient elles aussi embarquées sur le grand huit émotionnel de l'adolescence.

Pendant l'adolescence, les sautes d'humeur touchent autant les filles que les garçons. Ils ressentent pour la première fois les effets des hormones et n'ont pas encore appris à les contrôler. Ils y arriveront un jour, notamment grâce aux lobes frontaux qui amortiront les fluctuations. Mais ils ont beaucoup à apprendre ! C'est doublement difficile : ils essaient de traiter leurs expériences émotionnelles alors même que la structure cérébrale responsable de l'intégration des informations émotionnelles dans la mémoire se construit encore. Ils réagissent d'instinct aux événements précisément parce que les connexions entre zone émotionnelle et zone intellectuelle se fabriquent encore. Il leur manque notamment l'accès à la mémoire d'événements similaires déroulés dans le passé.

Quand on pense aux différences entre personnes de sexe opposé, on pense souvent à la gestion des émotions. Cependant, les différences de développement du cerveau d'un sexe à l'autre se manifestent de bien d'autres façons. Par exemple : l'aptitude organisationnelle. Une bonne organisation requiert à la fois connectivité et intégration cérébrale. L'intelligence brute et la puissance des synapses ne suffisent pas. La myélinisation joue un rôle prépondérant dans la capacité organisationnelle, or elle met du temps à s'achever, on l'a vu : un quart de siècle ! La myélinisation est aussi le processus qui provoque la plus grande disparité entre les genres, pendant l'adolescence.

De nombreux spécialistes de l'apprentissage vous expliqueront que les garçons prennent davantage de temps à acquérir des compétences en organisation et en attention que les filles. Parfois, les garçons montrent une désorganisation effarante. Cas classique qu'une de mes amies m'a raconté : ses deux fils ados ont failli rater le mariage de leur sœur, prévu depuis plus d'un an, parce qu'ils ont découvert quelques jours avant le jour J qu'ils n'avaient pas de pièce d'identité leur permettant de monter à bord de l'avion pour se rendre à la fête. Ils ont eu très chaud… L'un d'eux a pu partir parce que son patron lui a signé une déclaration sous serment certifiant son identité !

Les conséquences de ce manque d'organisation sont parfois désastreuses sur la scolarité des garçons, notamment du fait de la complexité des différentes étapes de sélection pour entrer dans les bons lycées ou les bonnes universités. Il y a trente ans, on envoyait des formulaires à Harvard, UCLA ou NYU sans trop se faire de bile. Aujourd'hui, la concurrence règne. Comme les garçons sont à la traîne des filles en terme d'aptitudes organisationnelles, le chemin est encore plus épineux pour eux.

Une de mes amies est consultante en orientation. Son boulot : faire entrer des étudiants dans des lycées privés ou à l'université. Elle m'a raconté l'histoire d'un garçon de seize ans, Ryan, dont elle s'occupait. Ryan, élève intelligent et très motivé, était le meilleur goal de l'équipe de hockey de son lycée. Alors qu'il n'était qu'en première, plusieurs entraîneurs d'excellentes universités privées du Nord-Est américain l'ont contacté pour lui demander de présenter un dossier d'inscription. Ils lui ont bien évidemment demandé son bulletin scolaire. Malheureusement, comme il avait aligné les C+ et les B, sa moyenne n'était pas assez élevée pour être accepté dans ces universités, même avec le soutien d'un entraîneur. Quand mon amie consultante lui a demandé pourquoi il n'avait pas de meilleures notes, Ryan s'est plaint de ses multiples engagements extrascolaires : volontaire par-ci, entraînements sportifs par-là, d'après lui, il en faisait trop pour être bon à l'école. Mais sa mère avait un autre point de vue : « La vérité, c'est que Ryan a du mal à faire ses devoirs. Il ne sait pas s'organiser. Il attend la dernière minute pour préparer ses examens. Quand il s'y attelle, il passe trop de temps sur ses révisions d'histoire, par exemple, et oublie complètement qu'il a aussi un contrôle de maths. »

Le mode de fonctionnement de Ryan est typique du fonctionnement des garçons de cet âge. Or au niveau du lycée, un bon cursus scolaire requiert d'excellentes capacités d'attention, de planification et d'organisation – compétences qui se développent plus lentement chez les garçons. Je l'ai vraiment compris avec mon fils Andrew, lorsqu'il a rencontré des problèmes d'organisation au début de sa seconde. Il lui a fallu une année complète pour changer sa façon d'étudier. Pendant tout ce temps, j'ai suivi de près ses progrès, notamment en prenant régulièrement contact avec le conseiller d'orientation du lycée. Andrew savait qu'il devait prendre les rênes de sa scolarité, devoirs compris, de son hygiène de sommeil et des tentations de distractions qui l'empêchaient d'étudier. À force de coups de pouce, à la maison comme au lycée, de suivi et de soutien, il a appris à s'auto-discipliner, à choisir où, quand et comment étudier. Il a aussi pris confiance en lui.

En Angleterre, le pays d'origine de mes parents, tous les élèves de seize ans passent un examen de passage au secondaire. S'ils ratent cet examen, ils ne peuvent pas continuer leur scolarité vers l'obtention des A-Levels, et s'ils n'obtiennent pas de A-Levels, ils ne peuvent pas entrer à l'université. Au Royaume-Uni, l'éducation est un privilège plus qu'un droit. Comme tout le monde n'entre pas à l'université, le système éducatif renforce le système des castes britanniques. Il est vraiment dommage qu'en Angleterre et dans de nombreux autres pays, chaque enfant soit testé, évalué, jugé comme intellectuellement digne d'une éducation secondaire ou pas, alors même qu'il n'a pas achevé sa puberté. Si, à seize ans, mes fils avaient dû se soumettre à cette forme d'aiguillage déterminant pour le reste de leur vie, je ne pense pas qu'ils mèneraient la même vie aujourd'hui d'hommes éduqués, couronnée de succès. Des enjeux très lourds pèsent sur les épaules de nos adolescents et il est incompréhensible que leur futur entier repose sur une évaluation d'un cerveau pas encore complètement « terminé ».

Haro sur les stéréotypes de genre

D'après les dernières statistiques, les filles obtiennent des scores au SAT[1] plus élevés que les garçons, elles ont en moyenne plus de chance de terminer leur secondaire et d'être admises dans les programmes universitaires de premier ou de second cycle. Les choses ont bien changé, par rapport aux générations précédentes. Comme quoi, même si les stéréotypes ont la vie dure, on arrive parfois à en briser quelques-uns.

Quand on pense aux différences de genre, les clichés les plus répandus ont souvent un train de retard par rapport aux découvertes scientifiques. Encore aujourd'hui, de nombreuses personnes citent des écrits soi-disant scientifiques montrant à quel point les hommes excellent à se représenter l'espace, à quel point ils sont logiques, d'une linéarité implacable, tandis que les femmes seraient intuitives, plus créatives, plus empathiques et capables d'approcher les choses avec une vue d'ensemble. Je note, personnellement, que ces poncifs tranchés sont faux et que les études s'accumulent pour le prouver.

Prenons par exemple l'intérêt des filles pour la science et les données publiées par l'association Girls Who Code (Les filles qui codent), association à but non lucratif dont l'objectif est d'amener plus de filles vers les carrières scientifiques. Cette association, en partie soutenue par Twitter, Google, General Electric et AT&T, encourage des programmes qui « inspirent, éduquent et donnent aux lycéennes les compé-

1. SAT Reasoning Test : aux États-Unis, examen passé par les élèves de terminale souhaitant présenter un dossier d'admission aux universités américaines.

tences informatiques leur permettant de saisir les occasions professionnelles du XXIe siècle ». D'après cette association, à l'école primaire, 74 % des filles expriment de l'intérêt pour la science, la technologie, l'ingénierie et les maths. Mais c'est là qu'elles manifestent leur motivation maximale. Quand elles arrivent à l'université et doivent choisir leur spécialité, seulement 0,3 % des filles optent pour l'informatique. Janet Hyde, chercheuse à l'université du Wisconsin à Madison, observe que si les filles grandissent en étant persuadées d'être moins bonnes que les garçons en maths, ce que parents et enseignants persistent à croire, alors elles auront davantage tendance à éviter les maths avancées. Voilà comment s'enclenche la prophétie auto-réalisatrice qui mène au fossé bien connu, où les mathématiques de très haut niveau ne sont pratiquées que par une très confortable majorité d'hommes.

Ces chiffres n'ont pourtant rien à voir du tout avec les aptitudes des unes ou des autres. Hyde a étudié les notes aux tests de maths annuels, publiées suite au vote, en 2002, de la loi No Child Left Behind (Aucun enfant ne doit être délaissé). Il y a vingt-cinq ans, à l'école primaire, les filles et les garçons obtenaient les mêmes résultats en maths, mais dès le lycée, les filles traînaient loin derrière les garçons. Hyde et son équipe ont décortiqué les notes de maths récentes de sept millions d'enfants répartis dans dix États américains : ils n'ont trouvé aucune différence entre les filles et les garçons, ni à l'école primaire ni au lycée. Aujourd'hui, il semble que le terrain s'aplanisse pour les adolescentes et qu'en terme d'éducation, plus d'égalité s'installe.

Il est d'autant plus important de bien comprendre les différences de genres dans les apprentissages. Ces différences ne sont pas suffisamment fortes pour empêcher une fille ou un garçon de devenir ce qu'il ou elle veut. Mais elles me poussent à me demander si dans certaines circonstances, au niveau du lycée, modifier une partie des curriculums en fonction du genre ne serait pas plus adapté. Deux années séparent le pic de volume cortical chez les filles du pic équivalent chez les garçons. Les filles atteignent donc un niveau de développement cognitif bien avant les garçons et pourraient bénéficier de plus de cours de sciences et de maths en amont dans leur scolarité[1].

Si on cumule les différences dans le timing, la rapidité, les effets des hormones sexuelles et l'ampleur des modifications du cerveau des filles comparé à celui des garçons, on obtient un écheveau de causes trop complexe pour être décortiqué. Nous ne pouvons pas, aujourd'hui, nous prononcer sur les différences fonctionnelles des cerveaux entre les sexes. Malgré tous les livres, les articles et les programmes télévisuels traitant des différences entre un cerveau « rose » et un cerveau « bleu », personne n'a encore établi de lien de cause à effet entre le genre d'une personne et le développement de son cerveau, ou entre les aptitudes cognitives des femmes et celles des hommes.

Ce que les scientifiques savent, en revanche, c'est qu'à n'importe quel moment, mais surtout pendant l'adolescence, le cerveau est le produit de la nature et de la culture, ce qui inclut son exposition au stress et à toutes les stimulations de l'environnement. Ils observent en parallèle que, dans les pays développés, la puberté se déclenche de plus en plus tôt et ils élaborent des théories pour expliquer les causes de ce phénomène. Pour l'instant, les candidats vont de l'environnement aux nouveaux modes d'alimentation, en passant par la présence d'hormones stéroïdes dans notre assiette, mais la question n'a pas encore été tranchée. Personne ne peut encore expliquer quelle est la conséquence d'une puberté avancée sur la maturation du cerveau. Nul doute que le sujet sera mis sous microscope à l'avenir. Pendant que les gens se disputent pour savoir quels sont les produits chimiques les plus toxiques et les plus dangereux dans notre environnement, voici ce qui les met tous d'accord : tout ce que nous apprenons, tout ce dont nous faisons l'expérience, le bon et le moins bon, le léger et le dur, tout, absolument tout, façonne notre cerveau.

---

1. Voir aussi *Pourquoi les garçons perdent pied et les filles se mettent en danger*, de Leonard Sax, et notamment le passage « Chez nous, toutes les filles aiment la physique », du chapitre Éducation (pages 157 à 160). (Paris : J. C. Lattès, 2012). (*NdT*)

15

Les traumatismes crâniens

En janvier 2010, tandis que l'armée américaine faisait face à une controverse sans précédent, les Américains s'inquiétant de l'exposition des jeunes soldats, dont l'âge ne dépasse souvent pas vingt ans, aux engins explosifs improvisés et aux conséquences à long terme de ces chocs traumatiques, j'ai reçu un mail intitulé « Help ! Attaques cérébrales, ado de quinze ans, personne n'arrive à poser de diagnostic, c'est l'horreur depuis trois semaines. S'il vous plaît, lisez la suite. »

J'ai lu la suite : deux pages de notes écrites par une femme, Maureen, du New Hampshire, cherchant désespérément de l'aide pour sa fille, Holly, presque seize ans, qui jusqu'à présent avait eu une excellente santé et une vie très athlétique, en tant que pom pom girl, championne d'athlétisme, snowboardeuse et membre de l'équipe masculine de football américain de son lycée. Mais son état était désormais inquiétant.

Trois ans avant ce mail, en octobre 2007, Holly a subi deux commotions cérébrales en jouant au football américain, l'une à la suite de l'autre, en moins de deux semaines. Le premier choc à la tête a eu lieu lors d'un entraînement, le second lors d'un match, où, d'après Holly, un opposant l'a agressée parce qu'elle était une fille. Jusqu'à ces chocs, Holly n'avait souffert que d'un trouble anxieux sans impact sur ses activités extrascolaires. Après les chocs, pendant quelques mois, Holly n'a pas montré de symptôme particulier.

En mars 2008, une série d'événements a sonné l'alerte. Tout a commencé avec une migraine ininterrompue durant deux semaines. Puis, alors qu'Holly était assise devant son ordinateur, chez elle, sans signe avant-coureur, elle s'est évanouie, le visage s'écrasant sur son clavier. Elle a eu si peur qu'elle s'est précipitée vers ses parents. Ils l'ont immédiatement emmenée à l'hôpital pour un électroencéphalogramme du cerveau (EEG). Diagnostic : « Cette adolescente s'est juste évanouie. » Trois jours plus tard, cependant, les symptômes s'aggravaient. Holly était chez une amie lorsqu'elle a eu une deuxième attaque : les yeux révulsés et papillonnants, elle s'est mise à baver puis s'est de nouveau évanouie. Idem, elle a été emmenée aux urgences où un second EEG a donné le même diagnostic : « Cette adolescente s'est juste évanouie. »

Les jours suivants, ses parents l'ont emmenée chez le médecin de famille, qui l'a examinée pour détecter une éventuelle épilepsie ou migraine basilaire, cette migraine avec symptômes avant-coureurs qui prend naissance dans le tronc cérébral. Quelques jours plus tard, Holly a fait une crise d'épilepsie convulsive, chez elle, pendant plus de quatre minutes. Son médecin lui a immédiatement prescrit des anticonvulsifs. Pendant plusieurs mois, elle n'a plus eu de symptôme. Elle s'est même remise à jouer au football américain, mais pendant des entraînements elle s'est plainte à deux reprises de douleurs au thorax et d'essoufflement. Un cardiologue ne lui a rien trouvé, mais elle a tout de même dû quitter l'équipe.

En 2009, au début de sa troisième, Holly n'avait plus subi de crise depuis trois mois. En janvier 2010, au centre de documentation de son collège, alors qu'elle travaillait sur un exposé, elle a eu une crise de plus de six minutes, puis une autre deux semaines plus tard, de onze minutes, pendant un cours de français. Et les crises se sont enchaînées. La première attaque était survenue quelques mois après les chocs, mais plus de deux ans après, les crises augmentaient en nombre et en intensité, jusqu'à ce que sa mère ne sache plus quoi faire. Je lui ai recommandé un neurologue dans sa région.

Holly présentait des symptômes clairement atypiques, mais son cas isolé est d'autant plus préoccupant qu'il préfigure un phénomène émergent. Aux États-Unis, de plus en plus de filles pratiquent des sports. Même dans les sports réputés « sans contact », comme le foot ou le hockey sur gazon, elles subissent des commotions cérébrales à un taux bien supérieur à celui des garçons, qu'elles aient renvoyé le ballon d'un coup de tête ou qu'elles aient été plaquées au sol. Seulement 5 % des traumatismes crâniens fermés, commotions incluses, provoquent le type d'attaques que connaît Holly. Le traumatisme crânien de Holly a de plus provoqué une épilepsie, comme dans 20 à 30 % des cas de traumas sévères. Lorsque l'épilepsie s'installe, elle signale le plus souvent une blessure grave potentiellement mortelle, soit une fracture ouverte de la boîte crânienne, soit une plaie pénétrante du cerveau. L'épilepsie post-traumatique fait rarement suite à une blessure ou à un choc survenus lors d'un match ou d'un entraînement sportif. Mais Holly était triplement malchanceuse : du fait de son âge, de son sexe et d'avoir subi plusieurs commotions en un temps très court.

Définitions : commotion, contusion ou traumatisme crânien ?

Après un choc à la tête, l'état du cerveau n'est pas toujours simple à diagnostiquer. Par définition, tout se passe à l'intérieur du crâne. On voit peu ou pas de signes extérieurs des problèmes sur le visage ou à la surface du crâne. Voilà pourquoi on parle de « traumatisme crânien fermé ». Tout simplement, le cerveau est un organe mou qui flotte à l'intérieur du crâne, dans une mer protectrice de fluide cérébrospinal. Le fluide sert en quelque sorte de coussin. Il protège le cerveau des mouvements normaux de la tête. Dans le cas d'un choc violent à la tête, quand elle bascule violemment d'avant en arrière, lors d'un coup du lapin par exemple, ce liquide n'est pas assez épais pour absorber le choc. Le cerveau se cogne à l'intérieur du crâne, rebondit et frappe le côté opposé : c'est l'effet de contrecoup.

Selon la violence du coup à la tête et la personne qui le reçoit, le traumatisme crânien peut être plus ou moins grave. Si le choc se traduit par des troubles légers et transitoires et que le scanner ne montre aucune lésion, on parle d'une commotion cérébrale ou d'un traumatisme crânien léger. Si le choc endommage les neurones, créant des lésions cérébrales, on parle alors de contusion cérébrale ou de traumatisme crânien. Dans ce chapitre, nous nous focaliserons sur les commotions cérébrales, donc spécifiquement les traumatismes crâniens légers : nous verrons qu'ils sont loin d'être anodins. D'ailleurs, récemment, les neurologues et chercheurs américains ont annoncé qu'il serait plus précis d'appeler traumatisme crânien léger toutes les commotions cérébrales. Chaque année aux États-Unis, les médecins diagnostiquent un total de 1,5 million de traumatismes crâniens. 75 à 95 % de ces traumatismes tombent dans la catégorie des traumatismes légers.

Malgré la sévérité des symptômes physiques et cognitifs de certaines commotions cérébrales, parfois immédiats, parfois étalés sur plusieurs jours, semaines ou mois, et même si le traumatisme interrompt le fonctionnement normal du cerveau, les dégâts ne sont pas faciles à détecter parce qu'en général, ils ne sont pas structuraux, mais cellulaires. Au niveau de la cellule, voilà ce qui se passe : lorsque le cerveau bouge violemment à l'intérieur du crâne, il est inondé par un déluge biochimique de calcium et de potassium. Cet assaut biochimique a deux conséquences. Premièrement, le calcium et le potassium en excès endommagent voire détruisent les neurones. Deuxièmement, pour se débarrasser de ces substances, le cerveau a besoin de plus d'énergie, et donc de plus de glucose, sa principale source de carburant. Or, après une commotion cérébrale, la distribution de glucose, qui en temps normal se produit via la circulation sanguine, est restreinte pour plusieurs raisons. D'abord, le déferlement de calcium contracte les vaisseaux sanguins, ensuite il empêche la décomposition du glucose nécessaire pour produire de l'énergie. Dans le même temps, plus le cerveau gonfle, plus les vaisseaux sanguins se compriment. Les neurones sont touchés, la matière blanche prend elle aussi un « coup » : ses fibres s'étirent sous la force de l'impact et parfois se « cisaillent ».

Les effets secondaires physiques d'une commotion incluent vertiges, maux de tête, vision brouillée, hypersensibilité à la lumière et aux sons, problèmes d'équilibre, fatigue, léthargie, changement du cycle de sommeil (soit trop de sommeil, soit trop peu), et du point de vue cognitif, pensée ralentie ou confuse, incapacité à se concentrer et troubles de la mémoire (difficultés à se rappeler une nouvelle information, amnésie). Une commotion provoque parfois des changements d'humeur : le commotionné devient triste ou irritable, nerveux ou anxieux. Quand les symptômes durent plusieurs semaines, plusieurs mois, parfois plusieurs années, on diagnostique alors, la plupart du temps, un syndrome post-commotionnel.

Les radiologues de l'université de New York ont observé les symptômes suivants chez les patients diagnostiqués d'un syndrome post-commotionnel suite à un traumatisme crânien léger : sautes d'humeur, troubles du sommeil, comportements obsessionnels compulsifs, anxiété, troubles de l'impulsivité[1]. D'autres études signalent l'apparition d'une dépression chez 15 à 20 % des patients, jusqu'à une année complète après le traumatisme. Ces taux sont bien plus élevés que le taux moyen de dépression dans la population globale.

Avant d'aller plus loin, je voudrais tordre le cou à quelques idées reçues sur les commotions cérébrales. D'abord, elles ne touchent pas tout le monde de la même façon, certaines personnes pouvant être génétiquement prédisposées à en avoir. Ensuite, elles ne sont pas l'apanage des sports de contact. Elles peuvent se produire en pratiquant n'importe quel sport, ou lors

1. « Can Just One Concussion Change the Brain ? » National Public Radio, 15 mars 2013, http://www.npr.org/2013/03/15/174409382/can-just-one-concussion-change-the-brain

d'un accident de voiture, d'une chute, ou même d'une bousculade violente. Enfin, la communauté médicale sait désormais qu'elles peuvent aussi survenir sans réelle perte de conscience.

Le cerveau des adolescents résiste moins bien aux commotions que le cerveau des adultes

Les chocs à la tête peuvent avoir énormément de conséquences, même en l'absence de lésion détectée du cerveau. De nombreux chercheurs se sont penchés sur les effets immédiats et retardés d'une commotion cérébrale. Il y a déjà plus de dix ans, l'Association médicale américaine corrélait les commotions sportives à une baisse des performances lors de plusieurs tests des fonctions cognitives[1]. Plus récemment, certaines études montrent que le cerveau des adolescents pourrait encaisser les chocs différemment de celui des adultes. Dans certains cas, à choc équivalent, l'adolescent s'en sort moins bien qu'un adulte.

Lors d'expériences avec des rats et des souris, des chercheurs ont modélisé les traumatismes crâniens. Ils ont prouvé la forte vulnérabilité d'un cerveau adolescent immature face au choc. Chez l'adolescent, un petit choc suffit pour générer une perte de synapses et pour diminuer le nombre de récepteurs du glutamate de type NMDA, récepteurs nécessaires pour que la PLT se produise et que la mémoire fonctionne. Voilà qui expliquerait les troubles de la mémoire et les problèmes associés d'apprentissage constatés après une commotion cérébrale.

En 2012, des chercheurs canadiens ont confirmé ce que les neuroscientifiques pensaient depuis longtemps : le cerveau d'un enfant ou d'un adolescent n'est pas aussi résistant que celui d'un adulte[2]. Pour le prouver, ils ont travaillé avec

1. Semyon Slobounov *et al.*, « Sports-Related Concussion : Ongoing Debate », *British Journal of Sports Medicine* 48, N° 2 (janvier 2014).
2. Charles H. Tator, « Sport Concussion Education and Prevention », *Journal of Clinical Sport Psychology* 6, N° 3 (septembre 2012).

quatre-vingt-seize jeunes athlètes (pratiquant le rugby, le hockey ou le football américain) âgés de treize à seize ans ayant déjà souffert d'une commotion cérébrale dans les six mois précédant l'étude. Ils ont évalué la mémoire de travail de ces adolescents avec des tests neuropsychologiques standards. Nous en avons parlé, la mémoire de travail est la mémoire à court terme. Elle permet le bon fonctionnement du cortex préfrontal et nous aide à lire, à nous souvenir d'un numéro de téléphone ou à faire un simple calcul mental. Comparée à la mémoire à court terme d'un groupe de contrôle de jeunes du même âge n'ayant pas souffert de coups à la tête les six mois précédents, la mémoire à court terme des athlètes récemment commotionnés chute de manière significative.

Par ailleurs, on ne sait pas pourquoi les athlètes adolescents mettent davantage de temps à se remettre d'une commotion que les adultes. Plus l'athlète est jeune, plus il a besoin de temps. En moyenne, un adulte met trois à cinq jours pour retrouver son niveau normal de performance lors de tests cognitifs. Les athlètes d'université ont besoin de cinq à sept jours, tandis que les athlètes lycéens ont besoin de dix jours à deux semaines. Une étude a observé le temps moyen de rétablissement des athlètes lycéens de seize ans : plus de la moitié ont mis plus d'une semaine. 10 % ont eu besoin de plus de trois semaines. Lors de tests utilisant des techniques d'imagerie pointues, les chercheurs ont détecté des anomalies cérébrales chez les jeunes commotionnés alors même qu'ils ne souffraient plus d'aucun symptôme. Dans une autre étude basée sur des athlètes de dix-huit et dix-neuf ans ayant souffert d'une commotion cérébrale ou plus, des anomalies cérébrales ont été détectées plus de trois ans après la commotion la plus récente.

Aucun adolescent n'est à l'abri d'une commotion cérébrale, quel que soit le sport qu'il pratique. J'ai eu un patient lutteur, un lycéen brillant, qui avait obtenu une excellente note à son SAT « blanc ». Il était venu me voir à cause de maux de tête et problèmes d'attention et de mémoire qui le gênaient dans ses préparatifs pour son « vrai » SAT. L'été précédent, lors d'un stage de lutte, il avait subi une seconde commotion avec perte de conscience momentanée. Aux urgences, son scanner de la tête n'avait montré aucun dégât. Les médecins l'ont renvoyé chez lui en lui demandant de se reposer pendant quelques semaines. Il a alors souffert d'insomnies, de maux de tête fréquents, de nausées et a eu tendance à s'emporter. Dès la reprise des cours, le jour de sa rentrée en terminale, il a senti que quelque chose ne tournait pas rond. Sa mère était perplexe : alors qu'il avait toujours été un élève assidu, il n'arrivait plus à se concentrer sur ses devoirs et ne terminait jamais un exercice, même le plus simple. Il avait des sautes d'humeur et un comportement agité. Quand je l'ai reçu, son examen neurologique physique était dans l'ensemble normal, mais il montrait des failles dans les tests de mémoire à court terme et dans les tests de mesure de l'attention. Comme plusieurs mois s'écoulent parfois avant que les crises d'épilepsie ne s'installent, j'ai vérifié si, comme Molly, il en souffrait : son EEG était normal. Ses maux de tête ressemblaient à des migraines, ce qui est fréquent chez les commotionnés. Quand il avait très mal, la lumière le gênait. Les maux de tête se produisant tous les jours, je lui ai prescrit un antimigraineux préventif. En quelques semaines, ils ont progressivement diminué, à la fois en sévérité et en fréquence.

Pendant ce temps, le jeune lutteur est devenu de plus en plus anxieux. Ses notes l'angoissaient, la possibilité de déclencher une autre migraine le terrorisait, à un tel point que l'anxiété est devenue invalidante, éclipsant tous les autres problèmes. Son humeur s'est maintenue au sombre et il s'est détaché de ses amis et de sa famille. Puis il s'est complètement planté au SAT, ce qui a décuplé son anxiété. Mais ce très mauvais résultat a servi à quelque chose : il a prouvé que ses commotions avaient provoqué une chute quantifiable de ses performances cognitives et a motivé des examens plus poussés, notamment des tests neuropsychologiques. Ces tests ont révélé un déficit de l'attention et de l'apprentissage, problèmes complètement neufs pour le jeune lutteur, qui nécessiteraient un long combat.

Ce cas est loin d'être un cas unique. Il illustre les effets sur le mental et sur les performances scolaires de commotions cérébrales répétées chez l'adolescent.

Comme dans le cas de Holly, les traumatismes crâniens sévères engendrent aussi un risque, certes faible, d'épilepsie. Holly est un cas très rare, en partie parce qu'elle pratiquait le football américain avec des garçons. Cependant, chez les jeunes adultes, l'épilepsie post-traumatique est la cause la plus courante de tous les nouveaux cas d'épilepsie diagnostiqués aux États-Unis. L'enchaînement exact des événements neurologiques menant à l'épilepsie est encore flou. Pendant des années, les chercheurs ont cru que les crises épileptiques étaient simplement provoquées par une hyperstimulation des neurones. Plus récemment, ils ont découvert que les neurones, avant même d'arriver au stade de l'hyperstimulation, sont endommagés par un assaut de substances neurochimiques tentant de réparer une lésion cérébrale. D'après les chercheurs, ces substances provoquent l'excitation qui abîme ou détruit les neurones.

Les traumatismes crâniens causent des dégâts cognitifs autant que physiologiques, spécifiquement à l'hypophyse, une glande en forme de pomme de pin située à la base de l'hypothalamus. Parce qu'elle est placée juste sous l'arête du nez, les chocs à la tête, même de faible intensité, l'endommagent. On la surnomme la glande « reine » parce qu'elle règle notre métabolisme, notre croissance et notre énergie. Certaines études mènent à penser que 40 % des athlètes adolescents qui ont subi un traumatisme crânien léger souffrent d'une insuffisance hypophysaire, dont voici certains symptômes :

- Diminution de la masse musculaire
- Faiblesse
- Baisse de l'endurance
- Fatigue
- Irritabilité
- Dépression
- Troubles de la mémoire
- Baisse de l'appétit sexuel.

Récemment, à l'Hôpital national des enfants[1], une étude des Services de la santé comportementale a révélé que, comparés à des enfants et à des adolescents souffrant d'une blessure orthopédique, ceux qui ont souffert d'un traumatisme crânien léger éprouvent, au fil du temps, davantage de symptômes, à la fois cognitifs et physiologiques. Ces symptômes sont corrélés avec une baisse de la qualité de vie, à la fois somatique, psychique et sociale.

Les jeunes ayant subi un traumatisme crânien grave risquent, pendant leur convalescence, de développer ce que les neurologues appellent un décrochage neurocognitif, c'est-à-dire un ralentissement du développement cognitif, social et moteur, et ce plus d'un an après le traumatisme. Quand le développement ralentit ou stagne à une étape, les suivantes deviennent tout à coup compromises.

Le problème touche davantage de jeunes qu'on ne le dit

On mesure la force d'un choc entre deux sportifs en terme de « g », unité de mesure de l'accélération d'un corps proportionnelle à la force de réaction expérimentée par le corps qui subit cette accélération[2]. Éternuer, par exemple, exerce une force de moins de 3 g sur le corps, principalement sur la tête[3] ; taper dans le dos exerce une force légèrement supérieure à 4 g ; s'asseoir sur une chaise, 19 g. Si votre voiture encaisse un petit choc arrière à cause d'une voiture roulant à environ quinze kilomètres-heure, vous subissez un impact de 10 à 20 g. Si l'impact oscille entre 20 et 30 g, vous venez d'avoir

1. Behavioral Health Services au Nationwide Children's Hospital. (*NdT*)

2. Steve Broglio, « Biomechanical Properties of Concussions in High School Football », *Medicine and Science in Sports and Exercise* 42, N° 11 (novembre 2010).

3. Suzanne Slade, *Feel the G's : The Science and Gravity of G-Forces* (Mankato, MN : Compass Point Books, 2009).

un accident sérieux. Un choc de 90 à 100 g, qui correspond à l'accélération que vous subissez en heurtant un mur dans un véhicule roulant à trente kilomètres-heure par exemple, provoque généralement une commotion cérébrale.

Pour les joueurs de football américain jouant au niveau de la National Football League, niveau le plus élevé, un choc frontal de 30 à 60 g fait partie de la routine. Les chocs de plus de 100 g sont aussi monnaie courante. Ils atteignent même parfois 150 g.

Des chercheurs de l'université Purdue ont récemment examiné un joueur qui, d'après leurs estimations, avait reçu un coup à la tête d'une force de 289 g, cent fois plus que l'accélération ressentie lors du lancement d'une navette spatiale. Pourtant, ce lycéen joueur de football américain n'affichait aucun signe visible de commotion cérébrale et ne déclarait aucun symptôme inquiétant. Et voilà tout le problème.

Depuis quelques années, les scientifiques commencent à comprendre, lentement mais sûrement, qu'un coup à la tête, même s'il n'est pas suffisamment fort pour générer une commotion, peut endommager le cerveau[1]. Il suffit de plusieurs coups d'intensité modérée. En d'autres termes, des milliers de gamins amateurs de sports de contact, même s'ils n'ont jamais raté de match à cause d'une commotion, risquent de souffrir de lésions cérébrales, lésions non diagnostiquées qui provoqueront sans doute des handicaps cognitifs plus tard dans la vie. Les scientifiques de Purdue ont découvert cette réalité troublante « par hasard », parce que le jeune homme qu'ils examinaient après avoir reçu 289 g sur la tête s'était porté volontaire pour leur étude.

Il y a plusieurs années, avec une poignée de collègues, le professeur en ingénierie biomédicale Eric Nauman a étudié les commotions chez les lycéens pratiquant le football américain. Afin de procéder à une analyse rigoureuse des changements

1. Eric Nauman *et al.*, « Functionally-Detected Cognitive Impairment in High School Football Players Without Clinically-Diagnosed Concussion », *Journal of Neurotrauma* 31, N° 4 (15 février 2014).

dans le cerveau des joueurs commotionnés, ces scientifiques ont recruté un groupe de lycéens eux aussi joueurs de football américain, mais qui n'avaient jamais été diagnostiqués avec une commotion cérébrale. Quand, avant le début de la saison, Nauman et ses collègues ont comparé les images des lycéens du groupe de contrôle avec celles des joueurs commotionnés, ce qu'ils ont vu les a estomaqués. Les scans des joueurs non commotionnés du groupe de contrôle montraient les mêmes altérations profondes du cerveau que les scans des joueurs diagnostiqués avec une commotion. D'abord, Nauman a cru que le scanner de son laboratoire était cassé. Puis il a compris. Dans les lycées américains, plus d'un million de joueurs de football américain entrent sur le terrain chaque année ; parmi eux, plus de soixante mille sont diagnostiqués avec une commotion cérébrale. Mais en réalité, au moins le double de ces joueurs souffre aussi d'une commotion, en ressent tous les symptômes, mais les balaie d'un revers de la main comme des broutilles. Soit ils sous-estiment la gravité de leurs blessures, soit ils ne les déclarent pas à leur entraîneur de peur d'être mis sur la touche. En fait, certains experts pensent que plus d'un quart de million de commotions pourraient être diagnostiquées chaque année chez les lycéens pratiquant le football américain. Si vous ajoutez les dizaines de milliers d'autres jeunes qui n'ont jamais ressenti de symptômes, mais qui ont néanmoins souffert d'un choc provoquant des lésions cérébrales, alors vous comprenez l'ampleur du problème et les risques pour nos athlètes adolescents.

Les jeunes filles sont plus sévèrement frappées que les jeunes garçons

L'intérêt des chercheurs pour les commotions n'est pas nouveau, mais il a tendance à se focaliser sur les commotions chez les hommes pratiquant un sport au niveau professionnel. Pourtant, d'après l'Académie américaine des pédiatres, le deuxième taux le plus élevé de commotions cérébrales liées à la pratique d'un sport, après celle du football américain chez les garçons, est la pratique du foot chez les filles.

Dans les lycées et les universités, le contact physique et les chocs augmentent dans la population féminine, notamment depuis l'application de la loi « Title IX » qui oblige les établissements scolaires financés directement ou indirectement par l'État américain à prouver que les filles ont autant accès aux activités sportives que les garçons.

Dans les sports aussi bien pratiqués par les filles que les garçons, par exemple, au niveau lycée, le foot, la crosse, le basket, le baseball, le softball et la gymnastique, les filles souffrent de commotions 70 % plus souvent que les garçons, alors même que les garçons pratiquent ces sports à des niveaux plus élevés que les filles. Dans le foot féminin, les taux de commotion sont trois fois plus élevés que dans le foot masculin. Lors d'une étude basée sur un sondage de plus de quatre cents entraîneurs de lycée, les chercheurs ont aussi découvert qu'une fille se remettait de ses symptômes beaucoup plus lentement qu'un garçon avant de pouvoir retourner sur le terrain. De plus, après une commotion, lors de tests de la mémoire visuelle, les adolescentes obtiennent des scores nettement plus bas que les garçons. De même, lors de tests portant sur l'agilité mentale, les temps de réaction des filles commotionnées accusent une nette augmentation par rapport à ceux des garçons commotionnés.

Le syndrome du second impact : comment de multiples petits chocs finissent par faire très mal

Les risques d'un syndrome post-commotionnel et de lésions cérébrales sévères augmentent d'un bond lorsqu'un athlète subit un second choc avant que son premier traumatisme soit complètement résorbé. Toutes les cellules privées d'énergie encore convalescentes suite à l'assaut de calcium et de potassium du premier choc risquent d'être davantage abîmées. C'est ce que l'on appelle le syndrome du second impact.

Il y a quelques années, le *New York Times* a raconté l'histoire de Sarah Ingles, joueuse de basketball dans un lycée de l'Ohio qui a subi une commotion cérébrale pendant un match[1]. C'était sa deuxième commotion. Deux heures après son match, alors qu'elle rentrait chez elle en bus avec ses coéquipières, elle a eu un trou de mémoire : elle ne savait plus où elle était et n'avait plus aucun souvenir du match qu'elle venait de jouer. Elle a été dispensée d'école pendant six semaines. L'année suivante, étudiante à l'université Wesleyan de l'Ohio, elle a fait partie de l'équipe de hockey sur gazon, jusqu'à ce qu'elle subisse sa septième commotion. (Entre-temps, elle n'a pas reçu les cinq autres chocs à la tête en pratiquant un sport. Elle s'est aussi cogné une fois la tête contre une tête de lit.) Dans une vidéo accessible sur le blog de la North Coast Athletic Conference, elle raconte comment, suite à cette septième commotion, médecins et entraîneurs lui ont annoncé qu'elle ne pouvait plus pratiquer de sport de contact, même intramuros, même pour le plaisir. Pendant plusieurs mois, elle a passé des tests cognitifs et a dû travailler ses cours avec un tuteur. « Je n'arrivais plus à retenir d'information, déclare-t-elle dans la vidéo. Je devais tout répéter encore et encore et encore. »

D'après les recherches les plus récentes, les athlètes lycéens qui ont subi trois commotions ou plus courent huit fois plus le risque de perdre conscience s'ils reçoivent un nouveau coup à la tête, et 5,5 fois plus le risque de souffrir d'une amnésie post-traumatique antérograde, dans laquelle l'adolescent a des difficultés à créer de nouvelles mémoires.

Le syndrome du second impact est parfois mortel, comme pour Nathan Stiles, dix-sept ans, attaquant vedette de l'équipe

1. Alan Schwarz, « Girls Are Often Neglected Victims of Concussions », *New York Times*, 2 octobre 2007.

de football américain de Spring Hill, dans le Kansas[1]. En 2008, après un match, Nathan s'est plaint de maux de tête persistants. L'entraîneur de son équipe a conseillé à ses parents de l'emmener aux urgences. À l'hôpital, le scanner de son cerveau n'a pas indiqué de problèmes. Pour plus de sécurité, les médecins lui ont recommandé de ne pas participer aux entraînements pendant trois semaines. Sans leur permission, Nathan était légalement empêché de jouer : dans le Kansas, comme dans de nombreux autres États américains, après un choc à la tête, seul un médecin peut permettre à un athlète lycéen de reprendre ses entraînements. Les trois semaines écoulées, Nathan a reçu le feu vert. Dans son premier match, sa mère l'a vu prendre un choc et se comporter un peu bizarrement, comme s'il était sonné. Il a dit après ce match qu'il allait bien. La semaine suivante, rien ne semblait clocher. Puis il s'est préparé pour le dernier match de l'année, qui serait aussi le dernier de sa vie. Juste avant la mi-temps, Nathan, qui jouait en défense, à intercepté une passe et a remonté le terrain pour marquer un essai. Mais il s'est écroulé sur la touche et a subi une série d'attaques. Transporté en hélicoptère jusqu'au Centre médical de l'université du Kansas, il a passé quatre heures au bloc opératoire, où les chirurgiens ont tenté de stopper son hémorragie cérébrale. Il ne s'est jamais réveillé. L'équipe médicale a débranché son respirateur artificiel le lendemain.

Après une autopsie, le cerveau de Nathan a été envoyé au Centre de l'université de Boston pour l'étude de l'encéphalopathie traumatique[2]. Ce centre répertorie et analyse les maladies et les troubles produits par les traumatismes crâniens en partenariat avec le Centre des anciens combattants, situé non loin, à Bedford, dans le Massachusetts. Quand les pathologistes ont ouvert le cerveau de Nathan, ils ont été effrayés

1. Nadia Kounang, « Brain Bank Examines Athletes' Hard Hits », CNN, 27 janvier 2012, http://www.cnn.com/2012/01/27/health/big-hits-broken-dreams-brain-bank

2. Boston University's Center for the Study of Traumatic Encephalopathy. (*NdT*)

par ce qu'ils ont vu : un cerveau jeune saturé de protéines tau, ces mêmes fibres qui étouffent et tuent les neurones dans le cerveau de patients atteints de la maladie d'Alzheimer. Seule explication possible, au moment où il est mort, Nathan était atteint d'une encéphalopathie traumatique chronique (ETC). Connue depuis les années 1920, notamment dans les populations de boxeurs âgés, cette maladie dégénérative progressive est généralement diagnostiquée chez les athlètes ayant souffert de multiples traumatismes crâniens. Nathan avait donc probablement souffert de multiples lésions non diagnostiquées. Peut-être avait-il aussi une prédisposition génétique aux traumatismes crâniens. À ce jour, il représente le cas le plus jeune d'ETC jamais recensé.

Que faire ?

Il n'existe pas de casque protégeant complètement le cerveau des chocs. Les médecins et les chercheurs comprennent d'ailleurs depuis peu de temps qu'une lésion peut survenir suite à un simple petit coup sur la tête de faible gravité. En 2011, la Société canadienne de pédiatrie a dénoncé un taux trop élevé de traumatismes crâniens chez les jeunes sportifs, notamment chez les hockeyeurs sur glace. Elle a déclaré que les coups à la tête, ainsi que les attaques par derrière et les mises en échec (c'est-à-dire le plaquage des joueurs contre les rambardes délimitant le terrain pour les déclarer hors jeu) devraient être strictement interdites dans tous les sports pratiqués par les jeunes. Au Canada, dès le premier niveau des compétitions (le niveau « peewee », pour petit bout de chou), à dix ou onze ans, on permet les mises en échec au hockey sur glace.

La NCAA (National Collegiate Athletic Association), l'association en charge de la coordination de la pratique sportive au niveau universitaire, a publié des directives spécifiques pour la prise en charge des commotions cérébrales pendant un match. Par exemple, elle n'autorise pas les universités à laisser un étudiant athlète « faire comme si de rien n'était » et continuer le match sans être examiné par un médecin. Mais de nombreuses personnes, y compris d'anciens jeunes athlètes, pensent que ces directives sont insuffisantes. En 2011, quatre anciens étudiants athlètes ont poursuivi la NCAA en justice pour avoir manqué de mettre en place diverses mesures de sécurité, notamment des examens de dépistage appropriés pour les commotions et des directives claires sur la reprise des entraînements suite à une commotion. (La justice a été saisie, mais ne s'est pas encore prononcée.)

Pourquoi les traumatismes crâniens, même légers, affectent-ils les adolescents de manière plus durable que les adultes ? Pourquoi les filles sont-elles plus touchées que les garçons ? Les chercheurs planchent encore sur ces questions. Nul doute que l'immaturité du cerveau adolescent jouera un rôle de premier plan dans leurs réponses. Quand un cerveau adolescent encaisse un choc, la blessure n'est pas figée. Le traumatisme ne porte pas que sur le morceau de cellules grises endommagé, mais aussi sur ce que ce cerveau serait devenu s'il avait continué à se développer sans cet accident. Le traumatisme n'abîme pas que le cerveau, il compromet aussi le futur de l'adolescent.

Mes collègues m'ont raconté de nombreuses histoires incroyables de jeunes souffrant de traumatismes crâniens. Ces histoires me touchent d'autant plus lorsque les adolescents perdent confiance en leur avenir à cause de leurs multiples commotions. Sarah Ingles, l'étudiante athlète de l'université Wesleyan de l'Ohio victime de sept commotions, avoue dans sa vidéo : « Le sport, c'était ma vie. » Quand les médecins lui ont annoncé qu'elle ne pourrait plus jamais pratiquer de sport de contact, elle a suivi leur avis et s'est mise au golf : « Si quelqu'un me rentre dedans, je file direct à l'hôpital [...] J'ai changé de sport, mais j'ai aussi changé de vie [...] Un trauma crânien, c'est un trauma crânien. C'est ton cerveau ! »

16

Crime et châtiment

Pendant tout le xxe siècle, l'adolescence est avant tout vue comme une étape de la vie psychologique et physiologique, et non comme une étape du développement du cerveau. Le 1er août 1966, le système judiciaire américain a dû s'intéresser pour la première fois aux relations entre la biologie de l'être humain et sa responsabilité légale, du fait d'une épouvantable tuerie. Ce jour-là, Charles Whitman, vingt-cinq ans, ancien enfant de chœur, médaille d'Aigle chez les scouts[1], ancien Marine étudiant à l'université, a tué sa femme et sa mère dans leurs lits, puis, depuis la terrasse panoramique du vingt-huitième étage de la tour de l'université du Texas, s'est mis à canarder la foule à ses pieds, au hasard, avec un fusil à gros calibre. En ce lourd après-midi d'août, avant d'être abattu par la police, Whitman a tué treize personnes et en a blessé trente-deux. On a trouvé parmi les victimes, entre autres, une femme enceinte, un étudiant de dix-huit ans et sa fiancée, un électricien, un professeur et un conducteur d'ambulance qui venait d'arriver au secours des blessés. Le dimanche 31 juillet 1966 à 18 h 45, veille du massacre, voici ce que Whitman avait écrit sur l'une de ses quatre notes suicidaires :

« Je ne sais pas du tout ce qui me pousse à écrire ce type de lettre. Peut-être pour laisser derrière moi une vague raison

1. Rang le plus élevé chez les scouts américains. (*NdT*)

expliquant mes actes. Je ne me comprends plus, ces jours-ci. D'habitude, je suis censé être un jeune homme normalement raisonnable et intelligent. Mais récemment (je ne me souviens pas quand ça a commencé), je suis victime de pensées inhabituelles et irrationnelles. »

Vous aurez noté que Whitman se décrit comme une victime. De toute évidence, il ne se sentait pas maître de ses impulsions de violence. Peu avant la tuerie, il avait rendu visite au médecin de l'université pour lui parler de sa dépression et de ses maux de tête. Le médecin lui avait prescrit du Valium en lui suggérant de prendre rendez-vous avec le psychiatre de l'université, ce qu'il avait fait. Mais Whitman était convaincu que quelque chose en lui ne tournait pas rond sur le plan physique. Sur une autre note de suicide, il écrit :

« Après ma mort, je souhaite être autopsié, pour que les médecins cherchent une maladie physique visible. J'ai des maux de tête tellement épouvantables que j'ai consommé trois grosses boîtes d'Excedrinil en trois mois. »

À l'autopsie, les médecins légistes ont trouvé la cause des migraines : un glioblastome multiforme de grade 4, c'est-à-dire une tumeur de la taille d'une noix, surgissant du dessous du thalamus et empiétant sur l'hypothalamus et l'amygdale. Whitman était-il incapable de canaliser son agressivité et ses pulsions destructrices à cause de sa tumeur cérébrale ? Personne ne le saura jamais vraiment. Mais la tumeur avait certainement affecté l'équilibre de l'activité entre les lobes frontaux et le système limbique. Une perte de contrôle du système limbique peut générer des épisodes de rage. Si les connexions qui inhibent ou freinent les pulsions de rage étaient endommagées par la tumeur, Whitman a pu se sentir poussé à tuer sans avoir la capacité de se contrôler.

Déjà en 1966, ce cas extrême illustrait le rôle possible de la connectivité cérébrale dans un acte criminel. Mais l'idée aujourd'hui courante que les lobes frontaux des adolescents sont en cours de maturation et de connexion était loin encore d'influencer le système de justice des mineurs.

De nos jours, chaque année, environ deux cent mille Américains de douze à dix-sept ans sont arrêtés pour avoir commis un crime violent. En 2008, les jeunes délinquants ont perpétré plus de neuf cents meurtres et sont responsables de 48 % de la totalité des incendies criminels sur le sol américain.

En 1989, la Cour suprême des États-Unis a jugé anticonstitutionnelle la condamnation à mort de toute personne ayant moins de seize ans. En 2004, elle s'est penchée sur le degré de responsabilité des adolescents[1]. La question était de savoir si les adolescents devaient être traités comme des adultes handicapés mentaux, n'ayant pas toutes leurs facultés pour discerner le bien du mal. À Chicago, Steven Drizin, spécialiste reconnu du système judiciaire américain de l'université Northwestern, a résumé la situation à sa façon : « Les jeunes fonctionnent globalement comme les attardés mentaux. La plus grande similarité entre ces deux groupes est leur déficit cognitif. [Les adolescents] sont peut-être performants sur bien des plans, mais cela ne signifie pas qu'ils sont capables de prendre de bonnes décisions. »

En 2005, la Cour suprême a abrogé la peine de mort pour tous les mineurs : il faut avoir dix-huit ans au moment du crime pour être passible de la peine de mort. Mais chaque État était resté libre de légiférer sur la prison à perpétuité incompressible (ainsi que sur l'âge minimum pour engager des poursuites criminelles). Seuls trois États américains ne permettaient pas d'inculper des jeunes de moins de dix-sept ans en tant qu'adultes. C'était possible dans quarante-sept États et même obligatoire pour certains délits dans vingt-neuf États.

Un seul pays dans le monde n'a pas ratifié la Convention des Nations unies relative aux droits de l'enfant : les États-Unis. On ne peut en être fier… car cette convention est un traité international rendant illégale la condamnation des mineurs à

1. International Justice Project, « Background – The Constitutionality of the Juvenile Death Penalty », 12 février 2004, http://www.internationaljusticeproject.com

L'adolescence, une forme d'arriération mentale ?

« du fait de leur handicap en terme de pensée rationnelle, de sens du jugement et de contrôle de leurs impulsions, [les handicapés mentaux] n'agissent pas avec le niveau de culpabilité morale qui caractérise les actes les plus graves des criminels adultes.

John Paul Stevens, juge, 2002

« Les jeunes fonctionnent globalement comme les handicapés mentaux. La plus grande similarité entre ces deux groupes est leur déficit cognitif. [Les adolescents] sont peut-être performants sur bien des plans, mais cela ne signifie pas qu'ils sont capables de prendre de bonnes décisions. »

Steven Drizin, professeur de droit
fairsentencingofyouth.org

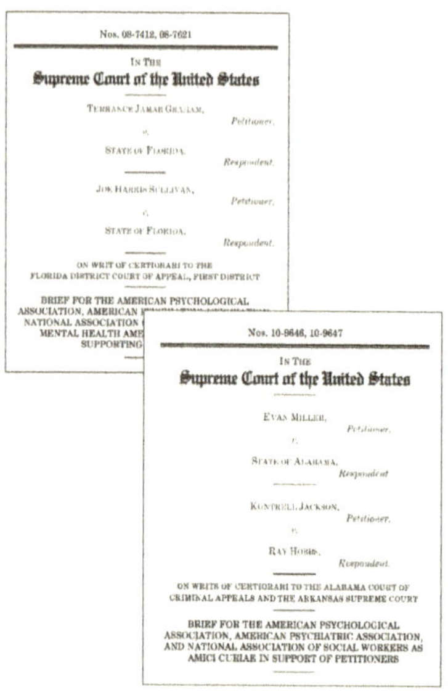

Nos. 08-7412, 08-7621

IN THE
Supreme Court of the United States

TERRANCE JAMAR GRAHAM,
Petitioner,
v.
STATE OF FLORIDA,
Respondent.

JOE HARRIS SULLIVAN,
Petitioner,
v.
STATE OF FLORIDA,
Respondent.

ON WRIT OF CERTIORARI TO THE
FLORIDA DISTRICT COURT OF APPEAL, FIRST DISTRICT

BRIEF FOR THE AMERICAN PSYCHOLOGICAL
ASSOCIATION, AMERICAN
NATIONAL ASSOCIATION
MENTAL HEALTH AME
SUPPORTING

Nos. 10-9646, 10-9647

IN THE
Supreme Court of the United States

EVAN MILLER,
Petitioner,
v.
STATE OF ALABAMA,
Respondent.

KUNTRELL JACKSON,
Petitioner,
v.
RAY HOBBS,
Respondent.

ON WRITS OF CERTIORARI TO THE ALABAMA COURT OF
CRIMINAL APPEALS AND THE ARKANSAS SUPREME COURT

BRIEF FOR THE AMERICAN PSYCHOLOGICAL
ASSOCIATION, AMERICAN PSYCHIATRIC ASSOCIATION,
AND NATIONAL ASSOCIATION OF SOCIAL WORKERS AS
AMICI CURIAE IN SUPPORT OF PETITIONERS

Fig. 27. Jusqu'où la société doit-elle exiger qu'un adolescent réponde de ses actes ? Les avis sont très partagés sur la question du traitement judiciaire et de la réhabilitation des mineurs coupables d'un crime passible de la peine de mort.

la perpétuité incompressible[1]. Aux États-Unis, sur un total de quarante mille prisonniers purgeant actuellement une peine de sûreté à vie, deux mille cinq cents n'avaient pas dix-huit ans au moment où ils ont perpétré leur crime. Soixante-dix de ces prisonniers n'avaient que treize ou quatorze ans.

Dans leur grande majorité, les mineurs américains sont condamnés à la prison à vie sans possibilité de remise de peine pour avoir perpétré des meurtres, mais plus de cent d'entre eux, comme Terrance Graham, sont enfermés à perpétuité pour d'autres infractions non meurtrières. Six d'entre eux n'avaient que treize ou quatorze ans lorsqu'ils ont commis ces délits sans homicide.

---

1. La France a ratifié cette convention mais permet à la Cour d'assises, sur délibération spéciale, de prononcer la réclusion criminelle à perpétuité pour des mineurs. (*NdT*)

La perpétuité incompressible et les adolescents coupables de crimes non meurtriers

Terrance Graham a grandi en Floride dans un milieu pas facile, avec des parents cocaïnomanes. À l'école primaire, c'était un gamin sportif et vif diagnostiqué d'un trouble de l'attention avec hyperactivité (TDAH). Il a commencé l'alcool et les cigarettes à neuf ans, puis le cannabis à treize ans. En juillet 2003, à seize ans, avec trois copains, il a tenté de cambrioler le restaurant-grill où travaillait l'un des trois compères. Ce complice avait volontairement laissé la porte de service ouverte après la fermeture, permettant à Graham et à l'autre copain de se glisser à l'intérieur. Quand ils sont tombés nez à nez avec le manager du restaurant, le copain complice a cherché à assommer l'homme d'un coup de tuyau en métal, le blessant à la tête. Voyant que l'homme continuait à appeler à l'aide, les trois gamins se sont enfuis grâce à un quatrième jeune qui les attendait dans une voiture. Ils n'avaient pas eu le temps de voler quoi que ce soit et le manager n'a eu besoin que de quelques points de suture. Quelques jours plus tard, les quatre jeunes étaient sous les verrous.

Alors qu'aucun d'eux n'avait dix-huit ans, les procureurs ont décidé de les inculper en tant qu'adultes. Ils ont accusé Graham, qui avait un casier vierge, de deux crimes, dont un, le plus sérieux, était passible de prison à vie sans possibilité de remise de peine. Puis ils ont négocié les aveux de Graham contre leur clémence. Graham a été condamné à un an de prison moins les six mois qu'il venait déjà d'y passer à la date du jugement. Lors de l'audience, il a annoncé son intention de se remettre sur le droit chemin, promettant au juge : « C'est la première et la dernière fois que je cause des problèmes. »

En juin 2004, Graham a obtenu une mise en liberté surveillée. Une fois sorti de prison, il s'est tenu à carreau six mois. Le 13 décembre de la même année, désormais âgé de dix-sept ans et accompagné de deux complices de vingt ans, il s'est introduit par effraction dans la maison d'un homme et l'a immobilisé sous la menace d'une arme pendant que les autres vandalisaient les lieux à la recherche d'argent. Plus tard ce même soir, alors que les trois jeunes cambriolaient une autre maison, l'un des copains de Graham s'est fait tirer dessus. Au volant de la voiture de son père, Graham l'a déposé à l'hôpital puis est parti à toute allure, sous le nez d'un policier. Un peu plus tard, il s'écrasait contre un poteau téléphonique en cherchant à s'enfuir, mais était rattrapé puis arrêté. Ce jour-là, Graham était à trente-quatre jours de son dix-huitième anniversaire.

Comme il avait enfreint les conditions de sa liberté surveillée, son procès s'est tenu devant un juge en une seule journée. Selon la loi en vigueur en Floride, il risquait toutes sortes de peines allant de cinq ans de prison, au minimum, à la prison à vie. Les affaires correctionnelles ont recommandé une peine de quatre ans, les plaignants une peine de trente ans. Lors du jugement, le juge Lance M. Day, du comté de Duval, s'est adressé à Graham : « Je ne sais pas pourquoi vous gaspillez votre vie comme ça. [...] La seule chose que je comprends, c'est que vous avez choisi de mener votre vie à votre façon et que nous ne pouvons plus rien faire pour vous. [...] J'ai relu la loi. En ce qui vous concerne, je ne vois pas comment d'autres sanctions juvéniles pourraient fonctionner. [...] Vue l'escalade de votre conduite criminelle, il paraît clair à la Cour que vous avez choisi un mode de vie et la seule chose que je peux faire aujourd'hui, c'est protéger la communauté de vos actes. »

Terrance Jamar Graham, dix-neuf ans, a été condamné à la prison à vie suite à deux tentatives de cambriolage et vol à main armée[1]. Comme le système légal de la Floride ne permettait plus la libération conditionnelle, Graham a donc été vraiment condamné à la perpétuité incompressible, à moins d'être

1. Cour suprême des États-Unis, *Graham vs. État de la Floride*, N° 08-7412, débat du 9 novembre 2009, décision du 17 mai 2010, http://www.supremecourt.gov/opinions/09pdf/08-7412.pdf

gracié. Pour un crime grave, mais sans homicide, commis alors qu'il n'était pas majeur, Graham allait en toute probabilité passer les soixante ou soixante-dix années de sa vie derrière les barreaux et y mourir. Ses avocats ont fait appel auprès de la Cour suprême des États-Unis, en citant le huitième amendement de la Constitution américaine : « Il ne pourra être exigé de caution disproportionnée, ni imposé d'amendes excessives, ni infligé de peines cruelles ou inhabituelles. »

Été 2008, deux ans après le verdict qui envoyait Graham mourir en prison pour avoir cambriolé une maison, j'ai été contactée par le cabinet Clifford Chance mandaté par les avocats de Graham. Au sein de ce cabinet d'avocats, une équipe préparait un mémoire *amicus curiae*[1] et recherchait des experts capables d'expliquer pourquoi les adolescents ne devaient pas être jugés comme des adultes. Sur les dix-sept personnes ayant accepté de participer, j'étais la seule neurologue. C'est ainsi que j'ai commencé mes pérégrinations dans le monde de la justice juvénile.

Les avocats de Graham utilisaient l'argument qui avait permis en 2005 à la Cour suprême d'abroger la peine de mort pour les mineurs. L'idée centrale de cet argument et de la décision de la Cour tient en une phrase : la construction intellectuelle, émotionnelle et psychologique des adolescents est unique, spécifique. On retrouve cet argument dès le premier paragraphe du mémoire *amicus curiae Graham vs. l'État de Floride* rédigé par notre équipe :

« Les adolescents doivent être tenus responsables de leurs actes, mais il leur manque en général la capacité de prendre des décisions réfléchies. Ils ont aussi un appétit immodéré pour le risque, sont facilement influençables par leurs pairs et ne savent pas correctement estimer les conséquences futures de leurs actes. »

1. Aux États-Unis, mémoire présenté à la Cour par des personnes ou organisations non liées directement au cas jugé, lorsque ces personnes ou organisation souhaitent présenter des informations, témoignages ou documents permettant d'aider la Cour à juger le cas. (*NdT*)

Tout au long de ce livre, j'ai présenté les preuves scientifiques étayant l'idée que le cerveau des adolescents diffère du cerveau des adultes. Avec le cas *Graham vs. l'État de Floride*, la question que la Cour suprême se posait était la suivante : comment prendre en compte ces différences au moment de juger des personnes pour des crimes qu'elles ont commis pendant leur adolescence ?

Comme j'étais la seule neurologue dans l'équipe recrutée par Clifford Chance, j'ai tenu à transmettre tout ce que je savais sur les failles du cerveau adolescent en terme de contrôle des pulsions, de l'évaluation des risques, de la capacité à résister à la pression des pairs et à comprendre les conséquences de ses actes. J'ai aussi expliqué que les adultes et les adolescents utilisent différentes parties de leur cerveau pour agir et réagir à certaines situations.

Comme nous l'avons vu, chez l'adolescent confronté à un danger, l'hippocampe et l'amygdale droite s'activent, ce qui explique l'émotivité et l'impulsivité des jeunes dans une situation à risque. Chez l'adulte en péril, le cortex préfrontal s'active, permettant d'évaluer raisonnablement la menace. Nous connaissons les facteurs de risque qui poussent les adolescents à commettre des actes violents : être témoins ou victimes de violence. Nous savons que les adolescents ont davantage tendance à être influencés par leurs pairs quand ils prennent un risque ou adoptent un comportement dangereux et/ou criminel. (La moitié de tous les homicides perpétrés par des mineurs impliquent plusieurs complices.) À cause de leurs lobes frontaux immatures, nous savons que les ados ont du mal à anticiper les conséquences de leurs décisions. Dans le cadre judiciaire, ils oublient souvent qu'ils peuvent garder le silence. Comme ils estiment avec difficulté la compétence de ceux qui les représentent devant la loi, ils sont mal placés pour négocier leurs aveux contre une remise de peine. Enfin, nous savons désormais qu'ils sont particulièrement sujets aux faux aveux, surtout entre douze et dix-sept ans. En 2004, des chercheurs ont découvert que sur un total de cent trente-trois faux aveux, 16 % provenaient d'adolescents de seize et dix-sept ans. C'est le taux le plus élevé de toutes les tranches d'âge.

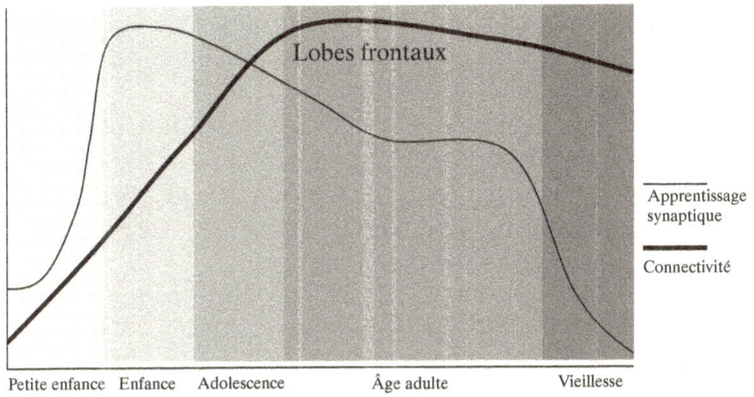

Fig. 28. Récapitulation des étapes de développement du cerveau : l'apprentissage synaptique augmente fortement pendant la petite enfance et l'enfance. Il reste élevé pendant l'adolescence, puis diminue progressivement jusqu'à atteindre un plateau à l'âge adulte. En revanche, la myélinisation et le câblage du cerveau n'atteignent pas leur maximum avant le début de l'âge adulte (entre vingt-cinq et trente ans) puis stagnent. Les capacités et rythmes d'apprentissage atteignent leur maximum chez les enfants et les adolescents, puis baissent en même temps que la fonction synaptique une fois l'âge adulte atteint. Les adolescents sont en difficulté du fait de leur manque relatif de câblage reliant leurs lobes frontaux au reste du cerveau, car les lobes frontaux sont les dernières zones à se « brancher ».

Dans un article de 2006, Valerie Reyna, enseignante et chercheuse au Département du développement humain de l'université Cornell[1], résume l'incompétence des adolescents :

« Les adolescents ont de fortes chances de raisonner moins bien que les adultes dans les situations suivantes :

- S'ils sont pris par la passion.
- S'ils sont en présence de leurs pairs.
- Quand ils décident sur un coup de tête.
- Quand ils sortent de leur environnement familier.

1. Department of Human Development de Cornell University. (*NdT*)

- Quand une analyse d'un risque met en lumière des conséquences défavorables à long terme.
- Quand ils doivent inhiber leurs comportements pour atteindre un objectif favorable. »

Parmi les trente-six pages du mémoire *amicus curiae* auquel j'ai participé, une phrase récapitule notre position face à cette « incompétence » des adolescents :

« Un nombre croissant d'études scientifiques et académiques reconnues montre qu'en condamnant un adolescent à la perpétuité incompressible, on n'atteint aucun des objectifs d'une telle peine (punir les coupables, dissuader les personnes sensées et empêcher les incorrigibles). »

Heureusement, le 17 mai 2010, la Cour suprême des États-Unis s'est rangée à cet avis[1]. Le juge Anthony Kennedy a présenté la position de la majorité lors de ce vote sur le cas *Graham vs. l'État de Floride* : « Pour ce qui concerne la prison à vie sans possibilité de réduction de peine pour les mineurs coupables d'un crime sans homicide, aucun des objectifs des sanctions pénales reconnues comme légitimes (châtiment, dissuasion, mise hors d'état de nuire et réhabilitation) [...] ne fournit une justification adéquate [...]. Même si la punition a un lien quelconque avec un but pénal valide, il faut prouver que cette punition n'est pas complètement disproportionnée au regard de la justification offerte. Ici, au vu de la responsabilité morale diminuée des mineurs coupables d'un crime sans homicide, tout effet dissuasif limité ne suffit pas à justifier le verdict de prison à vie sans réduction de peine. »

Le président de la Cour suprême, le juge Roberts, s'est aligné sur l'avis de la majorité menant à l'abrogation de la perpétuité à vie pour les mineurs n'ayant pas commis d'homicide. Il a cependant exprimé son désaccord sur l'exercice même auquel il s'était prêté. Ses critiques n'ont pas porté sur la teneur des nouvelles études scientifiques montrant le manque de maturité du cerveau adolescent, mais plutôt sur le fait même que

1. Adam Liptak et Ethan Bronner, « Justices Bar Mandatory Life Terms for Juveniles », *New York Times*, 26 juin 2012.

la Cour se hasarde à donner son opinion sur ces avancées scientifiques : « Peut-être la science et la société auraient-elles intérêt à se montrer plus clémentes avec les jeunes criminels, écrit-il, à leur donner davantage d'occasions de s'amender au risque qu'ils tuent de nouveau. Mais ce ne devrait pas être à [la Cour suprême] de prendre cette décision. »

En 2012, à l'âge de vingt-cinq ans, Terence Graham a pu être rejugé. Il a été condamné à vingt-cinq ans de prison.

La perpétuité incompressible et les adolescents coupables de meurtres

Quand, en 2010, la Cour suprême décide d'abroger les peines de prison à perpétuité incompressible, elle ne protège pas complètement les adolescents américains de la maltraitance judiciaire. En effet, elle n'a pas abordé le problème des adolescents condamnés à une perpétuité incompressible pour avoir commis un meurtre. Moins d'un an après sa décision sur le cas *Graham vs. l'État de Floride,* un autre cas a atterri sur les bureaux des juges. Au milieu de l'année 2011, notre équipe a été rappelée par le cabinet Clifford Chance et nous nous sommes remis au travail pour un nouveau mémoire *amicus curiae.* Après avoir reçu par mail l'appel aux armes du cabinet, j'ai étudié le dossier sous l'angle de la neurobiologie pour voir comment éclairer les lanternes de la Cour suprême.

Le débat portait sur deux cas de mineurs reconnus coupables d'homicides commis alors qu'ils n'avaient que quatorze ans, puis condamnés à la prison à vie sans possibilité de remise de peine. Dans l'un des deux cas, *Jackson vs. Hobbs*, Kuntrell Jackson, de l'Arkansas, avait tenté de cambrioler un magasin de location de vidéos en 1999 avec deux autres jeunes. L'un des complices, plus âgé, avait tiré sur l'employé de la boutique et l'avait tué. Dans le second cas, *Miller vs. l'État de l'Alabama*, Evan Miller et un copain avaient tabassé un voisin de cinquante-deux ans avec une batte de baseball puis avaient mis le feu à sa caravane. L'homme était décédé des suites du traumatisme et de l'inhalation de la fumée.

Il s'agissait de fournir les preuves scientifiques, sociales et biologiques, montrant que même en cas d'homicide et contrairement à la loi fédérale en vigueur, les adolescents de moins de dix-huit ans ne devaient pas être tenus responsables au même titre que les adultes. Notre job consistait à remettre en cause la possibilité de prison à vie sans possibilité de remise de peine pour les mineurs en expliquant que, dans certains cas, les adolescents peuvent agir impulsivement soit du fait de l'immaturité de leurs lobes frontaux (nature), soit à cause d'une enfance manquant de structure éducative ou passée dans un environnement stressant (culture).

En d'autres termes, il s'agissait de prouver que les adolescents sont neurologiquement moins capables que les adultes de prendre des décisions réfléchies, tout en étant davantage vulnérables aux influences extérieures. En corollaire de notre argument, nous avons décrit les différences neurologiques évidentes entre adultes et adolescents, notamment le fait que la plasticité cérébrale accrue des ados augmente les chances de succès d'une réhabilitation. Dans le mémoire *amicus curiae*, nous avons écrit que « généralement, tous les adolescents abandonnent leurs comportements asociaux quand l'impétuosité et l'insouciance de la jeunesse laissent place à l'âge adulte. La conduite criminelle d'un adolescent résulte fréquemment de son expérimentation avec la prise de risque et non d'une déficience profonde de moralité, reflet d'un “mauvais” caractère ».

Le 25 juin 2012, j'ai reçu un mail du cabinet Clifford Chance, remerciant l'équipe ayant rédigé le mémoire :

« Aujourd'hui, la Cour suprême a communiqué sa décision : il est anticonstitutionnel de rendre obligatoire une peine de prison à vie sans possibilité de réduction de peine si le meurtrier a commis l'homicide alors qu'il n'avait pas encore dix-huit ans. Ce faisant, la Cour annule les lois des vingt-neuf États américains qui obligent à condamner à la perpétuité incompressible toute personne coupable d'un homicide, quel que soit son âge. [...] Félicitations pour cet excellent travail, car votre point de vue a été entendu ! »

La juge Elena Kagan, au nom de la majorité, a écrit que les peines obligatoires ne permettaient pas de faire la différence entre un jeune de dix-sept ans et un autre de quatorze, « entre le tireur et le complice, entre l'enfant issu d'un foyer stable et l'enfant au parcours chaotique ayant subi des maltraitances ». Puis elle cite les preuves neurologiques l'ayant aidée à prendre sa décision : « Pour un adolescent, la peine de prison à vie sans possibilité de réduction de peine exclut toute considération propre à son âge et à ses particularités, dont l'immaturité, l'impétuosité et l'incapacité à évaluer les risques et leurs conséquences. »

Comme cette décision, votée à cinq contre quatre, abrogeait toutes les lois exigeant qu'une personne ayant commis un meurtre pendant son enfance meure en prison, Kuntrell Jackson et Evan Miller ont donc été de nouveau jugés pour des meurtres commis à l'âge de quatorze ans.

L'âge, circonstance atténuante

Mais à cette occasion, de nouveau, l'opinion de la Cour était profondément divisée sur le fait même d'appliquer les neurosciences à la culpabilité légale, dénonçant la complexité de l'exercice. En fait, les juges n'ont pas catégoriquement interdit les peines de perpétuité incompressible pour les mineurs, ils ont été plus nuancés, comme l'écrit Kagan, au nom de la majorité : « Sur la base de tout ce que nous avons dit lors des cas *Roper*, *Graham*, puis pour cette décision, à propos de la culpabilité atténuée des enfants et de leur capacité accrue à changer, nous pensons que les occasions appropriées de condamner un mineur à cette peine, la plus sévère possible, seront rares. » La Cour a décidé qu'un juge ou un jury devait avoir la possibilité d'envisager des circonstances atténuantes, *y compris l'âge du criminel au moment du crime*, avant d'imposer la sanction la plus sévère à un mineur. À chacune de ses décisions touchant à la justice des mineurs, notamment celles de 1989, 2005, 2010 et 2012, la Cour suprême a maintenu l'idée que, du point de vue constitutionnel, les mineurs diffèrent des adultes et doivent en conséquence être punis différemment. Elle a donné toute liberté aux États d'appliquer rétroactivement ou pas ce changement aux prisonniers purgeant actuellement une peine de perpétuité incompressible pour un crime commis avant leur dix-huitième année (le Michigan, l'Iowa et le Mississippi l'ont fait).

Désormais, au moment de condamner un mineur criminel, la loi prend en compte l'immaturité de son cerveau. Mais notre société dans son ensemble a encore un long chemin à parcourir pour modifier ses pratiques face à un adolescent criminel souffrant d'une maladie mentale (d'ailleurs, nous n'avons pas davantage compris comment agir face à un criminel adulte malade psychiquement). Le problème est en partie lié à nos difficultés à distinguer un cerveau immature d'un cerveau malade, comme nous l'avons vu au chapitre 12.

Personne ne nie que les crimes des mineurs, y compris les plus horribles, les fusillades de foules entre autres, semblent presque banals, tant ils envahissent la une des médias. Mais cette couverture médiatique et la perméabilité de nos vies à ce matraquage cachent la réalité des faits : le taux des crimes violents chez les mineurs, qui a augmenté de 1985 à 1994, a en fait chuté de moitié entre 1995 et 2011.

L'Académie américaine de psychiatrie judiciaire[1] recense les facteurs de risque menant à la violence adolescente : cette liste va de l'accès aux armes à feu et aux drogues jusqu'à l'exposition à la violence à la télévision, dans les films et sur Internet, en passant par la pauvreté, les négligences parentales et les conflits familiaux. Il est aussi très clair que la fréquence des maladies mentales est plus élevée chez les adolescents criminels que dans la population générale. Dans le même temps,

1. Academy of Psychiatry and the Law. (*NdT*)

la majorité des mineurs qui commettent des crimes ne sont pas des malades mentaux. À ce sujet, la statistique qui m'a le plus troublée est la suivante : moins de 25 % des adolescents souffrant effectivement d'un trouble psychique suivent un traitement ou une thérapie.

Voilà le cœur du problème : en dépit des grandes avancées en neuroscience, ce que nous savons sur le cerveau humain semble minuscule à côté de tout ce que nous ne savons pas. Porter un jugement ou une opinion scientifique sur la base de ce qui est connu semble, au mieux, imprudent, au pire, dangereux.

C'est certainement le cas quand il s'agit de donner des preuves objectives d'une relation de cause à effet entre la maturité neuronale et la vraie vie, notamment dans le cas d'un comportement criminel. L'imagerie cérébrale donne l'impression de fournir des données fiables et précises, mais toute image doit d'abord être interprétée. Les scans du cerveau sont donc loin d'être objectifs. Les scientifiques qui étudient les images cérébrales, surtout les IRMf, doivent prendre en compte la technique utilisée, la clarté de l'image et le choix des sujets dans l'échantillon de leur étude, puis ils doivent résister à la tentation de trouver une correspondance parfaite entre chaque zone cérébrale et une fonction cognitive spécifique. Ces correspondances parfaites n'existent pas. Chaque zone cérébrale stimulée, chaque décision prise, chaque émotion ressentie, invoque des processus cognitifs multiples.

Comme l'a écrit Jay Giedd, chef du service de l'imagerie cérébrale à l'Institut national de la santé mentale et coauteur d'un important article sur la maturité du cerveau publié il y a quelques années : « Quand on veut extrapoler les résultats du laboratoire à la vraie vie, on en est empêché, car il est impossible de séparer le rôle du cerveau du rôle des autres systèmes biologiques et des contextes qui façonnent le comportement humain. [...] Tout comportement, adolescent ou non, dépend de l'interaction de multiples influences, y compris l'expérience, l'environnement parental, le statut socioéconomique, le niveau personnel d'organisation et d'efficacité, l'alimentation, la culture, le bien-être psychologique[1]. »

Cette liste peut sembler exténuante, mais elle n'est pas exhaustive. Vous en connaissez déjà la raison : nous sommes encore en plein apprentissage de ce qui se passe dans nos cerveaux. L'exercice consistant à extrapoler les résultats des études neuroscientifiques à nos comportements a des limites. Mais ces limites sont d'autant plus compliquées à cerner que les scientifiques tendent à repousser l'âge de la maturité neuronale.

En d'autres termes, il n'existe aucune ligne magique, âge précis, frontière, démarcation qui permette de décréter que quelqu'un est neurologiquement mature. Il est de plus en plus évident que la maturation du cerveau se poursuit bien après nos vingt ans. En tant que scientifique et médecin, j'aime croire qu'il existe des réponses à chacune de nos questions, et des démarcations claires et nettes pour chaque événement, chaque étape de nos vies, mais je sais qu'elles n'existent pas. Il est très tentant de penser qu'une fois la bourrasque adolescente assagie, nous voguons sur des eaux calmes, mais ce n'est pas forcément le cas. En attendant, nos gouvernements continuent d'investir dans la construction de nouvelles prisons plutôt que de créer des programmes de réhabilitation et d'accompagnements des adolescents à risque.

---

1. Jay N. Giedd, « Adolescent Maturity and the Brain : The Promise and Pitfalls of Neuroscience Research in Adolescent Health Policy », *Journal of Adolescent Health* 45, N° 3 (27 juin 2010).

17

Après l'adolescence : ce n'est pas fini

Après avoir étudié à l'université pendant quatre années, la plupart des jeunes sont encore en pleine évolution. J'en suis témoin tous les jours dans mon laboratoire, où nous embauchons de jeunes diplômés qui ne savent pas encore s'ils veulent commencer des études de médecine[1], poursuivre une autre spécialisation ou arrêter leurs études et chercher un travail à plein temps, dans la « vraie » vie. Ce sont tous de jeunes étudiants brillants, avec un excellent dossier scolaire, qui débarquent chez nous en tant que laborantins. Leur boulot : aider les médecins et les scientifiques dans leurs expériences tout en participant au nettoyage du laboratoire, à la maintenance des instruments, aux commandes de matériel et à l'organisation des réunions. À leur arrivée, ils ont énormément de choses à apprendre et doivent notamment ingurgiter toute la théorie scientifique qui sous-tend nos recherches. Mais ils traversent une autre grande transformation, plus subtile, pour trois grandes raisons : ils doivent subitement apprendre à communiquer avec un très grand nombre de personnes très différentes les unes des autres, ils organisent leurs tâches et établissent la liste de leurs priorités eux-mêmes et enfin, ils comprennent assez vite que nous comptons sur eux. En deux ans, à peu près, ces jeunes personnes deviennent vraiment

1. Aux États-Unis, le recrutement des facultés de médecine s'effectue après quatre ans d'études appelées « pre-med » menant à un bachelor's degree, l'équivalent d'un bac+4. (*NdT*)

des adultes. Parmi les meilleurs bénéfices qu'elles tirent de l'aventure : un sens des responsabilités et une maîtrise de la communication en environnement professionnel.

Après son master de physique, mon fils Andrew a souhaité changer d'air. Il est parti travailler dans un laboratoire de New York assez semblable au mien. De mon point de vue de parent, j'ai vu son éthique de travail se développer et sa capacité à s'organiser et à travailler en mode multitâche s'améliorer. Comme pour les gamins de mon laboratoire, ses succès dans un « vrai » travail ont renforcé sa confiance. Cela ne peut que lui être bénéfique aujourd'hui, alors qu'il reprend des études de niveau supérieur.

Dans mon labo, les progrès éclatent aux yeux au moment où nos jeunes laborantins s'apprêtent à nous quitter, quand ils soumettent leur candidature aux programmes de master ou d'école de médecine, ou racontent leurs entretiens d'embauche sur le marché du travail. Je prends énormément de plaisir à écrire leurs lettres de recommandation, m'extasiant chaque fois sur le fait que cette transformation se produise chez pratiquement tous les jeunes. Parfois, certains nous présentent leurs parents, de passage chez nous. J'annonce toujours avec beaucoup de joie à ces parents qu'ils peuvent être fiers de leur fils ou fille. Je ne peux pas m'empêcher de faire rougir d'embarras mes jeunes coéquipiers !

À mon avis, cette anecdote illustre l'idée que le début de l'âge adulte est encore un superbe moment pour apprendre. La plasticité cérébrale se maintient à un niveau encore élevé ; une meilleure connectivité cérébrale augmente la capacité à travailler en mode multitâche ; les compétences organisationnelles s'améliorent, ainsi que la pensée abstraite ; le jugement, le discernement et la mise en perspective se perfectionnent du fait de lobes frontaux plus accessibles. De nombreux jeunes adultes constatent qu'apprendre est plus facile que quand ils étaient au lycée !

Certains prennent une année sabbatique après le lycée et avant de commencer leurs études secondaires. D'un point de vue développemental, c'est une démarche tout à fait sensée. Quelques pays d'Europe ont d'ailleurs mis en place une année de « service national » pour leurs adolescents, après le lycée. Pendant leur année sabbatique, de nombreux jeunes voyagent en Asie, en Amérique du Sud, en Inde. En Israël, filles et garçons font leur service militaire, trois ans pour les garçons, deux pour les filles. Les communautés juives orthodoxes exemptées de ce service militaire le remplacent parfois par une autre forme de service national. Si un jeune Israélien veut partir en année sabbatique, il doit attendre la fin de son service militaire.

Aux États-Unis, le système d'année sabbatique, ou de « gap year », l'année « blanche », est plus informel. Il existe des programmes de services communautaires ou de stages en tant que bénévole, par exemple via le « City Year » du programme fédéral AmeriCorps. Les jeunes ayant vécu ce type d'aventure témoignent de la valeur de l'expérience, « l'année la plus utile de leur vie », disent certains. Je l'ai vu de mes propres yeux avec mon fils Will. Will a pris une année sabbatique après sa terminale pour voyager seul et travailler. Il a passé les premiers six mois en Amérique du Sud, a appris l'espagnol dans un cours en immersion, puis il a travaillé six mois dans une SSII. À son retour, il était prêt à rentrer à Harvard : il avait gagné en maturité à la fois émotionnellement et intellectuellement. Il m'a dit et répété plus d'une fois que son année sabbatique lui avait apporté une aide inestimable dans son développement.

Le début de l'âge adulte est-il un stade de développement spécifique en soi ? Cette question continue de faire débat chez les sociologues, les psychologues et les scientifiques[1]. Dès le milieu du XXe siècle, le psychologue Erik Erikson a suggéré trois étapes pour l'âge adulte, la première s'étalant de vingt à quarante-cinq ans, la deuxième de quarante-cinq à soixante-cinq et la dernière, de soixante-cinq ans à la mort. En 1970, Kenneth Keniston, psychologue à l'université Yale, a écrit

1. Kenneth Keniston, « Youth : A "New" Stage of Life », *American Scholar* 39, N° 4 (automne 1970).

un mémoire de recherche majeur, mais tombé aux oubliettes intitulé « La jeunesse : une “nouvelle” étape de la vie », dans lequel il postule que les années entre la fin de l’adolescence et le début de l’âge adulte forment une nouvelle étape de développement. D’après lui, cette période se caractérise principalement par la liberté, le mouvement, le changement et l’ambivalence. Il décrit aussi un certain nombre de thèmes et problèmes qui dominent cette étape « jeune » :

- Tension entre soi et la société
- Ambivalence omniprésente
- Exploration prudente
- Distanciation
- Toute-puissance
- Refus de socialiser
- Identités spécifiques à la jeunesse
- Mouvement
- Horreur de l’inactivité
- Être ému / émouvoir
- Progresser
- Vues sur l’âge adulte
- Contrecultures jeunes

Keniston avait centré son mémoire sur les baby-boomers, la génération jeune de son époque. Il explique comment « une minorité croissante de postadolescents n’a pas trouvé de réponse aux questions qui, jusqu’alors, définissaient l’âge adulte : questions de leur relation à la société telle qu’elle est, questions de vocation, questions de rôle social et de mode de vie ». D’après lui, la première caractéristique de cette étape de « jeunesse », devant toutes les autres, est « l’ambivalence omniprésente envers soi-même et la société ».

Si l’on admet l’existence de cette étape de « jeunesse », il y a du bon et du moins bon dans cette phase de la vie. D’une part, l’énergie et la recherche de nouveauté propres à cet âge génèrent une forte adaptabilité, permettant aux jeunes d’explorer de nouveaux domaines à la recherche de celui qui correspondra à leurs compétences. Mais ce même comportement les expose à des environnements à risque. Leur manque d'expérience peut renforcer leur ambivalence et leurs craintes. C'est précisément là que familles et communautés autour des jeunes peuvent jouer leur rôle, en les rassurant et en leur fournissant un port d'attache duquel ils pourront s'envoler vivre leur propre vie.

Finalement, Keniston avait bien cerné ma génération, mais sa théorie d'une étape de vie postadolescente et préadulte n'a jamais vraiment « pris ». Jusqu'à la publication du livre de Jeffrey Jensen Arnett, il y a environ dix ans : *Emerging Adulthood : The Winding Road from the Late Teens Through the Twenties* (L'émergence de l'adulte : la longue traversée des 18-30 ans). À partir du travail de Keniston, Arnett pose le principe d'une étape d'« émergence de l'adulte », dont l'apparition serait due principalement à des changements culturels et économiques récents[1]. Ces bouleversements donnent aux jeunes un sentiment d'insécurité, les poussent à l'accumulation de diplômes tout en offrant moins de possibilités d'emploi, banalisent la sexualité hors mariage et donc permettent de résister à la tentation du mariage et décalent l'âge du premier enfant grâce aux avancées médicales dans le domaine de la procréation. D'après lui, l'émergence de l'âge adulte est une étape d'exploration et d'instabilité.

Aujourd'hui, c'est aussi une période de centrage sur soi qu'illustre parfaitement la série télévisée américaine *Girls* créée en 2012. Cette série, écrite par Lena Dunham, vingt-six ans à l'époque, met en scène des jeunes femmes de vingt ans et plus apprenant à vivre, à aimer et à survivre à New York. À des années-lumière de la série *Sex and the City*, c'est une comédie remplie de moments désagréables et dramatiques. L'auteure s'est inspirée de sa vie pour écrire le scénario et joue le rôle du personnage principal, Hannah, une jeune femme qui cherche à devenir écrivaine.

Au début de la première saison, les parents d'Hannah lui annoncent qu'ils arrêtent de lui payer son appartement à

1. Jeffrey Arnett, *Emerging Adulthood : The Winding Road from the Late Teens through the Twenties* (Oxford : Oxford University Press, 2004).

Brooklyn. Quand elle demande un salaire à son employeur, elle perd son boulot de stagiaire (non rémunéré). Ensuite, elle échoue à faire ses preuves en tant que secrétaire dans un cabinet d'avocats et doit se contenter d'un job de serveuse dans un café. La vie d'Hannah semble être un constant chambardement : elle rompt et se remet avec son petit ami sans cesse, se dispute avec sa colocataire et quitte son appartement pour mieux y revenir… Bref, sa vie est en chantier. Un chantier psychologique, émotionnel, relationnel et vocationnel. Dans la série, elle n'est pas seule à vivre ce maelström ! C'est d'ailleurs une des raisons de la popularité de *Girls* auprès des jeunes femmes.

Dans un épisode, de passage chez ses parents, Hannah revoit une amie d'enfance, Heather, qui lui annonce qu'elle part vivre son rêve en Californie. Hannah est sceptique. Quand elle rapporte sa conversation avec Heather à une autre amie, on pourrait croire qu'elle parle de sa propre situation :

« Heather déménage en Californie pour devenir danseuse professionnelle, voilà de quoi nous rendre toutes très tristes. Ça fait bizarre. […] Et personne ne lui dit rien. Elle part à Los Angeles vivre dans un appart de merde, elle passera son temps à avoir peur, à se sentir triste et seule et pas bien[1]. »

Hannah a quelques rares moments de clairvoyance. La plupart du temps, comme ses amies, elle hésite d'un boulot à l'autre, d'un homme à l'autre, d'une décision à l'autre, les petites et les grandes, dans des scènes qui sonnent juste pour environ soixante-dix millions d'Américains de cet âge bizarre, entre dix-huit et trente-quatre ans, adultes, mais pas tout à fait.

Âge où se mélangent auto-obnubilation, excitation et anxiété vis-à-vis des futurs possibles, âge de l'incertitude : sur son travail, sa carrière, ses relations, qui on est, où on va, quand on y arrivera. Partout dans le monde occidental, les

1. Lena Dunham, scénariste, « Le retour », *Girls*, HBO, saison 1, épisode 6, 2012.

jeunes adultes tentent de répondre à ces questions. Ils n'ont jamais mis autant de temps à trouver leurs solutions, décalant le moment de quitter le domicile parental, de se marier, de trouver leur voie. Comment pourraient-ils être autrement que centrés sur eux-mêmes ?

D'après les instituts américains de la santé, la génération du millénaire, c'est-à-dire les jeunes nés entre 1980 et 2000, est particulièrement touchée par le Trouble de la personnalité narcissique (TPN) : dans cette tranche d'âge, le taux de TPN est trois fois plus élevé que chez les personnes âgées de soixante-cinq ans ou plus[1].

En 2013, bien en phase avec l'époque, l'*Oxford English Dictionary* a élu mot de l'année le mot « selfie », cette photo d'eux-mêmes que les adolescents et jeunes adultes prennent partout, tout le temps, et publient sur les réseaux sociaux ou s'échangent via leurs mobiles. De nombreuses personnes pensent que l'égocentrisme de la génération du millénaire a été créé en grande partie par les parents qui auraient trop forcé sur les éloges, poussant leurs enfants à devenir plus égoïstes et nombrilistes. D'après Roy Baumeister, professeur de psychologie à l'université d'État de Floride, en stimulant « trop » la confiance de leurs gamins, les parents injectent « accidentellement » une forte dose de narcissisme. Ces enfants ont alors le sentiment que tout leur est dû.

Dans l'environnement sécurisé que nous nous efforçons d'offrir à nos adolescents, à nous de trouver le juste milieu : trop peu de réconfort et ils sont perdus, trop de louanges et ils présument de leurs compétences, ce qui leur posera problème plus tard. D'un autre côté, on peut aussi vanter les mérites de cette génération : moins idéaliste que les précédentes, plus sérieuse, pragmatique et même plus optimiste, alors même qu'aux États-Unis, elle a grandi à l'ombre des événements du 11 Septembre 2001, de deux guerres et d'une éprouvante récession.

1. Joel Stein, « The New Greatest Generation : Why Millennials Will Save Us All », *Time*, 20 mai 2013.

Dans son livre *20 Something Manifesto*, Christine Hassler rassemble les réflexions de jeunes adultes tout juste sortis de l'adolescence sur ce qu'ils trouvent de particulièrement stressant dans cette phase de leur vie. Une jeune femme de vingt-cinq ans explique à quel point « il est tout à fait terrifiant de penser à tout ce que je suis censée faire pour “réussir ma vie” : vivre mes passions, suivre mes rêves, prendre des risques, me brancher avec les bonnes personnes, trouver des mentors, être autonome financièrement et bien gérer mon argent, faire du bénévolat, travailler, penser à continuer ma formation ou reprendre mes études, tomber amoureuse, me maintenir en forme, physiquement et mentalement, manger sainement... Quand est-ce que j'ai le temps de vivre, tout simplement ? » Une autre personne du même âge écrit : « Notre culture se focalise sur la jeunesse et le succès, alors on croit devoir réussir notre vie avant d'avoir trente ans, sinon on l'a ratée. »

Laura Humphrey, psychologue et directrice de la clinique psychiatrique privée Yellowbrick spécialisée dans les problèmes des jeunes adultes, décrit les problèmes spécifiques à cette tranche d'âge :

« Dans cette phase de leur développement, les jeunes adultes doivent se définir et trouver un but à leur vie en lien avec la communauté au sens large. En même temps, ils doivent redéfinir leur position au sein de la famille en tant que personne indépendante tout en restant émotionnellement connectés. À mon sens, c'est l'étape la plus difficile de toute la vie adulte[1]. »

Les statistiques le confirment : les jeunes adultes ne se sentent pas en sécurité. Un tiers des Américains âgés de vingt à trente ans déménagent une fois par an. 40 % retournent vivre chez leurs parents au moins une fois après leurs études. Avant leur trentième année, les jeunes adultes changent en moyenne sept fois de travail. Deux tiers d'entre eux coha-

---

1. Laura Humphrey, « A Developmental Psycho-Neurobiological Approach to Assessment of Emerging Adults », *Yellowbrick Journal of Emerging Adulthood* 1, N° 1 (2010).

bitent avec leur compagne ou compagnon sans se marier, pendant au moins une partie de cette tranche d'âge. Arnett annonce que 60 % des personnes de vingt à trente ans qu'il a observées disent qu'elles se sentent à la fois adultes et pas assez matures.

Si, une fois sortis de la fac, vos enfants ne savent toujours pas laver leur linge, gérer leur budget ou planter un clou dans leur nouvel appartement, rappelez-vous : ils ne sont plus ados, mais ils continuent à câbler les différentes zones de leur cerveau et à produire de la matière blanche[1].

Tout comme les adolescents, ils sont parfois victimes de ce cerveau en cours d'évolution. La fabrication de la matière blanche recèle, en elle-même, de réels écueils. Les anomalies décelées dans la matière blanche des régions frontales du cerveau jouent sans doute un rôle dans les troubles psychiatriques qui se développent pendant l'adolescence, mais aussi au début de l'âge adulte. D'après l'Organisation mondiale de la santé, les troubles mentaux représentent près de la moitié de toutes les maladies touchant les jeunes adultes américains. Lors d'une étude récente, des chercheurs ont découvert que près de la moitié des étudiants et de leurs pairs ne suivant pas de cursus universitaire ont rempli les critères d'une maladie mentale dans l'année précédant l'étude, l'alcoolisme arrivant en tête de ces troubles.

Les anomalies dans les fibres de la matière blanche utilisées pour gérer l'attention expliquent aussi la fréquence des TDAH chez l'adulte. Le TDAH apparaît normalement pendant l'enfance ou l'adolescence, mais parfois, il passe inaperçu et n'est pas diagnostiqué. Chez les adultes, ce trouble perturbe considérablement la qualité de vie. Les études montrent que les adultes atteints d'un TDAH font des études secondaires plus courtes, ont moins de chances d'être embauchés à plein temps et ont des revenus moyens par foyer plus faibles. Dans

1. Catherine Lebel et Christian Beaulieu, « Longitudinal Development of Human Brain Wiring Continues from Childhood into Adulthood », *Journal of Neuroscience* 31, N° 30 (27 juillet 2011).

d'autres études, les scientifiques observent que les adultes TDAH ont deux fois plus de risque de se faire arrêter ou de divorcer, 78 % plus de risque d'être dépendants au tabac, trois fois plus de risque d'être sans emplois et quatre fois plus de risques d'attraper une maladie sexuellement transmissible.

À quel point sont-ils vulnérables ? Ces dix dernières années, les taux d'incarcération des jeunes adultes de vingt à vingt-quatre ans ont pratiquement doublé. S'ils sont atteints d'un trouble mental, ils ont davantage de risques d'arrêter leurs études en cours de route, de démarrer une grossesse non planifiée, de se retrouver sans emploi et de devenir toxicomanes ou alcooliques. Malgré tous ces risques, les jeunes adultes accèdent moins facilement aux services de santé : sans compter les anciens combattants de vingt à trente ans, aux besoins et problèmes spécifiques, les jeunes adultes sont deux fois moins nombreux que les adolescents à suivre un traitement en milieu hospitalier ou à domicile.

Les jeunes adultes ne sont pas totalement abandonnés à eux-mêmes pour autant. Il existe aux États-Unis des centres de traitement spécialisés, centrés sur leurs problèmes spécifiques, tel le New Lifestyles, à Winchester, en Virgine. Des sites Internet et des livres leur sont dédiés, comme le site Network on Transitions to Adulthood (Réseaux sur les transitions vers l'âge adulte, transitions2adulthood.com), et le livre *Coming of Age in America : The Transition to Adulthood in the Twenty-First Century* (Atteindre la maturité aux États-Unis : la transition vers l'âge adulte au XXIe siècle). Il existe même une Société pour l'étude de l'entrée dans l'âge adulte et un journal de recherche dédié à cette tranche d'âge.

Les neurosciences du jeune adulte en sont à leurs balbutiements. Nous ne savons pas encore si cette étape de la vie représente la dernière chance de capitaliser sur un cerveau encore en développement. Nous ne savons pas plus si, en tant que parents, scientifiques ou enseignants, nous devrions pousser les jeunes adultes à trouver un emploi qualifié, n'importe lequel, avant que leur courbe d'apprentissage ne s'infléchisse avec l'âge, ou s'il est préférable, au contraire, de les laisser explorer toutes les possibilités s'offrant à eux tandis que leur pensée créative est encore à son maximum neurobiologique. « Il est trop tôt pour le dire », a déclaré à un journaliste Jay Giedd, le scientifique de l'Institut national de la santé mentale, un des plus grands spécialistes du cerveau adolescent. Si j'ai appris une chose, ces dix dernières années, en tant que neurologue, c'est qu'il aurait dû ajouter : « À suivre ! »

Postface

Dernières pensées

Avec les adolescents, les journées peuvent sembler bien longues. Mais vous ne pouvez pas grandir, apprendre et gagner en maturité à leur place. C'est à eux de le faire. J'espère que ce livre vous a aidé à comprendre que vos adolescents ne sont pas des extraterrestres. Ils ne forment pas une espèce à part : ils traversent une étape critique de leur développement. Chez eux, les réglages ne sont pas complètement terminés. Mieux vous le comprenez, mieux vous leur expliquez et plus ces années seront sereines pour vous. La traversée ne sera pas complètement sans heurts et vous vous arracherez les cheveux plus d'une fois… alors j'ai résumé pour vous l'essentiel de ce qui a fonctionné avec mes fils :

- Se montrer tolérant face aux mésaventures de son ado. Garder son calme en discutant avec lui de ses erreurs.
- Même les enfants les plus vifs, les plus obéissants, les plus dociles feront des bourdes avant de quitter l'adolescence. Si l'ado fait une grosse bêtise et annonce qu'il ne sait pas pourquoi, c'est normal. Vous, vous savez pourquoi et vous pouvez lui expliquer : ses lobes frontaux ne sont pas encore complètement branchés au reste de son cerveau.
- Communiquer et établir un lien : se concentrer sur les aspects positifs de sa vie, l'encourager à tester différentes activités et de nouvelles façons de voir les choses.

En tant que parent, se montrer disponible pour qu'il n'hésite pas à demander conseil.

- Investir les réseaux sociaux et autres services Internet et mobiles pour communiquer avec lui. Certains parents racontent que les « conversations » les plus pertinentes et efficaces avec leurs ados se sont passées par SMS. Si vous ne savez pas encore envoyer de SMS, vous pouvez demander un coup de main à votre ado.

J'espère que ce livre vous a donné de quoi cogiter et, au moment voulu, de quoi ouvrir la discussion avec votre enfant. Comme je l'ai expliqué, les adolescents aiment l'information et sont naturellement curieux de mieux se connaître. Les différentes figures reproduites au fil des pages les aideront à comprendre à quel point la période qu'ils traversent est spéciale.

Pour éviter les confrontations et l'installation d'une relation conflictuelle entre vous, vous pouvez concentrer vos conversations sur les faits, par exemple ceux présentés dans ce livre. Les adolescents sont placés sous le signe de l'apprentissage : il est pertinent d'en profiter au maximum ! Toute opinion prononcée sous le coup de la colère ou dénuée d'explication augmentera la distance entre vous. Les critiques d'un comportement passent mieux si vous les enchaînez avec un « parce que » et si vous replacez le comportement en question dans son contexte. Une ado qui a dix-huit de moyenne générale au collège et qui fait ses devoirs en faisant le poirier ne me préoccuperait pas, même si je trouve sa position peu conventionnelle ! En revanche, si elle a de mauvaises notes, ne parvient pas à s'organiser, et prend du retard dans sa scolarité, alors il est temps de proposer votre aide et de réfléchir avec elle aux raisons de ses difficultés.

Peut-être croyez-vous que votre foyer compte désormais une personne quasiment indépendante, en comparaison de l'enfant qu'il ou elle a été. Mais les adolescents demandent davantage de temps et d'effort que vous ne l'aviez probablement anticipé. Le parent, c'est vous. Si vos ados rapportent des mauvaises notes à la maison, il vous revient de trouver un moyen de savoir s'ils se moquent complètement de leurs mauvaises notes ou pas. S'ils s'en fichent comme de la dernière pluie, le problème est beaucoup plus sérieux que s'ils ne savent pas s'organiser. À vous de chercher à savoir s'ils vous disent ça juste pour déclarer leur indépendance ou pour prendre le pouvoir. Si c'est le cas, pourquoi votre enfant en ressent-il le besoin ? Traversez-vous des crises dans votre foyer ? Votre ado a-t-il des ennuis, quelque chose qui le perturbe ? Subit-il des pressions sociales de la part de copains que les études laissent froids, indifférents ? Se drogue-t-il ? À moins qu'il manque de confiance et affiche les premiers signes d'une dépression, ou d'une autre maladie mentale ? Chaque réponse a son propre plan d'action.

Si la situation le frustre autant que vous, il acceptera fort probablement votre assistance. Vous pouvez commencer par lui demander si sa façon aléatoire de faire ses devoirs lui semble efficace. Autant que possible, soutirez-lui une réponse, cela renforcera son aptitude à résoudre les problèmes. Enfin vous pouvez en dernier ressort lui suggérer des idées sur ce qui pourrait fonctionner. Et si votre ado tente au moins de les suivre, vous aurez établi un renforcement positif pour une future occasion. On peut offrir aussi des récompenses minimes[1], parce que leurs notes ne s'amélioreront pas du jour au lendemain et ne seront pas suffisamment encourageantes par elles-mêmes.

De manière générale, votre attitude positive aidera vos enfants à mieux s'assumer et à comprendre l'incroyable étape de développement qu'ils traversent et ses opportunités. Votre boulot ? Ne rien éteindre en eux, mais plutôt canaliser leur énergie dans une direction gratifiante. En ce sens, l'organisation de votre cadre de vie me semble primordiale : ils ont besoin d'un environnement calme et structuré pour s'épanouir. Moins votre propre vie sera stressante et chaotique, moins leur vie le sera aussi.

Des dangers les guettent… mieux vaut en être conscient et savoir ce à quoi ils sont exposés. Il n'y a pas trente-six

1. Toutes les études montrent que les récompenses sont nocives sur le long terme. (*NdE*)

solutions : il faut se plonger dans leur monde, écouter leur musique, regarder leurs séries télé, leurs films, lire leurs livres, connaître leurs sites Internet et youTubeurs favoris. Il est certes futile de viser le label « meilleur ami à vie », mais pas inutile de savoir ce qui se passe dans leur vie pour mieux les comprendre, conseiller et encadrer.

En fin de compte, vous êtes le modèle le plus important pour vos enfants. Ils vous observent, même si vous n'en avez pas conscience. Vos façons de gérer votre propre vie, d'affronter vos défis constituent autant d'occasions d'apprentissage. N'hésitez pas à partager vos expériences avec eux, sans les submerger de vos soucis. Ensemble, vous faites équipe.

Dans mon cas, l'équipe que je formais avec mes fils m'est vraiment apparue, telle une évidence, en 2000, quand notre maison a pris feu. Ce jour-là, mes deux fils étaient à la maison quand je suis rentrée du travail, vers 18 heures. Comme Andrew avait égaré ses chaussures et n'avait rien à se mettre aux pieds pour sa compétition de lutte du lendemain, nous sommes montés dans la voiture, tous les trois, pour aller lui acheter une nouvelle paire. Environ trente minutes après avoir quitté la maison, mon téléphone a bipé. L'alarme de la maison venait de se déclencher. J'ai fait demi-tour. À l'approche de la maison, j'ai eu le choc de voir des camions de pompiers. Puis je me rappelle avoir pensé, *Peu importe ce qui a brûlé, c'est seulement matériel. Tout ce dont j'ai besoin pour être heureuse est là : mes deux garçons sont en sécurité, derrière moi, dans cette voiture.*

J'ai traversé la foule encerclant notre maison en flammes et j'ai vu mes gamins entourés et réconfortés par mes voisins. De l'extérieur, la maison avait l'air plutôt épargnée. Mais à l'intérieur, il ne restait plus rien. Les pompiers nous ont dit par la suite qu'un ouvre-boîte électrique était tombé dans des boîtes Tupperware auxquelles il avait mis feu, on ne sait comment. Tant que la rénovation n'était pas terminée, je n'ai pas laissé mes fils entrer dans la maison. Je ne voulais pas qu'ils gardent une image de leurs chambres carbonisées. C'est un stress dont aucun ado ou enfant n'a besoin. Je pouvais les en protéger et c'est ce que j'ai fait. Mes voisins l'avaient tout de suite compris et avaient agi dans le même sens en encerclant les garçons et en les éloignant de la scène de l'incendie.

Les mois suivants, j'ai vu à quel point ce traumatisme nous avait rapprochés, mes fils et moi. Ils avaient appris que les choses matérielles ne sont pas les plus importantes. De mon côté, j'avais le sentiment d'être passée à un cheveu d'un drame terrible. Je leur ai répété et je leur répète encore : ensemble, nous sommes une équipe. Une fois l'incendie derrière nous, nous avons pris un nouveau départ. À l'époque, Andrew avait treize ans, Will onze. Ils commençaient leur adolescence. Ce n'était pas le dernier de nos challenges, mais nous savions que nous les traverserions ensemble.

Bibliographie sélective

Acheson, S., Richardson, R. et Swartzwelder, H., « Developmental Changes in Seizure Susceptibility During Alcohol Withdrawal », *Alcohol* 18 (1999).

Acheson, S., Stein, R. et Swartzwelder, H., « Impairment of Semantic and Figural Memory by Acute Alcohol : Age-Dependent Effects », *Alcoholism : Clinical and Experimental Research* 22 (1998).

Adam, E., « Transactions Among Adolescent Trait and State Emotion and Diurnal and Momentary Cortisol Activity in Naturalistic Settings », *Psychoneuroendocrinology* 31, N° 5 (juin 2006).

Adam, E., Doane, L. *et al.*, « Prospective Prediction of Major Depressive Disorder from Cortisol Awakening Responses in Adolescence », *Psychoneuroendocrinology* 35, N° 6 (juillet 2010).

Amnesty International, « Indecent and Internationally Illegal : The Death Penalty Against Child Offenders », *AMR* 51/143/2002 (2002), http://www.amnesty.org/en/library/asset/AMR51/143/2002/en/060e0781-d7e8-11dd-9df8-936c90684588/amr511432002en.pdf

Anderson, P., De Bruijn, A., Angus, K. *et al.*, « Impact of Alcohol Advertising and Media Exposure on Adolescent Alcohol Use : A Systematic Review of Longitudinal Studies », *Alcohol and Alcoholism* 44, N° 3 (2009).

Andrew, M., Smith, B. *et al.*, « The "Inner Side" of the Transition to Adulthood : How Young Adults See the Process of

Becoming an Adult », *Advances in Life Course Research* 11 (janvier 2006).

Andrews, M., « Why Do We Use Facial Expressions to Convey Emotions ? » *Scientific American*, 8 novembre 2010.

Arnett, J., *Emerging Adulthood : The Winding Road from the Late Teens through the Twenties*, Oxford : Oxford University Press, 2004.

Arnone, D. *et al.*, « Corpus Callosum Damage in Heavy Marijuana Use : Preliminary Evidence from Diffusion Tensor Tractography and Tract-Based Spatial Statistics », *NeuroImage* 41, N° 3 (1er juillet 2008).

Baillargeon, A., Lassonde, M. *et al.*, « Neuropsychological and Neurophysiological Assessment of Sport Concussion in Children, Adolescents and Adults », *Brain Injury* 26, N° 3 (2012).

Baird, A. *et al.*, « What Were You thinking ? An fMRI Study of Adolescent Decision-Making ». Affiche présentée à la conférence annuelle de la Société des neurosciences cognitives, 2005.

Baird, A. et Fugelsang, J., « The Emergence of Consequential Thought : Evidence from Neuroscience », *Philosophical Transactions* de la Société royale de Londres, *Séries B : sciences biologiques* 359, N° 1451 (29 novembre 2004).

Baumrind, D., éd., « Why Adolescents Take Chances – and Why they Don't. » Première allocution commémorative sponsorisée par le National Institute of Child Health and Human Development, à l'occasion de la journée de la santé des enfants, 1983.

Bawden, D. et Robinson, L., « The Dark Side of Information : Overload, Anxiety and Other Paradoxes and Pathologies », *Journal of Information Science* 35, N° 2 (avril 2009).

Bawden, D. et Robinson, L., « A Distant Mirror : The Internet and the Printing Press », *ASLIB Proceedings* 52, N° 2 (2000).

Beckman, M., « Adolescence : Akin to Mental Retardation ? » *Science* 305, N° 5684 (30 juillet 2004).

Beckman, M., « Crime, Culpability, and the Adolescent Brain », *Science* 305, N° 5684 (20 juillet 2004).

Benedict, C., « Mute 19 Years, He Helps Reveal Brain's Mysteries », *New York Times*, 4 juillet 2006.

Bentley, P., « Is This Proof Smoking Lowers Your IQ ? Study Suggests those on 20 a Day Are Less Intelligent », *Daily Mail Online*, 30 mars 2010.

Bjork, J., Knutson, B. et Hommer, D., « Incentive-Elicited Brain Activation in Adolescents : Similarities and Differences from Young Adults », *Journal of Neuroscience* 24, N° 8 (25 février 2004).

Blakemore, S. et Choudhury, S., « Development of the Adolescent Brain : Implications for Executive Function and Social Cognition », *Journal of Child Psychology and Psychiatry* 47, N° 3 (mars 2006).

Blum, K., « The Addictive Brain : All Roads Lead to Dopamine », Collier's (2012).

Blumberg, H., Edmiston, E. *et al.*, « Corticostriatal-Limbic Gray Matter Morphology in Adolescents with Self-Reported Exposure to Childhood Maltreatment », *Archives of Pediatric and Adolescent Medicine* 165, N° 12 (décembre 2011).

Boden, B., Mueller, F. *et al.*, « Catastrophic Head Injuries in High School and College Football Players », *American Journal of Sports Medicine* 35, N° 7 (juillet 2007).

Boot, W., Gratton, G. *et al.*, « The Effects of Video Game Playing on Attention, Memory, and Executive Control », *Acta Psychologica* 129, N° 3 (novembre 2008).

Brenhouse, H., Sonntag, K. et Andersen, S., « Transient D-1 Dopamine Receptor Expression on Prefrontal Cortex Projection Neurons : Relationship to Enhanced Motivational Salience of Drug Cues in Adolescence », *Journal of Neuroscience* 28, N° 10 (5 mars 2008).

Broglio, S., Zimmerman, J. *et al.*, « Head Impacts During High School Football : A Biomechanical Assessment », *Journal of Athletic Training* 44, N°14 (juillet-août 2009).

Bronson, P. et Merryman, A., *NurtureShock : New Thinking About Children*, New York : Twelve, 2009.

Brown, S., Tapert, S., Granholm, E. et Delis, D., « Neurocognitive Functioning of Adolescents : Effects of Protracted Alcohol

Use », *Alcoholism : Clinical and Experimental Research* 24, N° 2 (février 2000).

Burman, D., Bitan, T. et Booth, J., « Sex Differences in Neural Processing of Language Among Children », *Neuropsychologia* 46, N° 5 (avril 2008).

Bushy, D., Tononi, G. et Cirelli, C., « Sleep and Synaptic Homeostasis : Structural Evidence in Drosophila », *Science* 332, N° 6037 (24 juin 2011).

Byrnes, E., Johnson, N. et Carini, L., « Multigenerational Effects of Morphine Exposure on the Mesolimbic Dopamine System. » Affiche présentée lors de la conférence annuelle de la Société des neurosciences, 14 novembre 2010.

Byrnes, J., Babb, J., Scanlan, V. et Byrnes, E., « Adolescent Opioid Exposure in Female Rats : Transgenerational Effects on Morphine Analgesia and Anxiety-Like Behavior in Adult », *Behavioural Brain Research* 218, N° 1 (17 mars 2011).

Cannon, T., Heinssen, R. *et al.*, « Prediction of Psychosis in Youth at High Clinical Risk : A Multisite Longitudinal Study in North America », *Archives of General Psychiatry* 65, N° 1 (janvier 2008).

Cao, J., Li, M. *et al.*, « Gestational Nicotine Exposure Modifies Myelin Gene Expression in the Brains of Adolescent Rats with Sex Differences », *Translational Psychiatry* 3 (avril 2013).

Carr, N., *Internet rend-il bête*, Paris : Robert Laffont, 2011.

Carrion, V., Reiss, A. *et al.*, « Converging Evidence for Abnormalities of the Prefrontal Cortex and Evaluation of Midsagittal Structures in Pediatric Posttraumatic Stress Disorder Study : An MRI Study », *Psychiatry Research* 172, N° 3 (30 juin 2009).

Carskadon, M., « When Worlds Collide : Adolescent Need for Sleep Versus Societal Demands », in *Adolescent Sleep Needs and School Starting Times*, éd. K. Wahlstrom. Phi Delta Kappa Educational Foundation, 1999.

——. *Adolescent Sleep Patterns : Biological, Social, and Psychological Influences*, Cambridge : Cambridge University Press, 2002.

Casey, B., Getz, S. et Galvan, A., « The Adolescent Brain », *Developmental Review* 28 (2008).

Casey, B., Giedd, J. et Thomas, K., « Structural and Functional Brain Development and Its Relation to Cognitive Development », *Biological Psychology* 54, N° 1-3 (octobre 2000).

Casey, B., Tottenham, N. *et al.*, « Transitional and Translational Studies of Risk for Anxiety », *Depression and Anxiety* 28, N° 1 (janvier 2011).

Caster, J., Walker, Q. et Kuhn, C., « Enhanced Behavioral Response to Repeated-Dose Cocaine in Adolescent Rats », *Psychopharmacology* 183, N° 2 (décembre 2005).

Chambers, R., Taylor, J. et Potenza, M., « Developmental Neurocircuitry of Motivation in Adolescence : A Critical Period of Addiction Vulnerability », *American Journal of Psychiatry* 160, N° 6 (juin 2003).

Chan, P. et Rabinowitz, T., « A Cross-Sectional Analysis of Video Games and Attention Deficit Hyperactivity Disorder Symptoms in Adolescents », *Annals of General Psychiatry* 5, N° 16 (2006).

Cohen, M., Tottenham, N. et Casey, B., « Translational Developmental Studies of Stress on Brain and Behavior : Implications for Adolescent Mental Health and Illness ? », *Neuroscience* 26, N° 249 (septembre 2013).

Collingridge, G., Isaac, J. et Wang, Y., « Receptor Tracking and Synaptic Plasticity », *Nature Reviews Neuroscience* 5, N° 12 (décembre 2004).

Colvin, A., Mullen, J., Groh, M. *et al.*, « The Role of Concussion History and Gender in Recovery from Soccer-Related Concussion », *American Journal of Sports Medicine* 37, N° 9 (septembre 2009).

Common Sense Media, « Social Media, Social Life : How Teens View Their Digital Lives. » Une étude réalisée par Common Sense Media, 26 juin 2012.

Copeland, W., Costello, E. *et al.*, « Posttraumatic Stress Without Trauma in Children », *American Journal of Psychiatry* 167, N° 9 (septembre 2010).

Covassin, T., Swanik, C. et Sachs, M., « Sex Differences and the Incidence of Concussions Among College Athletes », *Journal of Athletic Training* 38, N° 3 (2003).

Craft-Rosenberg, M. et Pehler, S., éd, *Encyclopedia of Family Health*, vol. 2, Thousand Oaks, CA : Sage Publications, 2011.

Cuonotte, D., Spjiker, S. *et al.*, « Lasting Synaptic Changes Underlie Attention Deficits Caused by Nicotine Exposure During Adolescence », *Nature Neuroscience* 14, N° 4 (avril 2011).

Cyranowski, J., Frank, E., Young, E. et Shear, M., « Adolescent Onset of the Gender Difference in Lifetime Rates of Major Depression : A Theoretical Model », *Archives of General Psychiatry* 57, N° 1 (janvier 2000).

Dahl, J., « Throwaway Children : Juvenile Justice in Collapse », *Crime Report*, 9 février 2010.

Dahl, R. et Spear, L. P., « Adolescent Brain Development : Vulnerabilities and Opportunities », Annales de l'Académie des sciences de New York (juin 2004).

Dawes, M. A. et Dougherty, D. M., « Adolescent Suicidal Behavior and Substance Abuse : Developmental Mechanisms », *Substance Abuse* 31, N° 2 (31 octobre 2008).

Daza-Losada, M., Rodriguez-Arias, M., Maldonado, C. *et al.*, « Behavioural and Neurotoxic Long-Lasting Effects of MDMA Plus Cocaine in Adolescent Mice », *European Journal of Pharmacology* 590, N° 1-3 (20 août 2008).

Dean, D. et Webb, C., « Recovering from Information Overload », *McKinsey Quarterly* (janvier 2011).

De Bellis, M., Clark, D., Keshavan, M. *et al.*, « Hippocampal Volume in Adolescent-Onset Alcohol Use Disorders », *American Journal of Psychiatry* 157, N° 5 (mai 2000).

De Bellis, M., Keshavan, M., Boring, A. *et al.*, « Sex Differences in Brain Maturation During Childhood and Adolescence », *Cerebral Cortex* 11, N° 6 (juin 2001).

DeGaetano, G, *Parenting Well in the Media Age : Keeping Our Kids Human*, Fawnskin, CA : Personhood Press, 2004.

De Graaf, R. *et al.*, « Early Cannabis Use and Estimated Risk of Later Onset of Depression Spells : Epidemiologic Evidence from the Population-Based World Health Organization World Mental Health Survey Initiative », *American Journal of Epidemiology* 172, N° 2 (15 juillet 2010).

De Win, M., Van den Brink, W. *et al.*, « Sustained Effects of Ecstasy on the Human Brain : A Prospective Neuroimaging Study in Novel Users », *Brain* 131, N° 11 (novembre 2008).

Diaz-Arrastia, R., Agostini, M., Madden, C. et Van Ness, P., « Posttraumatic Epilepsy : The Endophenotypes of a Human Model of Epileptogenesis », *Epilepsia* 50, N° 2 (février 2009).

DiFranza, J. *et al.*, « Symptoms of Tobacco Dependence After Brief, Intermittent Use : The Development and Assessment of Nicotine Dependence in Youth-2 Study », *Archives of Pediatric and Adolescent Medicine* 161, N° 7 (juillet 2007).

Do Couto, B., Minarro, J., Aguilar, M. *et al.*, « Adolescent Preexposure to Ethanol and 3,4-Methylenedioxymethylamphetamine (MDMA) Increases Conditioned Rewarding Effects of MDMA and Drug-Induced Reinstatement », *Addiction Biology* 17, N° 3 (mai 2012).

Dokoupil, T., « Is the Web Driving Us Mad ? », *Newsweek*, 9 juillet 2012.

Eagleman, D., « The Brain on Trial », *Atlantic*, juillet-août 2011.

Estelles, J., Rodriguez-Arias, M., Maldonado, C. *et al.*, « Gestational Exposure to Cocaine Alters Cocaine Reward », *Behavioural Pharmacology* 17, N° 5-6 (septembre 2006).

European College of Neuropsychopharmacology, « The Emotional Brain in Youth : Research Suggests How to Diagnose and Treat Mood Disorders in Children and Adolescents », *Science Daily*, 6 septembre 2011, http://www.sciencedaily.com/releases/2011/09/110904140340.htm

Evans, B. E., Greaves-Lord, K. *et al.*, « The Relation Between Hypothalamic-Pituitary-Adrenal (HPA) Axis Activity and Age of Onset Alcohol Use », *Addiction* 107, N° 2 (février 2012).

Feinstein, S., éd., *Secrets of the Teenage Brain : Research-Based Strategies for Reaching and Teaching Today's Adolescents*, Thousand Oaks, CA : Corwin Press, 2009.

Ferguson, A., Jimenez, M. et Jackson, R., « Juvenile False Confessions and Competency to Stand Trial : Implications for Policy Reformation and Research », *New School Psychology Bulletin* 7, N° 1 (2010).

Fisher, P. et Pfeifer, J., « Conceptual and Methodological Issues in Neuroimaging Studies of the Effects of Child Maltreatment », *Archives of Pediatrics and Adolescent Medicine* 165, N° 12 (décembre 2011).

Foa, E. et Andrews, L., *If Your Adolescent Has an Anxiety Disorder : An Essential Resource for Parents*, Oxford : Oxford University Press, 2006.

Foy, M., Stanton, M., Levine, S. et Thompson, R., « Behavioral Stress Impairs Long-Term Potentiation in Rodent Hippocampus », *Behavioral and Neural Biology* 48, N° 1 (juillet 1987).

Frantz, K., O'Dell, L. et Parsons, L., « Behavioral and Neurochemical Responses to Cocaine in Periadolescent and Adult Rats », *Neuropsychopharmacology* 32, N° 3 (mars 2007).

Fried, P., Watkinson, B., James, D. et Gray, R., « Current and Former Marijuana Use : Preliminary Findings of a Longitudinal Study of Effects on IQ in Young Adults », *Canadian Medical Association Journal* 166, N° 7 (2 avril 2002).

Frojd, S., Ranta, K., Kaltialo-Heino, R. et Marttunen, M., « Associations of Social Phobia and General Anxiety with Alcohol and Drug Use in a Community Sample of Adolescents », *Alcohol and Alcoholism* 46, N° 2 (2011).

Frommer, L., Gurka, K., Cross, K., Ingersoll, C., Comstock, R. D. et Saliba, S., « Sex Differences in Concussion Symptoms of High School Athletes », *Journal of Athletic Training* 46, N° 1 (janvier-février 2011).

Furstenberg, F., Settersten, R. *et al.*, « Growing Up Is Harder to Do », *Contexts* 3, N° 3 (août 2004).

Fuss, J. et Gass, P., « Endocannabinoids and Voluntary Activity in Mice : Runner's High and Long-Term Consequences in Emotional Behaviors », *Experimental Neurology* 224, N° 1 (juillet 2010).

Galles, N., « A Primer on Learning : A Brief Introduction from the Neurosciences », Organisation for Economic Co-Operation and Development (juillet 2004).

Galvan, A., « Adolescent Development of the Reward System », *Frontiers in Human Neuroscience* 4, N° 6 (2010).

— —, « Neural Plasticity of Development and Learning », *Human Brain Mapping* 31, N° 6 (juin 2010).

Galvan, A., Hare, T. *et al.*, « Earlier Development of the Accumbens Relative to Orbitofrontal Cortex Might Underlie Risk-Taking Behavior in Adolescents », *Journal of Neuroscience* 26, N° 25 (21 juin 2006).

Gardner, H., Lawn, N., Fatovich, D. et Archer, J., « Acute Hippocampal Sclerosis Following Ecstasy Ingestion », *Neurology* 73, N° 7 (18 août 2009).

Gardner, M. et Steinberg, L., « Peer Influence on Risk-Taking, Risk Preference, and Risky Decision Making in Adolescence and Adulthood : An Experimental Study », Developmental Psychology 41, N° 4 (juillet 2005).

Garrett, A., Carrion, V., Reiss, A. *et al.*, « fMRI Response to Facial Expression in Adolescent PTSD. » Allocution de la 49e Conférence annuelle de l'Académie américaine de la psychiatrie infantile et adolescente, San Francisco, CA, 22-27 octobre 2002.

Gerrard, M., Gibbons, F. et Gano, M., « Adolescents' Risk Perceptions and Behavioral Willingness », in *Reducing Adolescent Risk : Toward an Integrated Approach*, éd. D. Romer. Thousand Oaks, CA : Sage Publications, 2005.

Gessel, L., Fields, S., Comstock, R. *et al.*, « Concussions Among United States High School and Collegiate Athletes », *Journal of Athletic Training* 42, N° 4 (octobre-décembre 2007).

Giedd, J., « The Teen Brain : Primed to Learn, Primed to Take Risks », *Cerebrum*, 26 février 2009.

Gill, K. et Mizumori, S., « Spatial Learning and the Selectivity of Hippocampal Place Fields : Modulation by Dopamine », in *Hippocampal Place Fields : Relevance to Learning and*

Memory, éd. S. Mizumori. Oxford : Oxford University Press, 2008.

Gogtay, N., « Dynamic Mapping of Human Cortical Development During Childhood through Early Adulthood », *Proceedings of the National Academy of Sciences* 101, N° 21 (25 mai 2004).

Gong, G., He, Y. et Evans, A., « Brain Connectivity : Gender Makes a Difference », *Neuroscientist* 17, N° 5 (octobre 2011).

Gould, T., « Addiction and Cognition », *Addiction Science and Clinical Practice* 5, N° 2 (décembre 2010).

Grady, M., « Concussion in the Adolescent Athlete », *Current Problems in Pediatric and Adolescent Health Care* 40, N° 7 (août 2010).

Gray, P., « The Dramatic Rise of Anxiety and Depression in Children and Adolescents : Is It Connected to the Decline in Play and Rise in Schooling ? » *Psychology Today*, 26 janvier 2010.

Grier, C., Terwilliger, R., Teslovich, T., Velanova, K. et Luna, B., « Immaturities in Reward Processing and Its Influence on Inhibitory Control in Adolescence », *Cerebral Cortex* 20, N° 7 (2010).

Guerri, C. et Pascual, M., « Mechanisms Involved in the Neurotoxic, Cognitive, and Neurobehavioral Effects of Alcohol Consumption During Adolescence », *Alcohol* 44, N° 1 (février 2010).

Gulley, J., Paul, K. et Cox, C., « Lasting Alterations in Synaptic Transmission and Intrinsic Properties of Rat Prefrontal Cortical Neurons Following Adolescent Exposure to Amphetamines. » Affiche présentée lors de la conférence annuelle de la Société des Neurosciences, 2010.

Gulley, J. et Stanis, J., « Adaptations in Medial Prefrontal Cortex Function Associated with Amphetamine-Induced Behavioral Sensitization », *Neuroscience* 166, N° 2 (17 mars 2010).

Gurian, M., *Boys and Girls Learn Differently ! A Guide for Teachers and Parents*, Hoboken, NJ : Jossey-Bass, 2001.

Hagenauer, M. et Lee, T., « The Neuroendocrine Control of the Circadian System : Adolescent Chronotype », *Frontiers in Neuroendocrinology* 33, N° 3 (août 2012).

Hallowell, E. et Ratey, J., *Delivered from Distraction*, New York : Ballantine Books, 2006.

Halstead, M. et Walter, K., « Clinical Report : Sport-Related Concussion in Children and Adolescents », *Pediatrics* 126, N° 3 (septembre 2010).

Hechinger, S., « Another Bite at the Graham Cracker : The Supreme Court's Surprise Revisiting of Juvenile Life Without Parole in Miller v. Alabama and Jackson v. Hobbs », *Ipsa Loquitur*, supplément Internet du *Georgetown Law Journal*, septembre 2011.

Henig, R., « Why Are So Many People in Their 20s Taking So Long to Grow Up ? » *New York Times*, 18 août 2010.

Hester, R., Nestor, L. et Garavan, H., « Impaired Error Awareness and Anterior Cingulate Cortex Hypoactivity in Chronic Cannabis Users », *Neuropsychopharmacology* 34, N° 11 (octobre 2009).

Hiller-Sturmhofel, S. et Swartzwelder, S., « Alcohol's Effects on the Adolescent Brain : What Can Be Learned from Animal Models », *Alcohol Research and Health* 28, N° 4 (hiver 2004).

Hingson, R., Hereen, T. et Winter, M., « Age at Drinking Onset and Alcohol Dependence : Age at Onset, Duration, and Severity », *Archives of Pediatric and Adolescent Medicine* 160, N° 7 (juillet 2006).

Hirsch, A., « Reflections from the Front Lines : A Career Counselor's View of Emerging Adulthood », *Yellowbrick Journal of Emerging Adulthood* 2, N° 1 (2011).

Hooper, C., Luciana, M., Conklin, H. et Yarger, R., « Adolescents' Performances on the Iowa Gambling Task : Implications for the Development of Decision Making and Ventromedial Prefrontal Cortex », *Developmental Psychology* 40, N° 6 (novembre 2004).

Humphrey, L., « A Developmental Psycho-Neurobiological Approach to Assessment of Emerging Adults », *Yellowbrick Journal of Emerging Adulthood* 1, N° 1 (2010).

Hyman, S., Malenka, R. et Nestler, E., « Neural Mechanisms of Addiction : The Role of Reward-Related Learning and Memory », *Annual Review of Neuroscience* 29 (2006).

Ingalhalikar, M., Verma, R. *et al.*, « Sex Differences in the Structural Connectome of the Human Brain », *Proceedings of the National Academy of Sciences* 111, N° 2 (14 janvier 2014).

Iniguez, S. et Bolanos-Guzman, C., « Nicotine Exposure During Adolescence Induces a Depression-Like State in Adulthood », *Neuropsychopharmacology* 34, N° 6 (mai 2009).

International Center for Media and the Public Agenda. The World UNPLUGGED, 2011, http://theworldunplugged.wordpress.com

Jabr, F., « Neuroscience of 20-Somethings : "Emerging Adults" Show Brain Differences », *Scientific American*, 29 août 2012.

Jacobson-Pick, S. et Richter-Levin, G., « Short and Long Term Effects of Juvenile Stressor Exposure on the Expression of GABAA Receptor Subunits in Rats », *Stress* 15, N° 4 (juillet 2012).

Jager, J. et Ramsey, N., « Long-Term Consequences of Adolescent Cannabis Exposure on the Development of Cognition, Brain Structure and Function : An Overview of Animal and Human Research », *Current Drug Abuse Research* 1, N° 2 (juin 2008).

James, T., « The Age of Majority », *American Journal of Legal History 4*, N° 1 (janvier 1960).

Janssen, D., *Growing Up Sexually : A World Atlas*, vol. 1, *Magnus Hirschfeld Archive for Sexology*, dernière révision février 2006, http://www.sexarchive.info/GESUND/ARCHIV/GUS/INDEXATLAS.HTM

Johnson, S., Blum, R. et Giedd, J., « Adolescent Maturity and the Brain : The Promise and Pitfalls of Neuroscience Research in Adolescent Health Policy », *Journal of Adolescent Health* 45, N° 3 (septembre 2009).

Johnson, S. et Jones, V., « Adolescent Development and Risk of Injury : Using Developmental Science to Improve Interventions », *Injury Prevention* 17, N° 1 (février 2011).

Jones, R., « Lasting Effects of Endocannabinoids », *Nature Reviews Neuroscience* 4, N° 525 (juillet 2003).

Kaiser, A., Halle, S., Schmitz, S. et Nitsch, C., « On Sex/Gender Related Similarities and Differences in fMRI Language Research », *Brain Research Reviews* 61, N° 2 (octobre 2009).

Fondation de la famille Kaiser, programme d'étude des médias et de la santé. « Media Multitasking Among American Youth : Prevalence, Predictors and Pairings. » 12 décembre 2006.

Kalish, N., « The Early Bird Gets the Bad Grade », *New York Times*, 14 janvier 2008.

Kelley, A., Schochet, T. et Landry, C., « Risk Taking and Novelty Seeking in Adolescence », Annales de l'Académie des sciences de New York 1021, N° 1 (juin 2004).

Kensinger, E. et Payne, J., « Sleep's Role in the Consolidation of Emotional Episodic Memories », *Current Directions in Psychological Science, Association for Psychological Science* 19, N° 5 (octobre 2010).

Kerstetter, K. et Kantak, K., « Differential Effects of Self-Administered Cocaine in Adolescent and Adult Rats on Stimulus-Reward Learning », *Psychopharmacology* 194, N° 3 (octobre 2007).

Killgore, W., Oki, M. et Yurgelun-Todd, D., « Sex Specific Developmental Changes in Amygdala Responses to Affective Faces », *Neuroreport* 12, N° 2 (12 février 2001).

Kim-Cohen, J., Caspi, A., Poulton, R. *et al.*, « Prior Juvenile Diagnoses in Adults with Mental Disorder : Developmental Follow-Back of a Prospective-Longitudinal Cohort », *Archives of General Psychiatry* 60, N° 7 (juillet 2003).

Knutson, B., Wimmer, G., Kuhnen, C. et Winkielman, P., « Nucleus Accumbens Activation Mediates the Influence of Reward Cues on Financial Risk-Taking », *Neuroreport* 19, N° 5 (26 mars 2008).

Kolb, B. et Whishaw, I., « Brain Plasticity and Behavior », *Annual Review of Psychology* 49 (1998).

Krueger, F., Moll, J., Zahn, R., Heinecke, A. et Grafman, J., « Event Frequency Modulates the Processing of Daily Life

Activities in Human Medial Prefrontal Cortex », *Cerebral Cortex* 17, N° 10 (octobre 2007).

Kuhl, P. *et al.*, « Foreign Language Experience in Infancy : Effects of Short-Term Exposure and Social Interaction on Phonetic Learning » ; *Proceedings of the National Academy of Sciences* 100 (2003).

Kupchik, A., *Judging Juveniles : Prosecuting Adolescents in Adult and Juvenile Courts*, New York : New York University Press, 2006.

« The Life and Death of a Neuron », *National Institute of Neurological Disorders and Stroke*, dernière mise à jour le 19 décembre 2013, http://www.ninds.nih.gov/disorders/brain_basics/ninds_neuron.htm

Lau, J., Britton, J., Pine, D. *et al.*, « Distinct Neural Signatures of Threat Learning in Adolescents and Adults », *Proceedings of the National Academy of Sciences* 108, N° 11 (15 mars 2011).

Lebel, C., et Beaulieu, C., « Longitudinal Development of Human Brain Wiring Continues from Childhood into Adulthood », *Journal of Neuroscience* 31, N° 30 (27 juillet 2011).

Lenhart, A., Purcell, K., Smith, A. et Zickuhr, K., « Social Media and Mobile Internet Use Among Teens and Young Adults », Pew Research Center, 3 février 2010.

Lenroot, R. K. et Giedd, J. N., « Brain Development in Children and Adolescents : Insights from Anatomical Magnetic Resonance Imaging », *Neuroscience and Biobehavioral Reviews* 30, N° 6 (2006).

— —. « Sex Differences in the Adolescent Brain », *Brain and Cognition* 72, N° 1 (février 2010).

Lincoln A., Caswell, S., Almquist, J., Dunn, R., Norris, J. et Hinton, R., « Trends in Concussion Incidence in High School Sports : A Prospective 11-Year Study », *American Journal of Sports Medicine* 39, N° 5 (mai 2011).

Lise, E., « Girl Brain, Boy Brain ? », *Scientific American*, 8 septembre 2009.

Luciana, M. *et al.*, « The Development of Nonverbal Working Memory and Executive Control Processes in Adolescents », *Child Development* 76, N° 3 (mai-juin 2005).

Luna, B., Padmanabhan, A. et O'Hearn, K., « What Has fMRI Told Us About the Development of Cognitive Control Through Adolescence ? » Brain and Cognition 72, N° 1 (février. 2010).

Lynskey, M., Agrawal, A. et Heath, A., « Genetically Informative Research on Adolescent Substance Use : Methods, Findings and Challenges », *Journal of the American Academy of Child and Adolescent Psychiatry* 49, N° 12 (décembre 2010).

MacDonald, A., « Distinguishing Depression from Normal Adolescent Mood Swings », Blog de Harvard Health Publications, Faculté de médecine de Harvard, 13 septembre 2010, http://www.health.harvard.edu/blog/distinguishing-depression-from-normal-adolescent-mood -swings-20100913335

McCormick, C., Mathews, I. *et al.*, « Social Instability Stress in Adolescent Male Rats Alters Hippocampal Neurogenesis and Produces Deficits in Spatial Location Memory in Adulthood », *Hippocampus* 22, N° 6 (juin 2012).

McCormick, C., Mathews, I., Thomas, C. et Waters, P., « Investigations of HPA Function and the Enduring Consequences of Stressors in Adolescence in Animal Models », *Brain and Cognition* 72, N° 1 (février 2010).

McCrory, E., Viding, E. *et al.*, « Heightened Neural Reactivity to Threat in Child Victims of Family Violence », *Current Biology* 21, N° 23 (6 décembre 2011).

McDermott, Terry, *101 Theory Drive : A Neuroscientist's Quest for Memory*, New York : Pantheon Books, 2010.

McQueeny, T., Schweinsburg, B. et Tapert, S., « Altered White Matter Integrity in Adolescent Binge Drinkers », *Alcoholism : Clinical and Experimental Research* 33, N° 7 (juillet 2009).

Meehan W., d'Hemecourt, P., Collins, C. et Comstock, R., « Assessment and Management of Sport-Related Concussions in United States High Schools », *American Journal of Sports Medicine* 39, N° 11 (novembre 2011).

Meier, M., Moffitt, T. *et al.*, « Persistent Cannabis Users Show Neuropsychological Decline from Childhood to Midlife »,

Proceedings of the National Academy of Sciences 109, N° 40 (2 octobre 2012).

Mesches, M., Fleshner, M., Heman, K., Rose, G. *et al.*, « Exposing Rats to a Predator Blocks Primed Burst Potentiation in the Hippocampus in Vitro », *Journal of Neuroscience* 19 (1999).

Mosher, D., « High Wired : Does Addictive Internet Use Restructure the Brain ? », *Scientific American*, 17 juin 2011.

Mosholder, A. et Willy, M., « Suicidal Adverse Events in Pediatric Randomized, Controlled Clinical Trials of Antidepressant Drugs Are Associated with Active Drug Treatment : A Meta-Analysis », *Journal of Child and Adolescent Psychopharmacology* 16, N° 1-2 (février-avril 2006).

Naveh-Benjamin, M., Kilb, A. et Fisher, T., « Concurrent Task Effects on Memory Encoding and Retrieval : Further Support for an Asymmetry », *Memory and Cognition* 34, N° 1 (2006).

Nestler, E. et Malenka, R., « The Addicted Brain », *Scientific American*, mars 2004.

Niehaus, J., Cruz-Bermudez, N. et Kauer, J., « Plasticity of Addiction : A Mesolimbic Dopamine Short-Circuit ? », *American Journal on Addictions* 18, N° 4 (juillet-août 2009).

Étude de marché réalisée par la société Nielsen. « Mobile Youth Around the World », *Mobile Use Trends and Analysis*, décembre 2010.

Ophir, E., Nass, C. et Wagner, A., « Cognitive Control in Media Multitaskers », *Proceedings of the National Academy of Sciences* 106, N° 37 (15 septembre 2009).

Ortiz, C., « Was That My Phone Vibrating ? », *Discovery News*, 10 juillet 2012.

Otallah, S. et Hayden, G., « Concussion in Young Athletes : Heads Up on Diagnosis and Management », *Pediatrics Consultant Live* (www.pediatricsconsultantlive.com), 1er avril 2011.

Pak, T. *et al.*, « Binge-Pattern Alcohol Exposure During Puberty Induces Sexually Dimorphic Changes in Genes Regulating the HPA Axis », *American Journal of Physiology Endocrinology and Metabolism* 298, N° 2 (février 2010).

Paus, T. *et al.*, « Structural Maturation of Neural Pathways in Children and Adolescents : In Vivo Study », *Science* 283, N° 5409 (19 mars 1999).

Payne, J., Stickgold, R., Swanberg, K. et Kensinger, E., « Sleep Preferentially Enhances Memory for Emotional Components of Scenes », *Psychological Science* 19 (2008).

Pew Internet and American Life Project. « Trend Data for Teens : Teen Gadget Ownership », Pew Research Center (2009).

Placzek, A., Zhang, T. et Dani, J., « Age Dependent Nicotinic Influences over Dopamine Neuron Synaptic Plasticity », *Biochemical Pharmacology* 78, N° 7 (1er octobre 2009).

Pyapali, G., Turner, D., Wilson, W. et Swartzwelder, H., « Age and Dose Dependent Effects of Ethanol on the Induction of Hippocampal Long-Term Potentiation », *Alcohol* 19, N° 2 (octobre 1999).

QEV Analytics, « Survey of American Attitudes on Substance Abuse XVII : Teens », Centre national de lutte contre la toxicomanie (National Center on Addiction and Substance Abuse) à l'université Columbia, août 2012.

Rohrer, D. et Pashler, H., « Concurrent Task Effects on Memory Retrieval », *Psychonomic Bulletin and Review* 10, N° 1 (mars 2003).

Rosen, C., « The Myth of Multitasking », *New Atlantis*, printemps 2008.

Rosenzweig, M., « Modification of Brain Circuits through Experience », in *Neural Plasticity and Memory : From Genes to Brain Imaging*, éd. F. Bermudez-Rattoni, Boca Raton : CRC Press, 2007.

Russo, S., Dietz, D., Nestler, E. *et al.*, « The Addicted Synapse : Mechanisms of Synaptic and Structural Plasticity in Nucleus Accumbens », *Trends in Neuroscience* 33, N° 6 (juin 2010).

Samson, K., « Adolescent Marijuana Use May Cause Lasting Cognitive Deficits », *Neurology Today* 10, N° 24 (décembre 2010).

Savage, R., « The Developing Brain After TBI : Predicting Long-Term Deficits and Services for Children, Adolescents and Young Adults », International Brain Injury Association, dernière modification 6 décembre 2012, http://www.internationalbrain.org/articles/the-developing-brain-after-tbi

Schochet, T., Kelley, A. et Landry C., « Differential Expression of Arc mRNA and Other Plasticity-Related Genes Induced by Nicotine in Adolescent Rat Forebrain », *Neuroscience* 135, N° 1 (2005).

Schoonover, C., *Portraits of the Mind : Visualizing the Brain from Antiquity to the 21st Century*, New York : Abrams Books, 2010.

Schramm, N. *et al.*, « LTP in the Mouse Nucleus Accumbens Is Developmentally Regulated », *Synapse* 45, N° 4 (15 septembre 2002).

Schweinsburg, A., Brown, S. et Tapert, S., « The Influence of Marijuana Use on Neurocognitive Functioning in Adolescents », *Current Drug Abuse Review* 1, N° 1 (janvier 2008).

Scott-Taylor, T., « The Implications of Neurological Models of Memory for Learning and Teaching », *Investigations in University Teaching and Learning* 6, N° 1 (automne 2010).

Settersten, R. et Ray, B., « What's Going On with Young People Today ? The Long and Twisting Path to Adulthood », *Future of Children* 20, N° 1, « Transition to Adulthood » (printemps 2010).

Shapira, N., Goldsmith, T., Keck, P. *et al.*, « Psychiatric Features of Individuals with Problematic Internet Use », *Journal of Affective Disorders* 57, N° 1-3 (janvier-mars 2000).

Shen, R. et Choong, K., « Different Adaptations in Ventral Tegmental Area Dopamine Neurons in Control and Ethanol Exposed Rats After Methylphenidate Treatment », *Biological Psychiatry* 59, N° 7 (1er avril 2006).

Silva, J., « Constructing Adulthood in an Age of Uncertainty », *American Sociological Review* 77, N° 4 (août 2012).

Small, G. et Vorgan, G., *iBrain*, New York : HarperCollins Publishers, 2008.

Smith, T., « Coming of Age in 21st Century America : Public Attitudes Towards the Importance and Timing of Transitions to Adulthood », *National Opinion Research Center, Topical Report* 35 (2003).

Snyder, L., Milici, F., Slater, M., Sun, H. *et al.*, « Effects of Alcohol Advertising Exposure on Drinking Among Youth », *Archives of Pediatrics and Adolescent Medicine* 160, N° 1 (janvier 2006).

Solowij, N., Jones, K., Yucel, M. *et al.*, « Verbal Learning and Memory in Adolescent Cannabis Users, Alcohol Users and Non-Users », *Psychopharmacology* 216, N° 1 (juillet 2011).

Sowell, E. *et al.*, « In Vivo Evidence for Post-Adolescent Brain Maturation in Frontal and Striatal Regions », *Nature Neuroscience* 2, N° 10 (1999).

Sowell, E. *et al.*, « Mapping Cortical Change Across the Human Life Span », *Nature Neuroscience* 6, N° 3 (mars 2003).

Spear, L., « The Adolescent Brain and Age-Related Behavioral Manifestations », *Neuroscience and Biobehavioral Reviews* 24, N° 4 (juin 2000).

Spear, L. et Varlinskaya, E., « Adolescence : Alcohol Sensitivity, Tolerance, and Intake », in *Recent Developments in Alcoholism*, Vol. 17, *Alcohol Problems in Adolescents and Young Adults : Epidemiology, Neurobiology, Prevention, Treatment*, éd. M. Galanter, New York : Springer, 2005.

Spinelli, N. et Jensen, F., « Plasticity : The Mirror of Experience », *Science* 203, N° 4375 (janvier 1979).

Stamoulis, K., « An Exploration into Adolescent Online Risk-Taking », Dissertation présentée au jury de master de l'université Temple, Philadelphie : Temple University Libraries, 2009.

Steinberg, L., « Cognitive and Affective Development in Adolescence », *Trends in Cognitive Sciences* 9, N° 2 (février 2005).

— —, « Risk Taking in Adolescence : New Perspectives from Brain and Behavioral Science », *Current Directions in Psychological Science* 16, N° 2 (avril 2007).

— —, « A Social Neuroscience Perspective on Adolescent Risk-Taking », *Developmental Review* 28, N° 1 (mars 2008).

Stella, N., Schweitzer, P. et Piomelli, D., « A Second Endogenous Cannabinoid That Modulates Long-Term Potentiation », *Nature* 388 (21 août 1997).

Stetler, C., « HBO's "Girls" : A Window into the Psyche of Emerging Adulthood », *Rutgers Today*, 14 juin 2012.

Stoolmiller, M., Wills, T., Sargent, J. *et al.*, « Comparing Media and Family Predictors of Alcohol Use : A Cohort Study of U.S. Adolescents », *British Medical Journal* 2, N° 1 (2012).

Strauman, T. J., Costanzo, P. R. et Garber, J., *Depression in Adolescent Girls : Science and Prevention*, New York : Guilford Press, 2011.

Sturman, D. et Moghaddam, B., « Reduced Neuronal Inhibition and Coordination of Adolescent Prefrontal Cortex During Motivated Behavior », *Journal of Neuroscience* 31, N° 4 (janvier 2011).

Taffe, M., Kotzebue, R., Crean, R. et Mandyam, C., « Long-Lasting Reduction in Hippocampal Neurogenesis by Alcohol Consumption in Adolescent Nonhuman Primates », *Proceedings of the National Academy of Sciences* 107, N° 24 (1er juin 2010).

Talavage, T., Nauman, E., Leverenz, L. *et al.*, « Functionally-Detected Cognitive Impairment in High School Football Players Without Clinically-Diagnosed Concussion », *Journal of Neurotrauma* 31, N° 4 (15 février 2014).

Tamm, L., Menon, V. et Reiss, A., « Maturation of Brain Function Associated with Response Inhibition », *Journal of the American Academy of Child and Adolescent Psychiatry* 41, N° 10 (octobre 2002).

Tapert, S., Schweinsburg, A., Medina, K. *et al.*, « The Influence of Recency of Use on fMRI Response During Spatial Working Memory in Adolescent Marijuana Users », *Journal of Psychoactive Drugs* 42, N° 3 (septembre 2010).

« Technology Addiction », *From Laptops to LOLcats : Exploring Teen Tech Use*, non daté, http://teentechuse.

wordpress.com/how-technology-uses-you/hey-how-long-have-you-been-staring-at-this-screen

Tegner, J., Compte, A. et Klingberg, T., « Mechanism for Top-Down Control of Working Memory Capacity », *Proceedings of the National Academy of Sciences* 106, N° 16 (21 avril 2009).

Toga, A., Thompson, P. et Sowell, E., « Mapping Brain Maturation », *Trends in Neuroscience* 29, N° 3 (mai 2006).

Toledo-Rodriguez, M. et Sandi, C., « Stress During Adolescence Increases Novelty Seeking and Risk-Taking Behavior in Male and Female Rats », *Frontiers in Behavioral Neuroscience* 5, N° 17 (7 avril 2011).

Trafton, A., « Parts of Brain Can Switch Functions : In People Born Blind, Brain Regions That Usually Process Vision Can Tackle Language », *MIT News Office*, 1er mars 2011.

Vaidya, H., « Playstation Thumb », *Lancet* 363, N° 9414 (27 mars 2004).

Vanderschuren, L. J., Di Ciano, P. et Everitt, B. J., « Involvement of the Dorsal Striatum in Cue-Controlled Cocaine Seeking », *Journal of Neuroscience* 25, N° 38 (21 septembre 2005).

Vassiliadis, A. et Mederich, J., « Digital Withdrawal : I'm a Teenage Tech Addict », Huffington Post, 1er mars 2012.

Viner, J. et Davae, U., « High Strung and Strung Out : Clinically Relevant Questions Regarding Adult ADHD and Comorbid Bipolar and Substance Abuse Disorder », *Yellowbrick Journal of Emerging Adulthood* 2, N° 1 (2011).

Viner, J. et Tanner, J., « Psychiatric Disorders in Emerging Adulthood », *Yellowbrick Journal of Emerging Adulthood* 1, N° 1 (2010).

Walker C. et McCormick, C., « Development of the Stress Axis : Maternal and Environmental Influences », in *Hormones, Brain, and Behavior*, éd. A. Arnold *et al.* Amsterdam : Elsevier, 2009.

Walker, Q. et Kuhn, C., « Cocaine Increases Stimulated Dopamine Release More in Periadolescent Than Adult Rats », *Neurotoxicology and Teratology* 30, N° 5 (septembre-octobre 2008).

Walsh, D., *Why Do They Act That Way ?*, New York : Free Press, 2004.

Wargo, E., « Adolescents and Risk : Helping Young People Make Better Choices », ACT for Youth, Department of Human Development, College of Human Ecology, Université Cornell, 2007.

Waters, P. et McCormick, C., « Caveats of Chronic Exogenous Corticosterone Treatments in Adolescent Rats and Effects on Anxiety-Like and Depressive Behaviour and HPA Function », *Biology of Mood and Anxiety Disorders* 1, N° 4 (2011).

Weder, N., « Prevalence of Mental Health Disorders in Children and Adolescents Around the Globe », *Journal of the American Academy of Child and Adolescent Psychiatry* 49, N° 10 (octobre 2010).

Weiser, M., Lubin, G. *et al.*, « Cognitive Test Scores in Male Adolescent Cigarette Smokers Compared to Non-Smokers : A Population-Based Study », *Addiction* 105, N° 2 (février 2010).

Weissenborn, R. et Duka, T., « Acute Alcohol Effects on Cognitive Function in Social Drinkers : Their Relationship to Drinking Habits », *Psychopharmacology* 165, N° 3 (janvier 2003).

Wheeler, A., Frankland, P. *et al.*, « Adolescent Cocaine Exposure Causes Enduring Macroscale Changes in Mouse Brain Structure », *Journal of Neuroscience* 33, N° 5 (30 janvier 2013).

White, A. et Swartzwelder, H., « Hippocampal Function During Adolescence : A Unique Target of Ethanol Effects », *Annals of the New York Academy of Sciences* 1021, N° 1 (juin 2004).

White, A., Truesdale, M., Bae, J. *et al.*, « Differential Effects of Ethanol on Motor Coordination in Adolescent and Adult Rats », *Pharmacology, Biochemistry and Behavior* 73, N° 3 (octobre 2002).

Wojnar, M. *et al.*, « Sleep Problems and Suicidality in the National Comorbidity Survey Replication », *Journal of Psychiatric Research* 43, N° 5 (février 2009).

Wolfe, J., « Fewer Teens Perceive Risk in Marijuana Use », *Psychiatric News* 46, N° 20 (21 octobre 2011).

Wood, J., Heitmiller, D. *et al.*, « Morphology of the Ventral Frontal Cortex : Relationship to Feminity and Social Cognition », *Cerebral Cortex* 18, N° 3 (mars 2008).

Yeates, K. *et al.*, « Reliable Change in Postconcussive Symptoms and Its Functional Consequences Among Children with Mild Traumatic Brain Injury », *Archives of Pediatrics and Adolescent Medicine* 166, N° 7 (1 juillet 2012).

Zhang, T., Morrisett, R. *et al.*, « Synergistic Effects of the Peptide Fragment D-NAPVSIPQ on Ethanol Inhibition of Synaptic Plasticity and NMDA Receptors in Rat Hippocampus », *Neuroscience* 134, N° 2 (2005).

Ressources[1]

Talking Teenage (talkingteenage.com) : Tenu par deux psychologues cliniciennes, ce site propose un blog, un forum de discussion, des articles traitant les sujets sensibles et des informations à jour.

Parenting Teenagers Online (parentingteenagersonline.com) : Ce site est une mine d'informations pour les parents d'adolescents. Vous y trouverez des articles récents sur une vaste gamme de sujets : l'alcool, la drogue, la famille, la santé, l'argent, les études et l'intégration sociale.

Le blog de Sue Scheff (suescheffblog.com) : Sue Scheff est auteure et fondatrice de la société de conseil en parentalité Parents' Universal Resource Experts (PURE, Les Experts en Ressources Universelles pour les Parents). À consulter avec discernement pour les informations qu'il contient, non pour ses conseils. L'auteure traite d'un grand nombre de thèmes, de la tricherie scolaire à l'addiction aux jeux vidéo.

Le blog d'Annie Fox (blog.anniefox.com) : L'auteure, éducatrice et entrepreneure Annie Fox partage ses pensées sur les préados, les ados et la parentalité.

Voyager avec des ados et des préados (travel-with-teens.com) : Ce blog suggère des idées de sorties et de vacances familiales. Il propose aussi un guide pour visiter les universités américaines avant d'y postuler.

1. L'intégralité des sites listés est en anglais. (*NdT*)

Par des parents et pour des parents (byparents-forparents.com) : Ce site propose des articles, un blog, un forum de discussion pour les parents et des liens pour plus d'information sur toutes sortes de sujets, des camps de vacances spécialisés dans la perte de poids au Trouble de l'Attention avec ou sans Hyperactivité (TDAH) en passant par le harcèlement et le divorce.

Too Smart to Start (toosmarttostart.samhsa.gov) : Ce site développé par le Département de la Santé et des Services sociaux des États-Unis inclut notamment des informations pour les préados, les adolescents, les familles et les communautés pour empêcher l'abus d'alcool.

The Partnership at Drugfree.fr (drugfree.org) : Sur ce site, vous trouverez des conseils, des astuces et des témoignages traitant de la prévention et de la lutte contre la toxicomanie, la pharmacothérapie et le sevrage.

L'Institut National Américain de la Santé mentale (nimh.nih.gov) : Voici la ressource la plus fiable et la plus à jour pour s'informer sur les maladies mentales, leurs causes, traitements et prévention ainsi que pour trouver des conseils et de l'aide.

Crédits figures

Fig. 1. La structure du cerveau : notions de base. Images de cerveau de John Detre et Paul Yushkevich, Université de Pennsylvanie.

Fig. 2. L'« homoncule ». Graphique réalisé par Mary A. Leonard, service de design et de création biomédicale, Université de Pennsylvanie. Images de cerveau de John Detre et Paul Yushkevich, Université de Pennsylvanie.

Fig. 3. Les lobes du cerveau. Illustration créée par l'auteure, adaptée par Mary A. Leonard, service de design et de création biomédicale, Université de Pennsylvanie. Images de cerveau de John Detre et Paul Yushkevich, Université de Pennsylvanie.

Fig. 4. La maturation du cerveau : le cerveau se « câble » de l'arrière vers l'avant. A, C : N. Gogtay *et al.*, « Dynamic Mapping of Human Cortical Development During Childhood through Early Adulthood », *Proceedings of the National Academy of Sciences* 101, N° 21 [25 mai 2004], 8174-79, copyright 2004 National Academy of Sciences, U.S.A. B : Images de cerveau de John Detre et Paul Yushkevich, Université de Pennsylvanie.

Fig. 5. Le multitâche n'est pas au point chez l'adolescent. Avec l'autorisation de Springer Science+Business Media et de l'auteure : M. Naveh-Benjamin *et al.*, « Concurrent Task effects on Memory Encoding and Retrieval : Further Support for an Asymmetry », *Memory & Cognition* 34, N° 1 [2006], 96, Fig. 3A, © 2006)

Fig. 6. Anatomie d'un neurone : axone, neurotransmetteur, synapse, dendrite et myéline. Illustration créée par l'auteure, adaptée par Mary A. Leonard, service de design et de création biomédicale, Université de Pennsylvanie.

Fig. 7A et 7B. Les neurones inhibiteurs. Les synapses excitatrices ou inhibitrices. Illustrations créées par l'auteure, adaptées par Mary A. Leonard, service de design et de création biomédicale, Université de Pennsylvanie.

Fig. 8. Le jeune cerveau dispose de davantage de synapses excitatrices que de synapses inhibitrices. Illustration créée par l'auteure, reproduite avec son aimable autorisation.

Fig. 9. La potentialisation à long terme (PLT) est un modèle couramment utilisé pour expliquer le processus d'apprentissage et de mémorisation. Illustration créée par l'auteure, adaptée par Mary A. Leonard, service de design et de création biomédicale, Université de Pennsylvanie. Images de cerveau de John Detre et Paul Yushkevich, Université de Pennsylvanie.

Fig. 10. Pendant un apprentissage ou une mémorisation par potentialisation à long terme (PLT), de nouveaux récepteurs se créent dans les synapses. Illustration créée par l'auteure, adaptée par Mary A. Leonard, service de design et de création biomédicale, Université de Pennsylvnnie.

Fig. 11. La matière grise et la matière blanche se développent différemment au cours de la vie. Avec l'autorisation d'Arthur Toga, Institut de neuroimagerie et d'informatique, Faculté de médicine Keck, Université de Caroline du Sud.

Fig. 12. La plasticité synaptique des adolescents est « bien meilleure » que celle des adultes. N. L. Schramm *et al.*, « LTP in the Mouse Nucleus Accumbens Is Developmentally Regulated », *Synapse* 45, N° 4 [15 septembre 2002], 213-19, copyright © 2002 Wiley-Liss, Inc.

Fig. 13. L'étape du développement de l'enfant contrôle son cycle circadien. M. H. Hagenauer et T. M. Lee, « The Neuroendocrine Control of the Circadian System : Adolescent Chronotype », *Frontiers in Neuroendocrinology* 33, N° 3 [août 2012], 211-29, © 2012, avec l'autorisation d'Elsevier et de l'auteur. Illustration complémentaire de Mary A. Leonard, service de design et de création biomédicale, Université de Pennsylvanie.

Fig. 14. Après stimulation, les neurones de l'aire tegmentale ventrale (ATV) de jeunes souris déclenchent plus de potentiels d'action (pA) que les neurones de souris adultes. A. N. Placzek *et al.*, « Age Dependent Nicotinic Influences over Dopamine Neuron Synaptic Plasticity », *Biochemical Pharmacology* 78, N° 7 [1er octobre 2009], 686-92, © 2009, avec l'autorisation d'Elsevier.

Illustration complémentaire de Mary A. Leonard, service de design et de création biomédicale, Université de Pennsylvanie.

Fig. 15. Taux de consommation d'alcool, de cigarettes et de drogues illicites. Source : Instituts américains de la santé. Avec l'autorisation du National Institute of Drug Abuse, organisation membre des instituts nationaux de la santé, département de la Santé et des Services sociaux des États-Unis. Adaptation Mary A. Leonard, service de design et de création biomédicale, Université de Pennsylvanie, illustration disponible sur la page www.drugabuse.gov/sites/default/les/nida_mtf2012_infographic_1_1000px_3.jpg

Fig. 16. Apprentissage et addiction partagent la même biologie synaptique. Mary A. Leonard, service de design et de création biomédicale, Université de Pennsylvanie.

Fig. 17. Le cerveau adolescent réagit plus vigoureusement à la nicotine que le cerveau adulte. T. L. Schochet *et al.*, « Differential Expression of Arc mRNA and Other Plasticity-Related Genes Induced by Nicotine in Adolescent Rat Forebrain », *Neuroscience* 135, N° 1 [2005], 285-97, © 2005, avec la permission d'Elsevier. Illustration complémentaire de Mary A. Leonard, service de design et de création biomédicale, Université de Pennsylvanie.

Fig. 18. L'alcool diminue la PLT. A : T. A. Zhang *et al.*, « Synergistic Effects of the Peptide Fragment D-NAPV-SIPQ on Ethanol Inhibition of Synaptic Plasticity and NMDA Receptors in Rat Hippocampus », *Neuroscience* 134, N° 2 [2005], 583-93, © 2005, avec la permission d'Elsevier. B : illustration créée par l'auteure, adaptée par Mary A. Leonard, service de design et de création biomédicale, Université de Pennsylvanie.

Fig. 19. Chez l'adolescent, l'alcool bloque la PLT plus que chez l'adulte. G. K. Pyapali *et al.*, « Age and Dose-Dependent Effects of Ethanol on the Induction of Hippocampal Long-Term Potentiation », *Alcohol* 19, N° 2 [octobre 1999], 107-11, © 1999, avec la permission d'Elsevier. Illustration supplémentaire de Mary A. Leonard, service de design et de création biomédicale, Université de Pennsylvanie.

Fig. 20. Augmentation de la consommation de cannabis et de drogues chez les adolescents, 1998-2011. A : adaptation de l'illustration de l'étude *National Monitoring the Future 1997-2011* par Mary A. Leonard, service de design et de création biomédicale, Université de Pennsylvanie. Disponible sur la page http://les.eric.ed.gov/fulltext/

ED529133.pdf. B : avec l'autorisation du Département américain de lutte contre la toxicomanie et des Services de la santé mentale (SAMHSA), *National Treatment Episode Data Set 2007*, adaptation de Mary A. Leonard, service de design et de création biomédicale, Université de Pennsylvanie. Disponible sur la page http://www.samhsa.gov/data/DASIS/TEDS2k7AWeb/TEDS2k7AWeb.pdf

Fig. 21. Les effets à long terme du cannabis sur la matière grise et la matière blanche des adolescents. A : avec l'autorisation de M. H. Meier *et al.*, « Persistent Cannabis Users Show Neuropsychological Decline from Childhood to Midlife », *Proceedings of the National Academy of Sciences* 109, N° 40 [2 octobre 2012], E2657-64, copyright 2012 National Academy of Sciences, États-Unis. B : avec l'autorisation de D. Arnone *et al.*, « Corpus Callosum Damage in Heavy Marijuana Use : Preliminary Evidence from Diffusion Tensor Tractography and Tract-Based Spatial Statistics », *NeuroImage* 41, N° 3 [1er juillet 2008], 1067-74, © 2008, avec l'autorisation d'Elsevier.

Fig. 22. La cocaïne a plus d'effet sur le comportement de rats adolescents. A. L. Wheeler *et al.*, « Adolescent Cocaine Exposure Causes Enduring Macroscale Changes in Mouse Brain Structure », *Journal of Neuroscience* 33, N° 5 [30 janvier 2013], 1797-1803a, avec l'autorisation de la Société américaine des Neurosciences. Illustration complémentaire par Mary A. Leonard, service de design et de création biomédicale, Université de Pennsylvanie.

Fig. 23. Le stress diminue à la fois capacité d'apprendre et PLT. A, C : Mary A. Leonard, service de design et de création biomédicale, Université de Pennsylvanie. B : illustration créée par l'auteure, adaptée par Mary A. Leonard, service de design et de création biomédicale, Université de Pennsylvanie. D : avec l'autorisation de M. R. Foy *et al.*, « Behavioral Stress Impairs Long-Term Potentiation in Rodent Hippocampus », *Behavioral and Neural Biology* 48, N° 1 [juillet 1987], 138-49, © 1987, avec l'autorisation d'Elsevier. Illustration complémentaire de Mary A. Leonard, service de design et de création biomédicale, Université de Pennsylvanie.

Fig. 24. Comparée aux enfants et aux adultes, la réaction à un stimulus de stress est plus forte chez les adolescents. B. J. Casey *et al.*, « Transitional and Translational Studies of Risk for Anxiety »,

Depression and Anxiety 28, N° 1 [janvier 2011], 18-28, © 2011 Wiley-Liss Inc.

Fig. 25. Diagnostics effectués à l'adolescence des adultes souffrant de maladies mentales. J. Kim-Cohen *et al.*, « Prior Juvenile Diagnoses in Adults with Mental Disorder : Developmental Follow-Back of a Prospective-Longitudinal Cohort », *Archives of General Psychiatry* 60, N° 7 [juillet 2003], 709-17, copyright © 2003 Association médicale américaine. Tous droits réservés.

Fig. 26. Les hommes et les femmes n'ont pas les mêmes connexions cérébrales. Avec l'autorisation de M. Ingalhalikar *et al.*, « Sex Differences in the Structural Connectome of the Human Brain », *Proceedings of the National Academy of Sciences* 111, N° 2 [14 janvier 2014], 823-28, copyright 2014 Académie nationale des sciences, États-Unis.

Fig. 27. Jusqu'où la société doit-elle exiger qu'un adolescent réponde de ses actes ? Juge John Paul Stevens, Cour suprême des États-Unis ; Steve Drizin, Université Northwestern, à Chicago ; www.fairsentencingofyouth.org

Fig. 28. Récapitulation des étapes de développement du cerveau. Avec l'aimable autorisation de l'auteure.

Remerciements

Je souhaite remercier ma coauteure Amy Ellis Nutt pour sa patience et son soutien pendant l'écriture de ce livre. Avec sa soif de connaissance et son savoir-faire d'investigatrice, elle m'a aidée à rassembler en un tout cohérent les nombreux fragments d'information que nous vous avons présentés. En écrivant ce livre ensemble, une nouvelle amitié s'est forgée entre nous, qui perdurera bien au-delà de cette édition et des prochaines.

Les mots ne suffisent pas à transmettre la gratitude que je ressens envers mes amis proches, ma famille, en particulier mes fils Andrew et Will, mes parents, et bien sûr Jeff, pour toutes les fois où ils ont reporté à plus tard diverses activités et sorties du week-end parce que « j'avais mon livre à écrire ». Je suis convaincue que Jeff est la personne la plus patiente sur cette terre et je le remercie tout particulièrement pour ses encouragements.

Un grand merci à Marcus Handy, chercheur, et à Mary Leonard, dessinatrice spécialisée en biomédecine, tous les deux de l'université de Pennsylvanie, pour avoir respectivement cherché et créé les illustrations présentées dans ce livre.

Merci aux nombreux collègues de Harvard et de l'université de Pennsylvanie qui m'ont exhortée à continuer d'écrire, ont partagé leurs études avec moi au fil de mon avancée. Parmi les premières personnes à m'avoir encouragée, je tiens à remercier Patty Hager, ancienne doyenne des étudiants à la Concord Academy où étudiaient mes fils, dont les nombreuses questions m'ont motivée à créer une conférence dédiée pour le symposium Elizabeth Hall. Merci à mes collègues, le docteur David Urion, professeur associé de neurologie exerçant à l'Hôpital des enfants de Boston, et Maryanne Wold, professeure de neuropsychologie à l'université Tufts, dans le Massachusetts. David et Maryanne sont montés sur scène avec moi plusieurs fois, lors des toutes premières conférences sur « Le B-A-BA du cerveau des adolescents ».

Enfin, mes derniers remerciements, et non des moindres, vont à Wendy Strothman pour avoir cru en ce livre et à notre éditrice, Claire Wachtel, pour ses conseils avisés et sa lucidité au fil des pages.

CET OUVRAGE A ÉTÉ COMPOSÉ
PAR NORD COMPO
POUR LE COMPTE DES ÉDITIONS J.-C. LATTÈS
17, RUE JACOB – 75006 PARIS
ET ACHEVÉ D'IMPRIMER EN FRANCE
PAR CPI BUSSIÈRE
À SAINT-AMAND-MONTROND (CHER)
EN MAI 2016

N° d'édition : 01 – N° d'impression : 2021926
Dépôt légal : mai 2016